中国软科学研究丛书

丛书主编：张来武

“十一五”国家重点图书出版规划项目
国家软科学研究计划资助出版项目

科技创新系统研究

基于资源型经济转型案例的探讨

常涛 李志强 等 著

科学出版社
北京

内 容 简 介

本书从系统动力学视角，在资源型经济与区域科技创新理论研究和国外成功案例研究的基础上，构建基于资源型经济转型的科技创新系统，深入探讨其运行机理与运行机制，并进一步发展资源型经济转型科技创新评价体系。在此基础上，对山西省资源型经济转型综合改革试验区展开实证研究，指出山西省在资源型经济转型发展过程中进行科技创新所面临的深层次问题与障碍，并进一步提出促进山西省资源型经济转型发展的科技创新政策体系，对山西省乃至中国区域资源型经济转型实践具有重要的研究及决策参考价值。

本书适用于我国各级政府科技管理机构和政府决策部门，同时，可供高校师生、专家学者，以及有兴趣的读者使用与参考。

图书在版编目(CIP)数据

科技创新系统研究：基于资源型经济转型案例的探讨/常涛等著. —北京：科学出版社，2014. 1

(中国软科学研究丛书)

ISBN 978-7-03-039609-9

I.①科… II.①常… III.①技术革新-国家创新系统-研究-山西省 IV. ①F124. 3

中国版本图书馆 CIP 数据核字(2014)第 011994 号

丛书策划：林 鹏 胡升华 侯俊琳
责任编辑：郭勇斌 杨婵娟 张春贺/责任校对：邹慧卿
责任印制：赵 博/封面设计：黄华斌 陈 敬
编辑部电话：010-64035853
E-mail：houjunlin@ mail. sciencep. com

科 学 出 版 社 出版
北京东黄城根北街 16 号
邮政编码：100717
http://www.sciencep.com

北京科印技术咨询服务有限公司数码印刷分部印刷

科学出版社发行 各地新华书店经销

*

2014 年 2 月第 一 版 开本：720×1000 1/16
2025 年 2 月第八次印刷 印张：13 1/4
字数：252 000

定价：75. 00 元

(如有印装质量问题，我社负责调换)

总 序 PREFACE

软科学是综合运用现代各学科理论、方法，研究政治、经济、科技及社会发展中的各种复杂问题，为决策科学化、民主化服务的科学。软科学研究是以实现决策科学化和管理现代化为宗旨，以推动经济、科技、社会的持续协调发展为目标，针对决策和管理实践中提出的复杂性、系统性课题，综合运用自然科学、社会科学和工程技术的多门类多学科知识，运用定性和定量相结合的系统分析和论证手段，进行的一种跨学科、多层次的科研活动。

1986 年 7 月，全国软科学研究工作座谈会首次在北京召开，开启了我国软科学勃兴的动力阀门。从此，中国软科学积极参与到改革开放和现代化建设的大潮之中。为加强对软科学研究的指导，国家于 1988 年和 1994 年分别成立国家软科学指导委员会和中国软科学研究会。随后，国家软科学研究计划正式启动，对软科学事业的稳定发展发挥了重要的作用。

20 多年来，我国软科学事业发展紧紧围绕重大决策问题，开展了多学科、多领域、多层次的研究工作，取得了一大批优秀成果。京九铁路、三峡工程、南水北调、青藏铁路乃至国家中长期科学和技术发展规划战略研究，软科学都功不可没。从总体上看，我国软科学研究已经进入各级政府的决策中，成为决策和政策制定的重要依据，发挥了战略性、前瞻性的作用，为解决经济社会发展的重大决策问题作出了重要贡献，为科学把握宏观形势、明确发展战略方向发挥了重要作用。

20 多年来，我国软科学事业凝聚优秀人才，形成了一支具有一定实力、知识结构较为合理、学科体系比较完整的优秀研究队伍。据不完全统计，目前我国已有软科学研究机构 2000 多家，研究人员近 4 万人，每年开展软科学研究项目 1 万多项。

为了进一步发挥国家软科学研究计划在我国软科学事业发展中的导向作用，促进软科学研究成果的推广应用，科学技术部决定从 2007 年起，在国家软科学研究计划框架下启动软科学优秀研究成果出版资助工作，形成“中国软科学研究丛书”。

“中国软科学研究丛书”因其良好的学术价值和社会价值，已被列入国家新闻出版总署“‘十一五’国家重点图书出版规划项目”。我希望并相信，丛书出版对于软科学研究优秀成果的推广应用将起到很大的推动作用，对于提升软科学研究的社会影响力、促进软科学事业的蓬勃发展意义重大。

科技部副部长

张来武

2008 年 12 月

前　言

FOREWORD

在当今知识经济和经济全球化发展背景下，科技创新已成为衡量国家及区域综合竞争力的核心，成为促进其可持续发展的不竭动力。科技创新作为区域竞争力的关键要素，也将成为资源型经济转型发展的核心力量和重要载体。资源型经济的发展实践表明，资源的大规模开发将诱导国家或区域经济的迅速繁荣，却会造成工业化的逆转和经济社会发展质态的退化。众多资源丰腴的国家和区域曾经或正在滑入资源优势陷阱，遭受着“资源诅咒”的折磨。如何通过科技创新的驱动，培育和完善有利于促进可持续发展的内生增长机制，加快经济发展方式转变，为实现资源型经济转型发展提供强力支撑，是当前我国资源型经济转型发展所面临的重要任务。

山西作为典型的资源型经济地区，长期以煤炭为主的传统粗放式增长模式导致山西产业结构单一，并造成严重的资源浪费及生态环境的严重破坏，资源型经济发展的深层次矛盾和问题日益加剧，严重制约着山西省经济社会的可持续发展。加快山西资源型经济转型，加快转变经济发展方式，促进山西省“转型发展、跨越发展”，成为山西省实现未来可持续发展的根本出路。在这一关键时期，山西省国家资源型经济转型综合配套改革试验区的批准设立，使山西转型发展上升到国家战略层面。推进资源型经济转型发展将成为山西转变经济发展方式的重要体现。通过提升科技创新能力实现创新驱动发展成为推进资源型经济转型的重要抓手，以摆脱资源依赖、避免陷入资源优势陷阱。国家发展和改革委员会对山西省资源型经济发展改革试验区的批示和山西省“十二五”规划中都明确指出，山西资源型经济转型的主要任务之一就是大力加强区域创新体系建设，加快科技进步和创新步伐。

因此，在这一重要时期，本书以山西省国家资源型经济转型综合配套改革试验区为研究对象进行典型分析，致力于探索并构建促进我国资源型地区经济转型的科技创新体系，进而提出在资源型经济转型发展中实施科技创新战略的新思想、新思路、新见解。

本书运用系统动力学思想,在有机整合区域科技创新理论与资源型经济转型理论的基础上,通过演绎与归纳分析,深入探讨以资源型经济转型为发展特征的科技创新系统构建,剖析科技创新系统的运行机理与运行机制,并提出适应资源型经济转型发展的科技创新指标评价体系。这些研究成果在区域科技创新领域具有一定的理论突破。同时,本书将进一步以山西资源型经济转型发展改革试验区为例进行实证分析,并构建促进山西资源型经济转型发展的科技创新政策体系,为提升山西科技创新能力、实现创新驱动发展提出切实可行的政策建议,力求具有较强的政策突破和政策可操作性,为政府决策提供新理念、新知识与新方向。

这些研究成果不仅具有理论价值,而且非常具有现实意义,将对山西省乃至我国其他区域的资源型经济转型实践提供有价值的实践指导。从整本书来看,它不仅是一本理论著作,而且可为我国各级政府,尤其是资源型经济地区的各级政府提供重要的实践参考。

本书为国家软科学研究计划项目“科技创新系统研究:基于资源型经济转型案例的探讨”(项目编号:2012GXS9K003)的研究成果,项目负责人是常涛,主要参加人员有李志强、梁红岩、和芸琴、秦志琴。本书由常涛提出研究思路、研究内容和研究方法,并负责项目的组织实施。在多次集体讨论的基础上,完成具体写作提纲,并形成以下的分工与合作:第一章,由常涛、秦志琴撰写;第二章,由秦志琴撰写;第三章、第四章,由和芸琴撰写;第五章,由李志强撰写;第六章,由常涛撰写;第七章,由梁红岩撰写。韩牛牛、齐孟阳、郭岚、袁旭红等研究生参加了数据的收集与整理工作。常涛和李志强组织校对了全部书稿,并最终定稿。

项目的研究历时一年,在本书付梓之际,对科技部、山西省科学技术厅给予的关心和支持表示衷心感谢!向科学出版社的领导和编辑付出的辛勤劳动表示衷心感谢!同时,也感谢众多国内外学者,正是他们的潜心探索、科学研究和知识积累,才让我们有幸站在巨人的肩膀上坚定地前行,他们的汗水、智慧、成果为本书的完成带来了巨大的帮助和裨益。在此,我们一并向这些专家学者们致敬。

由于我们知识、能力的欠缺,书中可能存在不足之处,在此也非常期待各位专家学者予以批评指正,共话“科技创新驱动资源型经济转型发展”。

常　涛

2013 年 7 月于山西大学

目　录　CONTENTS

第一章 绪论

第一节 资源型经济转型的必要性与其研究意义

一 资源型经济转型的必要性

自然资源（如土地、矿藏、生物、水等）是一个国家或地区产业布局和经济发展的重要条件。早在工业革命之初，资源开发就被看做是资本积累和工业化发展的重要途径。迄今，人类社会的每一次重大进步都是在自然资源开发利用的基础上完成的。在中国，自然资源总量较大，品种齐全，分布较广，从而使中国成为全世界为数不多的资源型生产大国。新中国成立后，为了迅速实现国家的工业化和现代化，摆脱贫穷落后的状况，中国推行并实施各种优惠政策，大力推进工业化建设，从而导致了自然资源的大规模开发，促进了中国资源型经济的快速发展。特别是在改革开放以后，我国自然资源开发利用的强度达到了前所未有的规模，资源型经济在我国经济发展中发挥了举足轻重的作用，为我国的经济建设特别是工业化发展提供了大量的能源、资源及原材料，为支撑我国经济建设做出了巨大贡献。同时，资源型经济作为地区经济的增长极和现代工业的发展点，极大地带动了相关产业的发展，创造了大量的就业机会，改变了区域经济的发展格局。

但是，随着我国市场经济的发展和工业化进程的加速，由于对资源的长期无序开采利用及政策的不完善，我国大部分资源型地区资源存量迅速锐减，同时也产生了严重的资源破坏和环境污染等问题，特别是一些典型的资源型经济地区，如山西大同、黑龙江鹤岗、黑龙江大兴安岭、山东枣庄、辽宁抚顺、陕西铜川、甘肃白银等。这些地区凭借独特的资源禀赋形成各具特色的资源型经济发展模式，有力地推动了当地资源型经济的快速发展。但是，资源的有限性及不合理的开采利用，致使这些地区的资源存量迅速较少。与此同时，长期依赖于对自然资源的长时间、大规模、高强度开采，形成了以高度消耗资源来推动经济发展的粗放式增长模式，从而导致这些地区出现了不同程度的生态环境和社会环境问题。例如，自然资源的不合理利用和开采，破坏了地表生态环境和地下水循环结构，造成水土流失、土地塌陷、土地沙化及生物多样性减少等，严重影响了生态环境的可持续发展。同时，自然资源的开采还引发了一些伴生污染，如煤炭的开采会伴生瓦斯和煤矸石，也对环境产生了较大危害。一些自然资源的加工产生了大量的废水、废气、废渣，如果不及时治理，将对当地环境造成难以估量的损失。不仅如此，自然资源特别是那些不可再生资源的开采，将会使资源型地区的资源存量不断减少，从而削弱其资源禀赋的优势地位，使经济发展难以持续发展。

然而，尽管如此，大部分资源型经济地区在资源红利的诱导下，仍然过度扩张传统产业，导致大量的资金、技术、人才等经济要素向相关资源产业汇聚，由此对其他非资源产业形成“挤出”效应，又进一步导致非资源经济增长缺乏动力和竞争力，地区产业结构单一，接续产业弱小，人民生活水平和就业难以得到改善。所有这些都影响了我国经济的可持续发展。如何实现资源型地区经济的战略转型已经成为影响整个国民经济持续健康发展和社会政治稳定的紧迫问题。

因此，在20世纪90年代以后，我国就开始关注资源型经济转型问题，许多研究机构、专家学者陆续展开相关研究，一些地区也开始尝试资源型经济转型，并取得了较好的成效。进入21世纪，资源型地区经济转型越来越受到政府及学术界的关注。至今，理论研究已发展成为涉及经济学、社会学、心理学、地质学等多学科的综合性学科。转型实践也呈现多领域、多层次的发展趋势。党的十六大报告已明确指出，“支持以资源开采为主的城市和地区发展接替产业”；党的十七大又进一步提出，要更好地实施可持续发展战略，帮助资源枯竭地区实现经济转型；国家“十二五”规划提出要以转变经济发展方式为主线，也为资源型经济转型提供了政策导向。党的十八大则提出建设“美丽中国”的构想。要实现“美丽中国”，在经济建设方面就必须推进资源型经济转型发展，只有这样才能推进我国经济社会的可持续发展。因此，资源型经济转型是我国经济可持续发展的必然要求。

当今世界，科技创新已成为一个国家或地区经济增长的重要源泉。科技创新不仅推动着各国及地区经济总量的提高，而且推动着产业结构和技术结构的改造升级。实现资源型经济的成功转型，就必须将经济主导产业中现存的以不可再生性自然资源的开采和加工为主要依赖的产业转向其他产业，使经济发展摆脱对原有资源型产业的依赖。这一过程的实现必须依靠科技创新。德国的鲁尔区、法国的洛林地区、日本的北九州等资源型经济地区的成功转型无一不是依靠科技创新的推动。因此，如何通过促进科技创新，培植和完善有利于发展方式转变的内生科技增长机制，实现创新驱动发展，为全力加快资源型经济转型升级步伐提供强力支撑，是当前我国资源型经济转型发展所面临的重要任务。

山西省作为全国重要的能源和原材料供应基地，长期以煤炭开发为主的传统粗放式增长模式导致山西产业结构单一，并造成资源的严重浪费及生态环境的严重破坏，资源型经济发展的深层次矛盾和问题日益加剧，严重制约着山西省经济社会的可持续发展。2010 年 12 月 1 日，国务院批准山西省为国家资源型经济转型综合配套改革试验区，这是国家为推动全国资源型经济转型，在山西省实施的重大政策的试点。由此，山西省成为我国第一个全省域、全方位的综合配套改革试验区，使山西省资源型经济转型发展上升到了国家战略层面。因此，本书将以山西省国家资源性经济转型综合配套改革试验区为研究对象进行典型案例分析，通过理论与实证研究，探索并构建促进资源型经济转型的科技创新体系，以期为我国资源型经济转型发展提供可寻的路径与借鉴。

二 研究的意义

资源型经济转型是一项复杂、巨大的系统工程，是一场深刻的产业结构变革和经济革命。能否通过科技创新驱动实现资源型经济转型是关系到我国经济社会的可持续发展的重要战略问题，是当前我国面临的最为严峻的重要任务。

(一) 资源型经济转型问题是国内外经济发展中面临的一个现实问题

资源型经济转型不仅是在中国亟待破解的课题，也是一个世界性的课题。在一个国家经济的长期发展中，不管是大国还是小国，不管是经济发达国家还是经济落后国家，资源丰富与经济增长之间呈现出反向关系，似乎已成为普遍的趋势和统计规律。这种现象被称为“资源诅咒”，即当经济发展到一定阶段时，原先丰富的资源禀赋已不再是一个国家经济增长的充分的有利条件，而是转变为一种限制性瓶颈。

例如，20 世纪 60 年代，在荷兰北海发现了大量的石油资源，从而使荷兰的石油产业迅速繁荣。但是，石油工业的发展最终导致了生产要素成本尤其是劳动力成本的上升，同时贸易条件日趋恶化，制造业竞争力下降，由此反而制约了荷兰的经济发展。后来，这一现象被学术界称为“荷兰病”。“荷兰病”的出现，使得资源型经济问题受到发展经济学界的高度关注。80 年代以后，人们发现，“荷兰病”具有“传染”的特性，并不是荷兰所独有，很多发展中国家也相继出现了类似的资源型经济问题，经常表现出资源破坏、环境污染、产业单一、经济波动、收益递减和贸易恶化等“症状”，由此又进一步导致了收入分配严重失衡、腐败、社会冲突和危机，甚至战争的发生。可见，良好的资源禀赋优势，不仅没有带来经济的持续增长，反而成为发展的瓶颈。在我国，资源型经济曾是国家工业化发展的重要支撑，是城市化发展的重点区域。但是，20 世纪 80 年代后期这些地区相继出现了不同程度的经济增长和产业结构的病态问题。至 90 年代后期这一问题更加凸显，经济结构、经济增长、居民收入、资源环境、社会就业等出现了一系列矛盾。因此，破解这一难题，寻求和探索资源经济转型的基本规律、基本方法和成功之路，具有重要的现实意义。

总之，资源型经济转型问题是国内外资源型经济发展必须解决的难题。法国的洛林、德国的鲁尔都是资源型经济地区，它们经过 30 多年的政府主导和高投入，经济转型取得了明显的成效。在我国目前的资源型经济地区中，资源型经济产值的总和占 GDP 的 10%，资源型经济转型对我国经济社会的健康、稳定、可持续发展具有举足轻重的作用。

（二）资源型经济转型是我国实现可持续发展的需要

在近 200 年的工业化进程中，人类在通过认识世界、改造世界极大地促进人类文明进步的同时，也使得自然资源被过度消耗，使自然生态环境遭到严重污染。尤其是近半个世纪以来，人类赖以生存的地球已受到严重破坏。因此，人类亟须在工业化进程中促进资源型经济转型，以最低限度损耗自然，以最大限度造福人类，以促进整个世界的可持续发展。只有这样，人类才能与自然和谐共处，才能正确处理人与人的关系，促进人类社会健康、和谐发展。

在我国，党的十六届三中全会上已明确提出科学发展观，即“坚持以人为本，树立全面、协调、可持续的发展观，促进经济社会和人的全面发展”。我国资源型经济的转型发展则是坚持科学发展观的根本体现，是促进我国经济社会可持续发展的重要突破点。基于对自然资源的占有或独占所建立和发展起来的资源型经济必须以科学发展观为指导，摆脱传统的单一线性的粗放式增长模式，走资源节约型、有效利用型的可持续发展之路。

苏联的巴库，曾是世界上著名的石油城，自 19 世纪 70 年代起就开采石油。由于只关注石油的开发利用，不重视接续产业的发展，到 20 世纪 50 年代后，由于石油资源的枯竭最终陷入衰落。我国云南省的东川铜矿是“一五”时期的国家重点项目。由于开采铜资源，在 1958 年，东川被设立为地级市，铜的产值和税收曾经一度在全市的工业总产值和税收中占到 2/3 以上。20 世纪 90 年代以后，随着铜资源的枯竭，已严重畸形的经济结构导致东川矿务局下属 4 个铜矿全部破产，东川的行政建制也被取消。由此，原东川市成为了新中国历史上第一个矿竭城衰的城市。然而，同样为资源型城市的德国鲁尔区，以及我国的山东淄博、河北唐山、河南焦作、江苏徐州等城市，通过及早实施产业转型，大力培育和发展替代产业，逐步使经济发展摆脱了对资源的依赖，走上了可持续发展的新道路。

总之，资源型经济转型是我国实现可持续发展的需要。资源型经济发展中积累的一系列矛盾和问题直接关系到经济社会的可持续发展。资源型经济转型已成为事关一个国家或地区经济社会实现可持续发展的长远大计，决定着其经济社会发展的未来和前途命运。

（三）科技创新是推动资源型经济转型的根本动力源

现代经济学的研究和世界发达国家经济发展的历史表明，科技创新通过带动技术发明、技术创新、技术扩散，已成为促进经济增长和社会进步的重要推动力。其中，科技创新也是推动资源型经济转型的根本动力源，是资源型经济产业结构演进的第一推动力。科技创新将会通过产业化及其规模扩张、先进技术、高附加值、高产品质量等，改变产业结构的布局、结构形态或模式。因此，在一定程度上，科技创新决定着资源型经济产业升级和结构调整的特征。

一方面，科技创新能够改变资源型经济产业结构趋同的共有缺陷。充分发挥科技创新作用，将有助于调整优化产业、经济结构，加速传统资源产业的分化与重组，促进资源型产业的升级与创新，改变产业结构趋同的劣势。同时，科技创新能够带动关联产业的发展。由于整个产业结构中各部门的相互依赖关系，科技创新及其产业化具有有效的前向关联和后向关联效果。因此，科技创新及其产业化的扩张对整个产业结构具有显著的波动效应，这将进一步带动其他工业部门的发展。而其他产业部门的结构调整又必须依赖技术改造或科技创新及其产业化来实现。在产业结构由资源型向技术型的演进中，科技创新及其产业化在不同类型的产业中兼容着不同的技术层次特征，构成不同的产品附加值和回报率。总之，只有充分发挥科技创新的作用，才能够促进资源型经济产业结构的演化，真正提高经济增长模式及其质量，增强发展后劲，实现可持续发展。

另一方面，科技创新是推动资源型地区新兴产业崛起的决定力量。充分发挥科技创新的推动作用，可以促进劳动生产率和资本利用率的显著提高，加快资源型经济增长方式的结构转型，变“资源推动”的粗放型为“科技引导”的集约型；可以促进优势产业的更迭和调整，促进资源优势向新兴的非资源产业聚集并带动新的结构调整和升级，以实现参与整个产业升级的资源配置收益的最大化，从而进一步培育出新的经济增长点和新的非资源型主导产业，促进资源型经济的根本转型。

总之，资源型经济转型是企业生产方式的根本性变革。在这个变革的系统工程中，科技创新起着决定性推动作用。我国的资源型经济亟须通过科技创新，完成产业升级，实现经济转型。只有这样，才能真正构建我国国家经济的安全和持久的竞争力，实现经济社会的可持续发展。

综上所述，资源型经济转型是我国现阶段经济发展面临的现实问题，而如何提升科技创新能力是在资源型经济转型发展中亟待突破的关键所在。因此，本书将以科技创新为突破口，探索推进我国资源型经济转型的内生动力。以山西省国家资源性经济转型综合配套改革试验区为研究对象，通过理论与实证研究，探索并构建促进山西省资源型经济转型的科技创新体系，这将对推动我国资源型地区的经济转型具有重要的实践意义。

第二节　科技创新系统与资源型经济转型的理论研究

一 科技创新系统与资源型经济转型的科学内涵

（一）科技创新系统的内涵

1. 科技创新

科技创新是一个系统的概念，主要指科技领域内的不断突破与发展，是在技术创新的基础上延伸而来的，既涵盖技术创新，又涵盖科学创新。科技创新是通过科学研究获得新的基础、技术科学知识，并将新的科学知识运用到新技术、新产品、新产业中直至形成新的生产方式的完整的动态过程，它涉及科学、技术、经济、管理等领域，关系到经济增长动力和整个社会科技进步。

可以说，科技创新与技术创新既有联系，又有区别。科技创新是技术创新的深化与发展，这一概念的内涵比技术创新更广。技术创新作为一种特定的技术经济过程，是在特定时空范围内诸多资源的优化配置与合理组合，是科技创新的前提保障。

2. 科技创新系统

科技创新系统是由创新主体、创新资源、创新基础设施、创新环境及创新间互动性等要素组成的复杂系统，作用于科技创新活动各种要素之间的有机组合。科技创新系统包括科学认识系统、技术知识系统和社会系统，是各个系统相互作用形成的新的功能结构整体，具有开放性、整体性、动态性、相关性、自组织性和层次性的特点。

科技创新系统包括国家科技创新系统和区域科技创新系统。其中，国家科技创新系统是指一个国家内部各有关部门和机构间相互作用组成的机构网络，是由创造和运用新科技而组成的推动创新的驱动力系统，它将从宏观层面上促进整个国家经济的增长。正如经合组织（Organization for Economic Cooperation and Development，OECD）所指出的，国家科技创新系统是“公共和私人部门中的组织结构网络，这些部门的活动和相互作用决定着一个国家扩散知识和技术的能力，并影响着国家创新业绩”。

区域科技创新系统来源于国家科技创新系统，是国家科技创新系统的有机组成部分，它既有与国家科技创新系统对应的结构与功能，又有其自身的区域特色，主要根据区域的实际情况，推动区域经济的可持续增长。综上所述，区域科技创新系统的内涵主要包括四方面。①范围的区域性。这一系统具有一定的地域空间范围，系统的构造要结合区域空间范围内的实际情况。②要素的系统性。不仅包括政府、企业、高校、科研机构等创新主体，还包括技术、信息、金融、基础设施、政策等创新的客体和中介，是一个完整的系统网络。③要素的协作性。只有通过关联网络中各要素之间的交互作用、协同运作才能实现科技创新的目标。④目的的经济性。构建科技创新系统的目的在于通过资源的合理配置，形成区域内强劲的内生增长力，以促进区域经济的发展。

（二）资源型经济转型的内涵

1. 资源型经济

资源型经济是一种经济形态，其经济发展主要以能源和矿产资源为主导，以资源型产业为路径，形成依赖资源发展的一种经济形态。我们可以从产业结构、贸易格局、经济增长动力、资本积累等方面把握其内涵。①产业结构。以资源为主的产业是主导产业，在产业结构中的比重较大，在整个经济体系中发挥着主导作用。②贸易格局。主要依靠资源性产品作为区域或者国家间贸易的主体。③经济增长动力。整个经济活动对资源的依赖性强，经济收入的大部分来自资源的开发，资源则是经济发展的主要动力。④资本积累。在经济体系中，资源型产业创造的价值最大，是资本积累、产业开发、劳动保障、生产投资等经济活动资本的主要来源。

2. 资源型经济转型

经济转型指一个地区或国家的资源配置方式和经济发展方式的根本转变，从现存的经济运行状态转向另一种符合可持续发展的经济运行状态。它实质上是一个国家或地区摆脱对原有资源发展路径的依赖，使其经济结构和发展方式在一定时期内发生的根本变化。

历史发展经验表明，资源丰裕的国家和地区，大多根据资源优势进行经济开发，进而在某个时期就有可能形成资源型经济。随着时间的发展，这些国家和地区资源开发和管理必然会带来一系列的经济问题，从而形成经济可持续发展的重大瓶颈。因此，资源型经济转型已成为一个国家或地区实现经济可持续发展所迫切需要解决的问题。

资源型经济转型主要包括三个方面。①资源配置方式转变。经济主体在资源配置中要改变资源利用的方向，主要是因为，不可再生资源从本质上会促进资源型产业的发展，最终会出现资源枯竭现象。因此，资源配置方式的转变是资源型经济转型的必然要求。②经济发展方式的转变。资源配置取向的转变，相应地要求资源型经济发展从原有的模式中摆脱出来以探索新的发展方式。一般是依靠科技、人才、创新等要素，改变原有粗放型的发展方式并培养增长动力强的产业，来带动整个经济的繁荣。③可持续发展的目的。资源型经济转型的本质是为实现经济的可持续发展，构造新的经济增长动力，形成对经济增长的持续支持。

总之，资源型经济转型就是要从依赖资源发展经济的形态中走出来，引导资源转化为资本，推进经济结构的优化升级，使经济活动从资源开发、发展、收益的路径依赖中挣脱出来，转向依靠人才、技术和创新的高科技经济形态，从而走可持续发展的道路。

二 科技创新系统理论的发展

(一) 国外对科技创新系统的理论研究

国外对科技创新系统的理论研究主要基于科技创新的内涵，从国家和区域两个层面展开。

1. 国家创新系统相关研究

国家创新系统的研究是从经济个体的微观层面上升到国家和社会整体的宏观层面，在宏观层面将创新作为一个整体，其代表人物主要有克里斯托弗·弗里曼（C. Freeman）、迈克尔·波特（M. Porter）、纳尔逊（R. Nelson）等。

国家创新系统学派兴起于 20 世纪 80 年代末期和 90 年代初期，英国经济学家克里斯托弗·弗里曼于 1987 年明确提出了国家创新系统的概念，并把国家创新系统定义为，“一种在公、私领域里的机构网络，其活动和行为启发、引进、修改和传播新科技”。他在 1987 年研究日本时发现，日本在技术落后的情况下，以技术创新为主导，辅以组织创新和制度创新，在短短几十年的时间里，国家经济呈现强劲的发展势头，成为工业化大国。他通过对日本技术创新系统促进经济发展案例的分析得出，在现代社会中，虽然企业是创新的主要参与者，但因为创新所需要的要素日益增多和复杂化，所以相当部分的创新并非仅靠企业自身就可以完成，还需要依靠政府、中介机构，以及有助于创新的政策体系和制度框架。同时，在一国的经济发展、追赶和跨越中，仅靠自由竞争的市场经济是不够的，还需要政府基于长远的、动态的视野，寻求资源的最优配置，以推动产业和企业的技术创新。此外，他进一步指出，在人类历史上，技术领先国家从英国、德国、美国再到日本，这种技术追赶和技术跨越，不仅是技术创新的结果，还是制度和组织创新的结果，因此可以说，也是国家创新系统演变和发展的结果。

国家创新系统研究的国际学派代表——迈克尔·波特教授在其1990年出版的《国家竞争优势》中提出了国家创新系统钻石模型，并指出一个国家的竞争优势取决于：①要素条件，如熟练劳动力的供给、基础设施状况；②需求条件，如产品和服务的需求；③相关的支持产业；④企业的战略与竞争状况。此外，他认为，对竞争力影响最大的是机遇（如战争、科学技术的重要突破）和国家的作用（如国家规制的作用）。一个国家的竞争优势建立在技术创新的基础上，并有机结合国家创新系统的微观机构与其宏观运行绩效，以为一国经济实力的发展奠定基础。

1993年纳尔逊在其主编的《国家创新系统》中指出，国家创新系统是通过其相互作用决定一国企业创新活动的一组机构。他通过比较分析美国和日本等国家和地区的资助技术创新的国家制度系统，明确指出，现代国家的创新系统既包括各种制度因素及技术行为因素，也包括致力于研究公共技术知识的大学和研究机构、政府基金和规划之类的机构。其中，以赢利为目的的私人厂商是所有创新体系的核心。

总之，国家创新系统的理论研究是将技术创新活动视为一个复杂的国家系统。政府、企业、研究机构通过教育、培训与产业结构的互动，共同构成了完整的网络系统，从而进一步促进了技术创新的扩散。

同时，这些研究也为中国科技创新实践起到了有益的指导作用。1992年，由经济科学出版社出版，多西等主编的《技术进步与经济理论》一书首次将国家创新系统概念引入中国。1996年，加拿大国际发展研究中心与当时的国家科委运用国家创新系统的概念，对中国的10年科技改革进行了评价，引起了很大反响。1997年年初，国家科委技术创新战略与管理研究中心启动了“市场经济下国家创新系统建设”课题研究。1997年年底，中国科学院向党中央、国务院提交了《迎接知识经济时代，重建国家创新系统》的报告，得到国家领导人的高度重视。1998年，科技部政策法规司、中国科学学与科技政策研究会也相继组织力量研究中国国家创新系统中存在的问题和对策。1998年6月，中国科学院启动了“知识创新系统”试点工程，标志着我国“国家创新系统”建设的开始，至此，在我国形成了深入广泛研究国家创新系统的局面。2012 年党的十八大报告明确指出，要实行创新驱动发展战略，深化科技体制改革，推动科技和经济紧密结合，加快建设国家创新体系，着力构建以企业为主体、市场为导向、产学研相结合的技术创新体系。

2. 区域科技创新系统研究

区域科技创新系统（regional scientific and technological innovation system，RSTIS)，是近几年来才提出的新概念。在理论界，目前研究较多的是区域创新系统（regional innovation system，RIS）和区域技术创新系统（regional technical innovation system，RTIS)。现阶段的研究大多将区域创新系统、区域技术创新系统与区域科技创新系统的概念等同起来，关于区域科技创新系统的研究分散在区域创新系统的研究当中。

1990 年，英国菲利普·库克（Philip Cooke）和莫根在《通过网络化进行学习：区域创新及巴登-符腾堡的教训》研究报告中阐述了“区域创新”。1992 年，菲利普·库克在《区域创新系统：新欧洲的竞争性规制》一文中最早提出区域创新系统的概念。他指出，区域创新系统理论是通过“后福特主义”、“产业群”、“区域的崛起”等经济的实践和经济理论的展开而得到发展的，它以系统的、动态演化的观点将新区域科学中的制度、文化、组织等因素和新马克思主义和新熊彼特主义的创新研究在市场机制起主导作用的背景下结合起来，用以解释区域进行系统化创新的能力和潜力，以及对制度、组织等环境条件的要求，从而建立区域学习创新、地方环境和区域增长之间的有机联系。Cooke（1998）认为，区域创新系统是企业及其他机构经由以根植性为特征的制度环境系统地从事交互学习的地方。加拿大学者 Doloreux（2002，2003）指出，区域创新系统理论涉及演化经济学、制度经济学、新区域经济学、学习经济学和创新经济学。他认为，区域创新系统是相互作用的私人与公共利益体、正规机构和其他组织的集合，其功能在于按照组织和制度的安排，以及人际关系促进知识的生产、利用和传播，其运行机制源于四个相互有关的“内部动力学”：互动学习、知识生产、邻近性和社会根植性。此外，他在吸收了诸多学者研究成果的基础上，将区域创新系统的分类归纳为区域发展潜力、区域一体化水平、社会凝聚力、技术转移的管制模式和区域障碍五种标准，并强调，成功的创新体系需要利用内部产生的知识，以及外部可利用的知识来增强创新能力和保持竞争力。

此外，一些学者从区域创新系统的构成、分类、发展阶段等不同方面展开模型，使该领域的研究得到了进一步发展。

在区域创新系统的发展阶段研究方面，奥马（Ohmae，1993）认为，随着全球一体化的国际边界的消失，从经济意义上，“国家状态”日益让位于“区域状态”，区域成为了真正意义上的经济利益实体。英国的迈特凯夫（Metcalfe，

1995）认为，研究区域创新系统比研究国家创新系统更适合。他认为，应该考虑一组特色的、以技术为基础的体系，并且其中的每一个以一个国家地理和制度为边界，而它们之间又进行连接，支撑国家或国际创新体系的发展。2000年，Cooke认为，从演化经济学中派生出来的区域创新系统这一概念，强调企业经理在面临经济问题的社会互动中不断学习和改革而进行的选择，从而形成了企业的发展轨道。这种互动超越了企业本身，还涉及大学、研究所、教育部门、金融部门等。当在区域内形成了这些机构部门的频繁互动时，就可以认为存在一个区域创新系统。它是国家创新系统的一个延伸和发展，具有很高的实践价值。

在区域创新系统构成方面，挪威学者魏格（Wiig，1995）在探讨区域创新系统的概念时提出，广义的区域创新系统应包括进行创新产品生产供应的生产企业群，进行创新人才培养的教育机构，进行创新知识与技术生产的研究机构，对创新活动进行金融、政策法规约束与支持的政府机构，以及金融、商业等创新服务机构。奥提（Autio，1998）认为，区域创新系统主要由根植于同一区域社会经济和文化环境中的两个子系统构成：知识应用和开发子系统、知识生产和扩散子系统。Asheim和Isaksen（1997，2002）将区域创新系统概括为三个组成部分：一是区域产业集群及其支持产业的公司；二是支持的知识组织；三是这些行动者的相互作用。Doloreux（2002）则指出，区域创新系统的知识结构包括创新支持结构（提供知识扩散）、公共技术传递和创新咨询机构、科研机构（包括大学、研究所、国家实验室）；内部机制（与系统动力学相关）：交互学习、知识产生、亲近度、社会内涵。

为了更深入洞察和理解区域创新系统的复杂性，许多学者对区域创新系统进行了分类。Cooke等（1998）从“治理结构”和“商业创新”两个关键维度将区域创新系统分为六种类型：基于治理结构，可以将区域创新系统分成基层式、网络式和统制式三类；基于商业活动模式，又可以将其分为地方式、交互式和全球式三类。Asheim、Isaksen（1997，2002）则将区域创新系统分为地域根植性区域创新网络、区域网络式创新系统和区域化国家创新系统三种类型。这种分类和Cooke等（1998）的结构分类具有相似性。Howell（1999）根据地域临近性和空间集聚在创新中的作用，将区域创新系统分成了两类模式：一类是从属于国家创新系统的自上而下的区域创新系统；另一类是自下而上具有独立的内部特征和内部联系的区域创新系统。此外，Isaksen（2001）通过对区域壁垒和创新阻力的分析，也把区域创新系统分成三类：缺乏组织的、零散的和封闭的区域创新系统。Doloreux（2002）将区域创新系统的分类归结为区域潜力、区域一体化水平、社会凝聚力、技术转移的管制模式和区域障碍等五种标准。

一些学者还进一步探讨了区域创新系统模型。例如，Padmore Gibson（1998）等指出了创新模型和竞争模型的关系并引入了 GEM 模型，认为创新资源就是 GEM 和 RIS 的结合。并且，通过案例分析，他进一步指出，政府最重要的作用是管理资源、建立结构、影响本地市场并策略规划。Wojnicka 等（2002）等对波兰的 Pomeranian 省的 RIS 进行了实证研究，提出了 RIS 的简单模型。韩国学者 Park（2000）等提出了创新的企业支持系统模型，并针对企业基于产品的研发、投资与其他主体发生的关系对该模型进行了阐释。他指出，创新系统包括研究、开发和技术转移，职业培训，中小企业和风险基金的服务，支持机构。加拿大学者 Phillips（2001）提出了基于知识流动的生产链创新模型，并指出，创新的知识包括 know-why、know-what、know-how、know-who，为提高这四种知识提出具体建议，进一步提出了加拿大城市 Saskatoon 生物科技创新系统的知识流动模型。

此外，学者们还不断展开实证研究，并取得了诸多研究成果。美国的萨克森尼（Saxenian，1994）教授，根据美国硅谷的崛起来思考为什么硅谷的发展好于麻省 128 号公路。经过研究他发现，由于硅谷是一个趋于网络化的产业体系，这一体系促进了专业化厂商互相学习和互相适应。同时，区域内密集的社会网络、开放的劳动市场，促进了各种新探索和创业。公司间既互相竞争，又不断在新技术方面互相学习，企业内外沟通非常多，有利于企业与供应商、客户、大学等的交流。雷德斯维克（Radosevic，1997）通过分析社会主义国家（中欧、东欧）科技系统的特点，引入了三种科技创新模式。劳森和罗伦兹（Lawson and Lorenz，1999）对明尼阿波利斯和剑桥地区的实证研究表明，优化区域创新组织结构可以增强区域创新能力。Love（2001）等认为，新经济地理学和区域创新系统的文化发展强调网络的角色、企业运行环境的特性，并通过对英国、德国、爱尔兰的企业的调查研究，发现了这些国家的产品开发过程和区域创新系统的特点。布兰德（Blind）等以德国为例对科技结构和创新活动进行了相关研究，并进一步提出了政策指引。安德森（M. Andersson）和卡尔森（C. Karlsson）研究了中小地区的区域创新系统问题，讨论了中小地区区域创新政策的制定。

综上所述，从区域经济角度出发，区域经济由“资源型”经济向“知识型”经济转型的过程中，区域创新系统起着重要的支撑作用，是区域内资源优化配置，推动区域内有关部门和机构相互作用的系统网络。区域创新系统的研究将对区域经济的发展、区域竞争力的提升具有重要的意义。同时，它也为国家创新系统的完善与发展创造了条件。从总体上，国外的相关研究主要聚焦于创新能力、创新类型、结构和创新系统模型运用等方面，初步包含了较为完善的研究内容，但是尚未形成系统的理论体系。在研究方法上，大部分以具体地区的创新系统描述为主，缺乏系统化和规范化的分析指标体系。同时研究主要集中在发达地区，对一般地区和落后地区的研究还很欠缺。

（二）国内科技创新系统理论研究

区域创新系统的概念自20世纪90年代末引入我国，国内对区域科技创新系统的表述有区域创新系统、区域科技创新系统、区域技术创新系统、地方科技创新系统、区域创新网络等不同说法。从总体上，国内学者对区域创新系统和区域科技创新系统并未加以严格区分，只是由于各个学者研究视角的不同，对区域科技创新系统的研究重点各有侧重。

1. 区域科技创新系统功能研究

王稼琼等（1999）通过分析区域创新系统和国家创新系统的关系，指出区域创新系统的功能与特征在于激活中小企业、改造传统企业、产品创新与成果转化、制度与机制创新及发展高新技术产业。方在农（2004）认为，区域科技创新系统是由各类企业、高校、科研院所、科技创新服务机构、金融部门、各级政府等组成，主要服务于一定行政区域的社会经济，促进科技、经济与社会协调发展的网络系统。其主要功能是合理配置科技资源，提高科技资源使用效率，为实现区域经济社会发展目标提供科技支撑。赵树宽、姜红（2005）认为，区域科技创新系统是由一个地区的企业、大学、科研机构、中介服务机构和地方政府机构构成的创新体系。区域科技创新系统有着与国家科技创新系统相对应的结构和功能，但同时又具有其自身的特点和特色，着眼于把高新技术内化为区域经济发展的自变量，以促进区域产业结构调整与现代化，从而保证区域经济社会的可持续发展。因此，区域科技创新系统的组织与发展有赖于区域的自然条件、经济发展水平、科技文化基础及政策环境，必须立足于区域特色。

2. 区域科技创新系统的构成要素角度研究

国内学者大都认为区域科技创新系统作为一个开放系统，是由许多个子系统构成的，但在具体的构成要素上，不同的研究者仍有不同看法。

黄鲁成（2000）将区域经济理论与技术创新理论相结合，探讨了区域创新系统研究的主要内容。他指出，区域创新系统是由若干子系统构成的。从创新是知识的产生、扩散和使用的视角看，它是由知识创新子系统、技术创新子系统、知识传播子系统和知识应用子系统构成的；从结构上看，它包括创新主体子系统、创新基础子系统、创新资源子系统和创新环境子系统；从创新的动态过程上看，则由研究与开发子系统、创新导引子系统、创新运行与调控子系统、创新支撑与服务子系统构成；从创新对象上看，区域创新系统包括技术创新子系统、制度创新子系统、组织创新子系统和管理创新子系统，具有协调、催化、化险和解惑四大功能。

丁焕峰（2001）基于区域创新系统的功能要素和创新对象视角指出，区域创新系统主要由四部分构成。其中，区域发展战略创新是区域创新系统构建的前提，技术创新是区域创新系统的核心，制度创新是区域创新系统的基础，区域形象及区域营销创新则是区域创新系统的新内容。区域创新网络则是将区域创新系统的各主体要素和对象要素有机结合的主要形式和有效载体。

李海婴等（2002）认为，应构建三级四体系的国家科技创新系统。其中，三级是指国家级、区域级、企业级科技创新系统，区域级科技创新系统主要是通过本区域内的各种不同类型的高科技企业形成的区域科技创新网络，包括企业、科研机构、知识生产传播体系、中介服务体系等。南京农业大学课题组（2002）研究结果表明，一个创新系统至少由五个部分或环节组成：①创新主体，包括企业、研究机构、教育培训机构、各级政府等；②创新资源，包括体现在人身上的技能、知识和创造力，以及体现在设备上和知识产权上的技术资产；③体制政策，是指对创新活动产生影响的法律、法规和政策；④转移因子，指影响技术扩散的因素，如价值系统、联合渠道及网络，进入公共部门、科学技术机构的难易程度等；⑤创新环境，主要指市场环境。

陈墀成、何郁冰（2003）认为，科技创新系统是由知识创新、技术创新和体制创新三个部分构成的有机整体。其中，知识创新是科技创新的基石；技术创新是科技创新的核心；体制创新则是科技创新的保障。同时，这三部分在科技创新系统中相互联结、相互促进，共同促进系统的良性发展。王子龙、谭清美（2003）通过对区域创新系统的分析提出，区域创新网络结构是把区域创新的主体要素和对象要素有机结合的有效载体，是区域创新的合理构建形式。其中，企业是技术创新的主体；大学和科研机构是技术创新的源泉；中介机构是创新技术供需双方的纽带；地方政府是区域政策创新的主体。区域创新网络结构的重要功能是保持区域持续的创新能力和竞争优势。

李虹（2004）从区域创新系统的概念入手，在对区域创新系统的构成进行分析的基础上，进一步提出了影响区域创新系统构成的因素和建设区域创新系统应遵循的原则，并重点分析了区域创新系统的动力机制，以期寻找出提高区域创新系统运行效率的途径。徐凤君（2004）指出，区域科技创新系统是一个复杂的系统，它有四个主要组成部分，分别是企业、大学和科研院所、科技中介服务、政府部门。其中，企业是创新的主体；大学和科研院所为创新提供技术依托；科技中介服务机构为创新提供必要的服务，起着重要的桥梁与纽带作用；政府提供政策引导，为创新起着支撑和引领作用。区域科技创新系统的建设是增强科技创新能力、解决区域科技、经济持续发展问题的有效途径。

综上所述，在区域科技创新系统构成要素的研究上具有差异性、层次性。学者们从不同角度进行解析，力图全面理解区域科技创新系统，大多数学者将区域科技创新系统进行了系统划分，但是在具体的构成要素上存在不同观点。因此，在针对不同区域进行科技创新系统构建时，应在充分整合不同学者观点的基础上，按照区域的具体情况，正确把握区域科技创新系统的内涵。

纵观国内区域创新系统研究，主要具有以下几个方面的特点。第一，研究尚处在初始阶段，是我国创新理论研究中的一个薄弱环节。对区域创新系统的基本概念和系统结构模式的表述虽然略有分歧，但对系统的组成单元和作用内容已形成共识，在基本理论方面研究较为完善。虽然创新环境研究前期理论引进较多也较深入，但后续引入不足，在结合中国具体实践方面的成功案例并不多，尚未找到实际应用的突破点。此外，在过程及发展模式研究上还相对滞后，尚未形成完整的理论。第二，在研究方法上，局限于个体案例的经验总结和定性分析，以描述为主，缺乏系统化和规范化的分析指标体系。第三，在实践领域，对某些经济技术发达地区创新的分析研究较多，而对一般地区甚至落后地区如何实现科技创新发展，缺乏足够的重视。缺乏系统、深入的区域创新系统专题研究，尚不能充分地为政府决策提供科学的依据和可操作的对策建议。

三 资源型经济转型理论的演进

（一）国外资源型经济转型研究

1. 理论初步形成阶段（20 世纪 30 年代初期至 70 年代中期）

这一阶段在研究过程中应用了城市规划学、行为地理学、区域发展理论，以及社会学和心理学等学科的方法。这一阶段的主要研究成果包括以下几个方面。

（1）社区因素。罗宾逊（Robinson）于 1962 年首次对加拿大资源型城市进行了全面评估，以寻找社区中的不稳定因素，如性别歧视、酗酒等一系列孤独环境的反应。坎贝尔（A. P. Campbell）、昂格尔（D. G. Unger）、吉尔（A. M. Gill）、沃伦（B. Warren）等学者对资源型地区社区的社会互动问题进行了研究。沃伦（Warren，1963）认为，水平和垂直两个方向的互动是社区互动的两种方式。其中，社区内不同社会单位之间的联系是水平互动的，社区内与社区外的社会单位的联系是垂直互动的。他指出，为使那些具有较强垂直互动的社会单位能够适应当地的传统和生活方式，一个社区中的社会单位必须具备很强的水平互动，同时还要提高社区对区内生活环境的控制力。随后，吉尔提出以规划为手段来加强资源型社区的社会互动。

（2）人口特征。矿业城市人口特征分为静态特征和动态特征，欧费奇力格（O'faircheallaigh，1988）根据统计资料，对澳大利亚东北部矿业城市人口的静态特征进行了研究；布莱德伯里（Bradbury，1984）基于人口迁移的视角，探讨了加拿大魁北克-拉不拉多地区矿业城市人口的动态特征。他认为，强烈的周期性是采掘业的特征，就业岗位不断增加、劳动力不断迁入是其兴盛的主要表现；相反地，劳动力不断迁出寻求新的工作或者等待衰退期的结束则是其衰退的主要表现。

（3）矿业城市生命周期。1931 年，经济学家豪泰林（Hotelling）指出，资源型城镇的形成和发展对当地资源有着特殊的依赖性，受到资源储量的约束，从而表现出独特的发展规律。进一步的，美国学者卢卡斯（R. A. Lucas）于 1971 年从单一产业地区的发展阶段提出了四阶段理论（建设阶段、雇佣阶段、过渡阶段和成熟阶段）。其中，在建设阶段和雇佣阶段，外来人员多，人员变动快，地区人口出生率高，性别比例失调；在过渡阶段，工人聚居地从依附一家企业或公司变成完全独立的社区，居民开始自己管理社区日常事务，居民生活相对稳定，同时形成了参与意识，积极参与社区建设，社区稳定感和意识逐渐形成；在成熟阶段，随着劳动力老龄化的发展，流动率开始降低，退休比率逐步增加，年轻劳动力被迫离去，寻求其他工作机会。但是卢卡斯的研究并未意识到资源型地区会因为资源枯竭而衰退，也未能从国家或区域经济的可持续发展角度考虑资源型经济转型的问题。

总之，在这一阶段，学者们主要是针对资源型城市（镇）的演进问题进行专门研究。他们主要从社会学和心理学两个视角对资源型地区进行探讨，并针对单个城市或特定区域中的若干城市进行实证研究，其中资源型城市社会中的不稳定因素、社会互动、人口特征和生命周期问题成为这一时期的研究重点。但是，从总体上看，未能从基于长期发展视角，意识到伴随资源型城市的发展将会出现的一系列问题，以及资源型城市在发展后期会出现的衰退甚至枯竭的可能，而是盲目乐观地看待这种资源扩张的发展模式。

2. 实证规范研究阶段（20 世纪 70 年代中期至 80 年代中期）

在这一阶段，主要是运用发展经济学中的二元结构论、国际化理论与依附论和资本积累等理论对资源型城镇进行相关研究，代表人物主要有布莱德伯里（Bradbury）、欧费奇力格（O'faircheallaigh）等。他们认为，过去的研究并未进行充分的结构状况分析，而结构状况才是单一企业社区中社会问题、经济问题的症结所在。

自20世纪70年代末到80年代中期，加拿大著名地理学家布莱德伯里（Bradbury，1983）对加拿大资源型城镇进行了深入的理论和实践研究，并对卢卡斯的单一资源型城镇生命周期的理论进行了发展，提出了第五、第六两个阶段，即下降阶段和关闭阶段。与此同时，布莱德伯里对以前的研究持否定态度。他认为，以前的研究没有充分分析资源型城镇社会经济问题背后的结构性因素，对不平衡发展和资本积累过程及背景的理解才是资源型城镇发展理论建立的重要基础。

布莱德伯里和其他一些学者使用了依附和欠发展理论来解释资源型城镇的兴起和衰落，以及在此过程中表现出来的社会经济特点。他指出，在以前的资本主义秩序下，很多地区，尤其是资源型城镇，都处于跨国公司的控制之下，他们的目标是资本积累并掠夺殖民地的自然资源。然而，跨国公司的管理人员只效忠于本公司，决不会为某一具体的资源产地或国家的利益服务。政府部门也支持跨国公司，它们通过鼓励资本和劳动力向资源区流动，提供必要的基础设施及必要的财政支援等方式来帮助资源区的资本积累。但是，资源消耗的不稳定性和不可再生性又使得这种以资源开采为主的经济活动随时可能被终止。此外，资源型城镇与其他中心之间形成了剥削与被剥削的关系。人力资源、自然资源和资本从前者流向后者，使资源地区本身欠发达，经济结构扭曲，在空间、部门和时间上极为不平衡。加之，资源开采部门本身就业规模小，产品大多是未加工或半加工产品，大量的附加值在工业中心实现，因此，资源型城镇并不能够创造出强劲的经济增长能力。

波特斯、纽顿等分别对加拿大和澳大利亚资源型城镇的研究也得出了类似的结论。他们发现，资源地区的大量资本外流，资源地区与其服务的中心、政府、大都市区和全国工业中心之间本质上是剥削关系，从而削弱了资源地区的发展潜力。马什（Marsh，1987）对美国宾夕法尼亚州东北部的煤炭城镇居民的社区归属感进行了研究。他发现，采矿业生产的财富随着煤炭大量外运而大部分到了纽约和费城等地。这些矿区出现经济衰退，人口大量外迁，从景观美学标准及经济、人口学调查的结果，都表现出这些矿区已不具有吸引力了。从时间上看，煤炭城镇经历了两个不对称的阶段：一是早期工业化阶段，环境向新来的居民提供了物质财富，但精神财富贫乏；二是衰退阶段，环境向居民提供了精神财富，但物质财富短缺。

然而，欧费奇力格指出，布莱德伯里等的模型过于简单化，并质疑资源区与工业中心之间存在剥削关系。他认为，资源区的矿藏要转化为资源，在外界资本和劳动力的投入使矿藏转化为工业品时，外界的利润分享也是外来投入部门合理正当的要求。此外，资本主义世界的矿产资源生产在被高度垂直一体化的跨国公司主宰，但是也存在许多与某一个具体地区紧紧相连的、并不垂直一体化的公司，再加上对建筑、机械、技术和人才的巨额投资等方面的考虑，布莱德伯里在很大程度上高估了跨国公司的生产投资转移程度。

从总体上，这一阶段对资源型经济的研究仍停留在资源型城市（镇）的研究。但是，研究已开始注重以资源型经济地区群体为对象的实证与规范研究，并充分分析地区的结构状况。这将有助于深入理解不平衡发展和资本积累的过程及背景，为资源型经济转型的理论发展奠定基础。

3. 综合转型研究阶段（20 世纪 80 年代至今）

20 世纪 80 年代以来，以电子信息产业为代表的新兴产业经济发展迅速。虽然资源型城镇和资源型产业的重要性相对降低，但仍取得了一些有价值的研究成果。在该阶段的研究主要是运用经济结构调整理论、劳动力市场分割理论等，聚焦于经济结构、劳动力市场结构及世界经济一体化对资源型地区的影响等方面。

海特、巴恩斯（Hayter and Barnes，1992）通过对加拿大矿业型城镇劳动力市场的研究发现，加拿大资源型产业的劳动力市场经历了两个分割阶段。前一阶段与福特主义生产相适应，被称为中心工作区（central work world，CWW）。后一阶段与灵活的专业化生产相适应，被称为边缘工作区（marginal work world，MWW）。资源型经济区劳动力流动的各个障碍限制了主导产业和辅助产业两大产业工人之间的竞争。一旦主导产业的工人获得某种利益，便会一劳永逸。在中心工作区的雇员享有较高工资和较好的福利保障，并且，他们组成工会，用以保护中心区工作工人的优势地位。然而，边缘工作区的工资和劳动力分配则是由垄断公司决定的。垄断公司在发挥经济市场作用的同时，也发挥着内部劳动力市场的功能，边缘区的工人各方面待遇及福利相对较低。主导产业劳动力向灵活的专业化方向发展，导致了资源型社区劳动力的另一种分割。资源地区选择结合数量上更灵活的边缘劳动力和功能上更灵活的内部劳动力这两方面的市场。

兰德尔、艾恩赛德（Randall and Ironside，1996）全面评价了传统的资源型社区理论，指出人们对加拿大资源型社区的印象往往受到伊内斯、卢卡斯、塞门斯等人的经典著作的影响，但这些经典著作的结论并不完善。由于资源型社区经济、社会的变迁，以及地理学家和其他社会科学家的理论和实证研究，有些结论已受到挑战。于是，他们将经济结构调整和劳动力市场分割理论用于资源型社区的研究，对经典理论提出质疑。他们以加拿大 220 个资源型社区为样本，针对其劳动力市场的特点和社区对资源的依存关系进行了研究。

此外，学者们对资源型城镇的矿业结构调整、环境治理、城市规划等也进行了探索。例如，霍顿研究了“长距离通勤模式”（long-distance commuting）在澳大利亚的发展历程，并分析了其对社会和区域发展的影响；肯尼（John L. Keane）从自然景观与社区演化的角度研究了美国南科罗拉多州的煤炭城镇，指出煤炭城镇实现可持续发展的几个条件；里德比特（Lead Beater）从居民就业与劳动力的角度研究了加拿大的埃利奥特湖等单一产业资源型地区的经济发展，并提出一系列政策建议。此外，在该阶段，也取得了许多资源枯竭型地区发展方面的实践成果。例如，日本产煤地域的经济繁荣、德国鲁尔区的复兴带动了“矿业地区经济结构转型研究”；美国宾夕法尼亚州东北部煤炭地区的社区归属感与“矿业地区的社会互动研究”；加拿大魁北克-拉不拉多铁矿区由兴盛走向衰退，与由此抽象出的“矿业地区生命发展阶段研究”、“矿业地区生命周期理论研究”等。这些实践成果为其他资源型经济转型提供了有益的借鉴。

从总体上看，国外学者对资源型经济地区的研究较早，但对资源型地区的经济转型和经济可持续发展研究较少。他们的研究成果主要集中在资源枯竭型地区的生存和发展的状态及其运行过程中存在因素的作用机理上。但是，这些研究成果可以为资源型地区经济转型提供很多的借鉴，特别是后期的一些研究。例如，布莱德伯里提出，资源型地区应当在早期就建立资源的预警机制和预警系统；应当制定政府财政政策以应对资源型经济带来的经济、社会问题等；对资源型经济区经济结构进行调整、地区进行规划等。同时，国外对资源型城镇运行机理的研究和劳动力市场分割理论所揭示的资源型城镇二元结构也都具有重要的参考价值。国外的很多实践成果也值得我国学者在研究中加以参考借鉴，如德国鲁尔区、美国匹兹堡、日本北九州等的转型都是世界上著名的资源型经济转型的案例。

（二）国内资源型经济转型研究

新中国成立以后，全国展开大规模的经济建设，大力推进工业化的进程。这就需要大量自然资源特别是矿产资源，由此使得一大批资源型城市和地区随之发展起来。于是，国内学者开始从城市规划中资源布局及建设规模上，来研究资源型经济区的平衡布局与地区分工。但是，这些研究主要属于地理学范畴，并未在经济学方面得到发展。20 世纪 80 年代以后，随着国家总体战略由计划经济向市场经济转轨，资源型经济区在发展过程中开始出现经济增长缓慢、经济效益下降、失业率上升、环境破坏等问题，于是，许多学者开始针对煤炭资源型城市的发展和资源型城市产业结构调整等方面展开研究。进入 21 世纪，许多资源型经济区由于长期开发，出现了许多亟待解决的问题。同时，为响应国家转变经济发展方式和可持续发展的战略，主要针对产业结构调整，经济结构转型和区域经济、社会、生态协调发展等方面，我国学者开始着手研究资源型经济区转型的问题。从总体上，根据国家经济政策的发展及学者研究焦点的变化，可以将资源型经济转型的研究分成以下四个阶段。

1. 萌芽阶段（1949～1978 年）

新中国成立初期，工业化建设进程的推进使得国家迫切需要大量的自然资源，特别是矿产资源，由此，大量资源型城市应运而生。在这一时期，资源型经济区的发展是在国家计划体制下进行的。相关研究主要围绕资源型地区的选址和布局、建设规模、发展战略等展开。这些均由国家总体发展战略规划决定，劳动力地域分工、人口迁移等是该时期的研究重点。

2. 起步阶段（1978～1990 年）

改革开放后，国家总体战略由计划经济向商品经济过渡。国家减少了对资源型地区的投入，并且资源型城市在长期开发后开始显露出一些问题，如经济增长缓慢、经济效益下降、失业率上升等。这一时期的研究主要聚焦于矿产资源布局规划、城市职能分类、煤炭城市和地区发展问题及工业综合发展等方面。

最早的研究是 1978 年李文彦发表的题为《煤炭城市的工业发展与城市规划》的论文，对煤炭城市进行了开创性研究，并对煤矿城市进行了界定。此外，马清裕（1981）指出，矿业城市是城市居民点一种特殊类型，在城市的经济结构、人口结构及城镇分布等方面具有不同于一般城市的特点和问题。他从区域角度对矿区城镇合理布局问题做了初步探讨。魏心镇（1981）认为，一个国家或地区拥有的矿产资源的种类、储量、质量及其开发利用条件，将对其基础工业的发展方向、规模、工业结构特点与合理布局的趋向有深刻影响。马波于 1985 年对资源型城市进行了建设性和开创性研究，首次提出了煤炭企业发展规律问题、国家能源政策不合理问题、阜新产业结构调整问题、20 年后阜新矿务局将进入发展萎缩期问题、20 年后阜新将发生更加严重的困难问题这五个主要问题。此外，他还首次提出了“转型”一词。齐建珍、白翎（1987）通过对抚顺、阜新两个煤炭城市发展模式的比较，发表了题为《煤炭城市应走综合发展之路》的论文，通过分析煤炭城市单一结构带来的经济效益、劳动就业、市民生活质量和水平及环境污染等问题，进一步指出，解决问题的根本途径就是综合发展。

3. 发展阶段（1990～2000 年）

20 世纪 90 年代后，随着我国的市场经济体制的逐步确立，对资源型经济区的研究进入了快速发展时期。在这一时期，我国很多资源型经济区经济社会和环境的矛盾日益尖锐，越来越多的问题凸显出来，影响到地区乃至整个国民经济的全面发展。我国资源型经济地区尤其是资源枯竭型地区的可持续发展问题引起了国家和社会各界的广泛关注。由此，在这一时期，学界进入了资源型经济产业结构调整与城市与区域的可持续发展的研究阶段。学者们开始将可持续发展理论、区域发展理论、城市经济理论和产业经济理论运用于对资源型经济转型发展的研究中，相关研究成果如下。

1）产业结构调整

产业结构单一是资源型经济地区经济综合发展的障碍。这一观点得到了学者们的普遍认可。他们认为，产业结构多元化势在必行，应在发展以矿产资源为主业的同时，促进非资源型产业的发展，大力发展第三产业，实现资源型经济区社会的综合发展。

例如，刘洪、杨纬民（1992）等学者认为，不论是从煤炭资源的不可再生性，还是从煤炭城市存在的问题考虑，都必须对煤炭城市产业结构进行调整。并且，产业结构调整必须面向市场、注重科技、坚持效益、发挥优势，同时还要注重优势的延伸与优势的转换。此外，他们对三类煤炭城市的调整方向进行了探讨。樊杰（1993）也根据煤炭城市的相关数据，将我国煤炭城市的产业结构划分为五类，并指出各个煤炭城市经济效益的差异主要是由单一的产业结构所造成的。在新的市场经济条件下，国家的投资和财政政策发生了重大变化，因此，地方自我积累和自我发展的能力直接决定着未来煤矿城市的发展，调整结构势在必行。

此外，朱关鑫、吴勤学（1990）分析了区域支柱产业成长的理论和方法，并提出山西的产业结构应从以原煤输出为主的低级结构向深加工的高级结构转化。张慧霞、崔民选（1995）指出，山西在传统的“资源开发战略”驱动下，经过 10 多年能源重化工基地建设，形成了资源型重型产业结构。这种畸形结构造成了山西省经济结构的畸形发展。山西省亟须在立足煤炭优势的基础上，开发旅游资源等第三产业，从战略上调整山西的产业机构。谢文秀等（1997）指出，阳泉作为新中国成立后新崛起的能源重化工城市，煤、白铝矾土、硫铁矿储量巨大，今后必须以改革统揽全局，大力实施产业结构调整战略，推进体制转轨与结构转型协调发展，走出一条平衡发展的产业道路。

2）区域可持续发展

沈镭、程静（1998）认为，资源枯竭型地区的可持续发展存在许多限制性条件。矿区在向城市演变的过程中具有突发性。矿区经济结构与人口职业相对固定，矿区城市化水平和工业化水平呈现低层次性发展趋势，基础设施不能满足当地社会的需求，资源和环境对矿区具有很强的限制性。因此，矿业城市特别是资源枯竭型地区和城市要实现可持续发展，必须意识到矿区的矿产品生命周期，强化城市和政府的职能，加快国有企业改革、实行政企分开的现代管理制度，同时，还要加强环境保护等。郭文炯、白明英（1998）通过分析山西能源基地工业传统发展模式存在的问题，并结合西方发达工业基地的经验教训，进一步提出了建立工业可持续发展模式的基础、核心、条件、动力机制及实施的政策建议。此外，贺艳、刘勇（2000）提出了资源型城市的再城市化问题；周海林（2000）对资源型城市可持续发展的指标体系进行了初步探讨。

同时，许多学者通过实证研究针对具体城市和区域进行了有针对性的深入探讨，提出自己的观点。例如，方创琳、余丹林（2000）以对柴达木盆地的实地调研为基础，通过全面分析盆地的资源开发和经济发展现状，进一步指出，丰富的矿产资源并未因富得福，投入漏出型产业结构导致盆地经济发展有着强烈的外部推动性，复杂的机构堡垒与体制分割演绎着“小牛拉大车”的现实格局。同时指出，未来盆地应实施经济持续发展战略，延伸资源开发产业链，实施资源型产品深加工滚动增殖效益的战略，加大基础设施建设力度等措施，促进经济的可持续发展。此外还有王颖、孙斌栋（1997）对盘锦市的研究，梁亚红（1998）对平顶山市的研究，姚建华、宋新宇（1998）对金昌市的研究，张红（1999）对甘肃省矿业城市的研究等。

4. 深入阶段（2000 年至今）

进入 21 世纪以后，随着资源型经济区发展的深入，许多资源型城市面临“矿竭城衰”的危机。学者们开始以区域发展的眼光洞察资源型经济地区的发展状况，继续关注资源型经济地区的可持续发展问题，提出资源型经济地区产业结构优化升级的重要性，开始针对资源型经济地区的产业转型和经济转型等相关问题展开深入研究。

1）产业转型

张米尔、孔令伟（2003）指出，资源型城市选择转型模式应立足比较优势，通过选择适宜的转型模式，推动替代产业的良性发展。他提出了资源型城市产业转型的三种主要模式，并通过分析影响模式选择的关键因素，针对中国资源型城市的现状提出了对策建议。随后，他在 2005 年出版的《市场化进程中的资源型城市产业转型》一书中指出，地区产业政策应与资源开发相适应，不同的开发阶段应该制订不同的产业政策，并提出了整合内部创新资源和利用外部创新资源构建资源枯竭型地区区域创新系统的对策。

刘玉劲等（2004）主要以东北老工业基地中资源型城市的产业转型为例，通过分析我国资源型城市产业结构形成的历史原因，提出了资源型城市产业结构优化的基本思路，即尊重市场和产业演进的一般规律，将原有资源性产业、相关供给结构与高新技术及其产业化发展有机结合，充分考虑区际分工，尊重市场对产业的选择。他还探讨了资源性产业的两条退出途径（增量型退出和存量型退出），概述了新兴主导产业的选择和培育模式（包括新型产业对原有产业的替代模式、产业链扩展与延伸模式、多元复合模式）。李成军、王志宏（2005）在借鉴国外煤矿城市转型成本支付的经验基础上，总结了我国近年来对煤矿城市给予政策支持和资金支持的实践，并通过对煤矿城市转型的成本分析，探讨了煤矿城市转型成本的支付主体问题，并指出国家、地方、企业、社会和个人在转型成本的支付上应当承担责任。

庞娟（2006）指出，资源型城市都是因资源而立，产业结构单一，随着自然资源的枯竭，将会陷入“矿竭城衰”的境地。因此，如何规避资源的路径依赖负面效应是资源型城市面临的迫切问题。实现产业转型，逐步脱离矿产资源采掘与加工，培育新的竞争优势，增强产业优势，发展接续产业和替代产业，改变历史形成的不合理的产业结构，并向具有特色功能的或综合性的城市演变，最终实现可持续发展，是资源枯竭型城市的出路。

此外，凌文昌、邓伟根（2004）论证了经济增长速度指标和质量指标与产业转型指标呈强正相关关系，并指出，产业转型是主导产业部门依次更替的过程，是加速经济增长和提高增长质量的重要手段。徐振斌（2004）认为，产业转型是从旧的产业结构布局转向以高新技术产业为先导、基础产业和制造业为支撑、服务业全面发展的产业新格局，加快产业转型是新型工业化的必由之路。赵玉香（2007）则明确提出，战略转型是资源型地区经济发展的必由之路。

2）经济转型

2001 年 5 月 28 日，王琼同志在中共阜新市委第九次党代会上，首次提出“经济转型”一词，首次确立“经济转型”战略，并提出了转型的主要原则、内容、措施等，这在全国亦属首创。2001 年 12 月，辽宁省阜新市被国务院确定为第一个资源枯竭型城市经济转型试点市。2003 年 10 月“经济转型”一词首次进入中央 11 号文件。此后，对资源型城市经济转型的研究大量增加。

王青云（2003）在《资源型城市经济转型研究》中对资源型地区经济转型进行了探讨，分析了我国资源型地区存在的问题，以及推进经济转型所要面临的困难，并提出了转型的一些建议和对策措施，同时，初步分析了我国有代表性的以资源为主导产业的地区（如大同、大冶、大庆等城市或地区）的经济转型问题。齐建珍（2004）等在《资源型城市转型学》中从一个崭新的领域分析资源枯竭型地区经济转型问题，探讨资源型城市转型中的主要矛盾，提出培育新型主导产业是关键途径，要建立指标体系对资源型城市转型进行评价。赵海云等（2004）通过对全国矿业城市的问卷调查，构建了适用于矿业城市可持续发展评价的指标体系，并运用层次分析法（analytic hierarchy process，AHP）建立了矿业城市可持续发展评价的递阶层次结构，对 52 个矿业城市的社会、经济、资源和环境问题进行了综合评价。

张复明（2002）指出，资源型经济形成了长期依赖资源的发展循环过程、经济增长机制和具有浓重资源型色彩的经济体系和经济体制。资源型经济有两大致命弱点，即依附性和边缘化。从国际经验看，资源开发导向型国家的经济增长慢得多，不少资源型区域落入资源优势陷阱之中，导致经济增长滞缓和其他一系列问题。为此，资源型地区应当摈弃传统的资源优势思维，适时转变资源型经济开发模式，调整和改造资源型经济体系，以期实现区域经济的转型和跨越发展。随后，他以"资源优势陷阱效应"及"资源型经济转型模式"为研究主题，探讨了资源型产业的经济学特征，并通过剖析资源型区域的经济症结及区域发展隐患，揭示了资源优势的陷阱效应和资源型经济的本质。张复明、景普秋（2006）通过描述资源型经济研究阶段与演进特征，论述了"荷兰病"、"资源诅咒"资源型经济现象的出现，并对资源丰裕与经济发展的悖论展开研究，提出了资源型经济的规避转型和可持续发展。随着研究的进一步深入，张复明（2011）进一步指出，随着矿产资源的不断开发，资源型区域凸显出产业结构单一化、反工业化短期经济增长波动与长期经济增长滞缓、寻租、就业矛盾、安全事故等诸多问题，这些问题的产生源于矿产开发的特殊性与收益分配制度的缺失。因此，应当围绕矿业收益的分配调控与转化，建立矿产资源产权与收益分配机制、生态环境补偿机制、资源财富转化机制、绿色创新激励机制，以及产业结构优化升级机制；并通过制度创新产业规制与政府监管等手段，破解资源型经济面临的发展难题，推进资源型地区的可持续发展。

此外，还有许多学者对资源型经济转型问题进行了研究，如《从刚性到柔性——资源枯竭型老工业基地改造》（李清均）、《矿区可持续发展研究》（耿殿明）、《中国资源（矿业）枯竭型城市经济转型科技战略研究》（贾敬亭、黄黔、徐铭）、《东北二省老工业基地经济发展比较》（张新颖）、《解读阜新经济转型》（常国利、贺德宝）、《中国煤矿城市经济转型研究》（李成军）等。此外，国际、国家规格的关于资源型城市经济转型研究的各种论坛、会议相继召开，各种组织机构的研究也不断兴起，理论研究的论文数量大大增加。这一时期，理论研究不断深入、具体、系统，达到了研究的高潮。

3）可持续发展

杨道远、王东玲（2005）指出，随着资源开采的加剧，资源型城市面临着资源枯竭、难以实现可持续发展的困境，并以盘锦市为例，通过分析资源型城市的产业结构现状及产业发展中存在的问题，进一步指出，应强化油气资源开发的主导产业地位，因地制宜地引导产业转型和大力发展替代产业，以实现盘锦市经济的可持续发展。刘力钢、罗元文（2006）通过与发达国家资源型城市产业转型的比较分析，提出了我国资源型城市经济转型的战略模式选择，并将之应用于辽宁省阜新市经济转型的实证研究中，提出了更为具体、可行的实施方案。曾万涛（2007）以大同市为例研究资源型城市可持续发展。他指出，应加强自然资源利用与保护，切实提高自然资源利用率。

此外，国内学者大量通过研究国外资源型城市转型的方面成功实践，结合国内资源型城市转型的实际情况，提出了许多有针对性的政策建议。例如，钱勇（2005）介绍并分析了一些典型国家资源型城市产业转型的实践，并在归纳和总结国外资源型城市产业转型领域研究的基础上，提出对中国的实践启示。陈学章（2007）在其论文《国外资源型城市转型的经验与启示》中对国外资源型城市转型基本模式进行了比较和评价，提出我国应该改善投资环境吸引投资和发展中小企业网络等措施。袁志彬、宋雅杰（2008）通过对中美资源型城市转型模式的比较分析，认为各个资源型城市应根据各地具体实际，正确选择转型模式。

综上所述，我国对资源型经济转型的研究成果较为丰富。在早期，多聚焦于资源型城市产业结构调整、可持续发展能力、转型方式等方面的研究。随着近年来研究的逐步深入，国内学者已开始展开对具体资源型地区的实证研究，并涉及资源型经济地区的产业优化升级、科技和人才等方面问题的探讨。从总体上，国内对资源型地区的研究呈现出逐渐深入和具体化的变化趋势。但是，我国多数学者的研究往往涵盖面较广，很少从科技创新等关键要素入手，对区域资源型经济转型展开深入剖析。同时，理论研究往往滞后于实践的发展，使得对区域资源型经济转型发展的政策建议较为空洞，缺乏系统性和可操作性。

四　科技创新与资源型经济转型之间关系的理论研究

（一）科技创新与经济增长

1. 科技创新与经济增长关系的理论研究

美籍奥地利经济学家约瑟夫·熊彼特在1912年出版的《经济发展理论》是研究科技创新与经济发展关系的基础。他指出，创新扩散是打破经济静态、促进资本主义经济发展的主要动力。创新，尤其是根本性的创新，一旦冲破一定的壁垒，就会引发创新群的出现，随之引起投资高潮的出现，并会扩散到原材料、设备、产品、劳动力等市场，这将犹如凯恩斯的投资乘数效应，最终使得经济表现出一派繁荣的景象。美籍德国经济学家格·门施（G. Mensch）继承与发展了熊彼特的思想，他认为，经济低落时期的“技术僵局”会迫使社会进行基础性技术创新，而基础性技术创新又会为下一次经济增长奠定基础。率先完成基础性创新的部门代表了新经济结构，以这些部门为中心，创新产品与过程将会进一步扩散，使得整个经济的基础技术迅速改变，经济发展进入上升阶段；但是，当创新扩散到一定阶段后，生产过程创新将取代产品创新，经济发展将会减缓甚至停滞。因此，从总体上，经济表现呈现出S形的波动趋势。

1956年美国的经济学家罗伯特·索洛（Robert M. Solow）发表了《对经济增长理论的一个贡献》的论文，开始创建新古典经济增长理论模型，后来又和英国的经济学家米德（James E. Meade）共同发展这一模型。该模型强调，经济增长取决于劳动增长率、资本增长率、技术进步率这三个因素。他认为，持续的技术进步一直在增加资本需求和资本存量的储蓄。一旦存在技术进步，这个过程就会重复，并创造持续的长期经济增长。从长期来看，只有技术进步才是经济增长的来源。由此，索洛提出科技进步决定经济增长的观点。但是，他将技术进步看做经济增长的外生变量。美国的经济学家萨缪尔森（Paul A. Samuelson）等随后也提出了与索洛类似的观点。卡尔多（N. Kaldor）在1957年发表的《一个经济增长模型》一文中指出，因为已经凝结在现有机器设备的生产技术的不易变动性，资本和劳动不能迅速替代，所以必须增加投资以添置技术程度更高的新设备，并由具有新知识或重新训练的工人来驾驭。

在20世纪80年代，斯坦福大学的保罗·罗默（Paul M. Romer）提出知识溢出模型。该模型强调了内生的技术进步是经济增长的唯一源泉。技术和知识是厂商进行意愿投资的产出，知识产出的溢出效应足以抵消知识资本边际产品的递减趋势，使知识资本的积累不断增强，从而拉动经济的长期增长。1986年他在发表的《增长中的赢利和长期增长》一文中，突破了传统的收益递减或收益不变增长的模式，提出了自己的“收益递增增长模型”。该模型强调了技术变化是内生的，特殊知识和专业化人力资本是增长的主要因素，它不仅自身形成递增收益，还能够使资本和劳动等要素产生递增收益，从而使整个经济具有规模收益递增的特性。此外，1990年，他又连续发表了《内生的技术变化》和《非凸性对理解增长重要吗?》两篇论文，提出促进经济增长的四种要素，即资本、非技术劳动、人力资本（按受教育的年限衡量）和新知识（按专利权的数量衡量）。其中，知识最为重要，是经济增长的驱动力。

卢卡斯（Robert Lucas）在1988年发表的《论经济发展机制》一文中，将人力资本作为独立因子纳入其增长模型。他认为，只有人力资本的积累才是产出增长的真正源泉，人力资本具有的溢出效应足以抵消资本边际收益递减规律的作用，使得资本的边际收益不变，规模报酬递增。斯科特（M. Scott）在1990年出版的《经济增长的一个新观点》一书中提出，技术进步至关重要，但它并不是独立的生产要素。他强调指出，技术进步与总投资密不可分，技术进步的作用可用投资数量来测量。

此外，我国学者范柏乃等（2004）以国家统计局发布的1953～2002年统计数据为基础，采用广义差分回归分析，并通过建立相关的数学模型，揭示了科技投入与经济增长之间存在明确的单向因果关系。邵帅、齐中英（2009）则以罗默的内生增长模型为基本框架，对资源输出型地区面临的“资源诅咒”问题进行分析。研究表明，丰裕的自然资源和较高的资源价格，可以吸引劳动力去从事缺乏技术含量的初级资源开采活动，从而使得制造业部门和研究与发展（R&D）部门的劳动力投入相对减少，导致技术创新和长期经济增长的速度减缓。最后，他们利用我国西部11个省区①的面板数据进行实证分析，为理论解释提供了有效的经验支持。

2. 科技创新与经济增长关系的实证分析

1957年索洛发表了《技术进步与总量增长函数》一文。他考察了美国1909～1949年的非农业部门劳动生产率变化情况。结果发现，在该期间美国劳动生产率翻了一番，其主要贡献来自技术进步，其贡献率达到87.5%。肯德里克（J. W. Kendrick）（1957）的研究证明，1889～1957年，美国私人经济增长率是3.5%，其中1.7%归因于资本和劳动投入量的增加，1.8%则是要素生产率提高的结果。要素生产率主要内容是技术进步、技术革新的扩散程度、资源配置的效率、规模经济等，表明技术进步在美国经济增长中起决定作用。1971年，他又分析了1948～1966年美国私人经济的增长，这期间的经济增长率为4%，其中1.5%归因于要素投入量的增加，2.5%归因于要素生产率的提高。美国经济学家丹尼森1967年通过实证研究发现，“经济增长中有近2/3来自要素投入增加以外的因素”，并称之为“余值增长”，随后，他在1983年对美国1929～1982年的经济增长进行的实证研究发现，技术进步对美国人均国民收入增长的贡献率高达55%。而我国学者孟夏（2001）指出，现代美国经济增长的87.5%源自技术进步。

Gopinath、Mukti（2002）通过定量研究，对比分析了发达国家和发展中国家的物质资本、人力资本、技术进步和金融对经济增长的影响。研究表明，人力资本与技术进步对经济增长的影响日益明显。Steil等（2002）介绍了9个发达工业国家（美国、日本，德国等）、9大产业（因特网、汽车、生物制药等）在不同时期的表现，考察了技术创新的相关细节，研究了技术创新是如何影响经济绩效的。

---

① 如无特殊说明，本书进行省份比较时均不包括港澳台。

我国学者洪名勇（2003）基于新经济增长理论视角，将经济增长、科技创新整合为一个理论框架，并通过建立计量分析模型对中国大陆 31 个省区进行实证分析。研究发现，科技创新的差异是我国区域经济非均衡增长的重要因素之一。此外，朱学新等（2007）以 1998～2005 年中国 31 个省区的面板数据为基础，对中国科技投入的经济效果进行了实证分析，结果表明，不同的科技创新方式对经济发展有显著不同的影响。郭新力（2007）则以 2000～2003 年表征区域经济水平及技术创新能力的相关数据为基础，研究了我国区域创新能力对区域经济增长的贡献差异。李正辉、徐维（2011）构建了区域科技创新指标体系，并对中国的 30 个省区 2002～2008 年的相关数据进行实证检验，建立了区域科技创新与经济增长的含有时期个体影响的变截距固定效应模型。通过上述实证研究发现，区域科技创新对经济增长具有显著的正向效应，同时具有显著的地区差异性和阶段性特征。综上所述，技术进步是经济增长的决定因素，在生产要素中，技术是经济增长贡献率最大的要素。

（二）科技创新与经济发展方式

科学创新与经济发展方式的研究主要从科技创新与经济发展的协调性和经济发展方式转型两个方面展开。

在科技创新与经济发展协调性的研究方面，中国科技发展战略研究小组在 2003 年出版了《中国区域创新能力报告》。该报告在对全国各区域创新能力进行评价的基础上，从 R&D 投入占 GDP 比重的视角分析各区域创新与经济的协调程度，并将全国 31 个省区按协调程度进行分类。白敏植（1998）在其博士论文《科技与经济协调发展理论与方法研究》中提出了科技与经济协调发展的二元相关模型。朱李鸣（2000）指出，科技与经济的协调是指，在各自内部和对外开放的条件下，两者相互依存、相互适应、相互促进、共同发展的状态和过程，并形成决定这种状态和过程的内在稳定的运行机制。安平（2001）在《促进科技发展与经济增长的协调研究》中，通过分析经济增长与科技发展不协调的表现及其原因，指出了资金约束、人才约束、市场约束和机制约束是导致两者在发展过程中存在诸多不协调的主要原因。张仁开、杨耀武（2007）根据科技与经济协调性的内涵构建指标体系，并以我国 31 个省区为例，对其科技与经济的协调性进行实证评估。结果发现，我国各省份之间的科技、经济发展水平存在显著差异，呈现出明显的空间分异规律，并且科技与经济的协调发展水平总体上不高。

有些学者探讨了科技创新对经济发展方式转型的作用。例如，王德平（2010）在《经济发展方式转变与科技创新研究》一文中指出，科技创新是经济发展方式转变的中心环节，科技创新的进程决定着经济增长和发展的长期趋势。

从连续的技术变革历程发现，科学技术进步和科技创新不仅对生产力发展有极大的促进作用，同时，科技创新的进程还决定着经济增长的长期趋势。王一鸣（2010）则具体提出了我国经济发展方式所面临的问题，并从需求结构、产业结构、要素结构、经济体制等方面提出了转变经济发展方式的措施和建议，其中，尤其强调指出，要不断通过科技创新，以寻求新的方式促进经济发展方式的转型。

（三）科技创新与产业转型

周叔莲、王伟光（2001）从科技创新影响产业结构变迁的内在机理、科技创新促进产业结构调整的具体途径、产业结构调整对科技创新的推动作用等方面，阐述了科技创新与产业结构优化升级之间的交互关系。张耀辉（2004）在《技术创新与产业组织演变》一书中指出了技术创新与产业组织之间的关系，即“技术创新会改变产业组织，技术创新是产业组织演变的中间变量”。周娟美（2007）则论述了科技创新与产业转型的辩证关系。她结合西方资源型城市转型的成功经验，探讨了科技创新对于资源型城市产业转型的特殊意义，并指出，应以科技创新引领和支撑资源型城市产业转型。昝国江等（2007）通过分析山西煤炭资源型城市的发展现状，针对产业转型中面临的困境，提出了推进山西煤炭资源型城市产业转型的科技创新对策。

杨平（2009）认为，技术创新与资源型城市产业转型是辩证统一的关系。资源型城市会因“矿竭城衰”而引发诸多经济和社会问题，而技术创新则是促进资源型城市产业转型的有效途径。于喜展、隋映辉（2009）通过分析资源产业转型周期性及差异性，构建了基于生命周期的资源型产业转型与科技创新的互动模型。该模型指出，在资源产业转型过程中，科技创新为产业转型提供了动力；反之，产业转型又会对科技创新产生拉动效应。此外，在资源型城市发展的不同生命周期阶段，产业转型的模式和路径存在差异，对科技创新产生的需求及拉动效应也有所不同。郑谦（2010）指出，以资源型产业为主导的区域产业结构需要通过发展新兴产业以实现区域内的产业转型，促进区域经济的可持续发展。产业转型与技术创新之间存在着正向的相互作用，两者之间的耦合机理在于技术创新促进新产业的发展，新产业的发展又会进一步促进技术创新的进步。

（四）科技创新与资源型经济转型

侯卉、高惠风（2004）在阐释资源型城市转型内涵的基础上，分析了资源型城市转型中存在产业技术水平低、产业发展非均衡、人才集聚能力差等问题，并进一步指出，科技创新是资源型经济转型的基本动力。科技创新对资源型城市转型的作用具体表现在，改造传统产业、改变产业结构趋同的局面、促进产业核心竞争力的形成和提高、开辟新的市场并拉动相关产业的演进这四个方面。孔立（2005）提出技术创新是资源型城市可持续发展的根本观念，并进一步分析了资源型城市产业转型过程中实施技术创新的必要性及实现可持续发展的途径。

张复明（2007）认为，科技创新能力是区域竞争力的重要支撑，也是实现区域内生发展的基本途径。衡量创新能力的主要指标是企业的创新主体地位、科技投入力度和科技经济一体化程度。他进一步指出，山西经济转型的一大障碍就是，科技创新机制不健全，内生发展能力不足。为此，应当设立资源型经济转型发展基金，强化内生发展能力，建立创新发展机制，成功规避“资源诅咒”，实现从资源依赖型向创新驱动型经济的转型跨越。

李刚等（2010）认为，面对资源型经济地区在发展过程中出现的资源约束问题，资源型经济地区应当加快科技进步，依靠技术创新推动经济转型，以实现资源型经济地区的经济增长方式由外延式向内涵式转变。此外，技术创新对经济的贡献程度，是相关转型经济政策能否科学化的重要决策依据。根据资源型经济地区技术创新能力较弱、科技进步对经济增长的贡献较低且较难测量的特点，李刚等以索洛增长速度方程作为测量其科技进步贡献率的适用模型，对资源型经济地区的科技进步贡献率进行了实证分析。研究结果表明，该省的资本贡献率远高于科技贡献率，这个结果与该省实际情况相吻合。

此外，陈作如、高黎（2012）通过分析迁安市科技创新的现实基础，重点探讨了科技创新要素并对其创新基础进行总体判断，最后指出，作为资源型城市的迁安市要想实现资源型经济转型就必须依赖科技创新的驱动力量，并从区域创新系统建设、高端创新要素聚合区打造、科技创新金融支撑力度提升、政府服务等方面提出了具体的对策建议。

综上所述，虽然科技创新是促进资源型经济地区实现转型发展的重要驱动力量。但是，从现有研究来看，探讨科技创新与资源型经济转型之间关系的专门研究并不多见。尽管如此，以前学者对科技创新与经济增长、经济发展方式、资源型经济转型之间关系的研究成果可以为相关理论与实证研究的进一步发展奠定基础。

第三节　本书的研究内容及研究方法

一 研究思路

本书首先对资源型经济转型与区域科技创新的相关理论研究脉络进行系

统梳理与综合述评，为基于资源型经济转型的科技创新系统构建提供坚实的理论基础，并对国外资源型经济成功转型的科技创新实践进行多维度案例分析，为我国资源型经济转型的科技创新系统构建提供有价值的经验借鉴。

在上述理论与案例研究的基础上，利用系统动力学思想，通过对设计思想、构建原则、科技创新系统的结构与功能进行分析研究，基于系统结构分布特征与规律，构建基于资源型经济转型的科技创新系统。然后，以耗散结构理论、熵理论、自组织理论等相关理论为基础，通过定量与定性研究，进一步深入探讨基于资源型经济转型的科技创新系统的运行机理与运行机制。

立足于上述构建的资源型经济转型科技创新系统，从科技创新投入产出的视角，设计基于资源型经济转型发展的科技创新指标评价体系。然后，以上述研究为基础，以山西省资源型经济转型综合改革试验区为实证研究对象，以科技创新指标评价体系为评价基础，运用“统计产品与服务解决方案”软件（SPSS）等统计工具，对山西省科技创新发展现状进行定量分析，并进一步提出山西省在资源型经济转型中科技创新发展所面临的主要问题与障碍。最后，针对存在的问题与障碍，从科技创新主体培育、科技创新驱动力提升、科技创新支撑体系构建、科技创新环境营造这四个方面提出构建基于山西省资源型经济转型的科技创新系统的政策体系，以期为山西省乃至全国其他资源型地区的经济转型发展提供政策参考。

二 研究方法

本书吸取管理学、经济学、统计学、系统工程学等知识、理论与方法，采用定性分析与定量分析结合、理论分析与实证分析结合、归纳与演绎相结合的方法，主要研究方法详述如下。

（1）文献研究：对国内外资源型经济与区域科技创新的相关研究进行动态追踪，采用理论研究、系统分析方法，从系统动力学视角，提出基于资源型经济转型的科技创新系统理论模型，并对其运行机理与运行机制进行进一步探讨。通过文献研究，提出评价资源型经济转型科技创新发展的指标体系。

（2）案例研究：对国外资源型经济成功转型的科技创新实践进行案例分析，为我国资源型经济转型的科技创新系统构建提供有价值的经验借鉴。

（3）系统研究：借鉴系统动力学思想，将资源型经济转型的科技创新置于一个系统框架下进行研究。在对资源型经济转型科技创新系统的构建，以及运行机理与运行机制的研究中，将政府、企业、产业、大学、市场等作为一个系统，分析各个子系统及整个系统运作过程的资源要素流动过程与规律。

（4）实证研究：采用实证研究方法，以山西省资源经济转型综合改革试验区为研究对象，以山西省乃至全国的科技创新相关数据为基础，对山西省科技创新发展的横向比较研究和纵向趋势研究，为进一步指出山西省在资源型经济转型发展中科技创新存在的问题与障碍提供实证依据。

三 研究框架

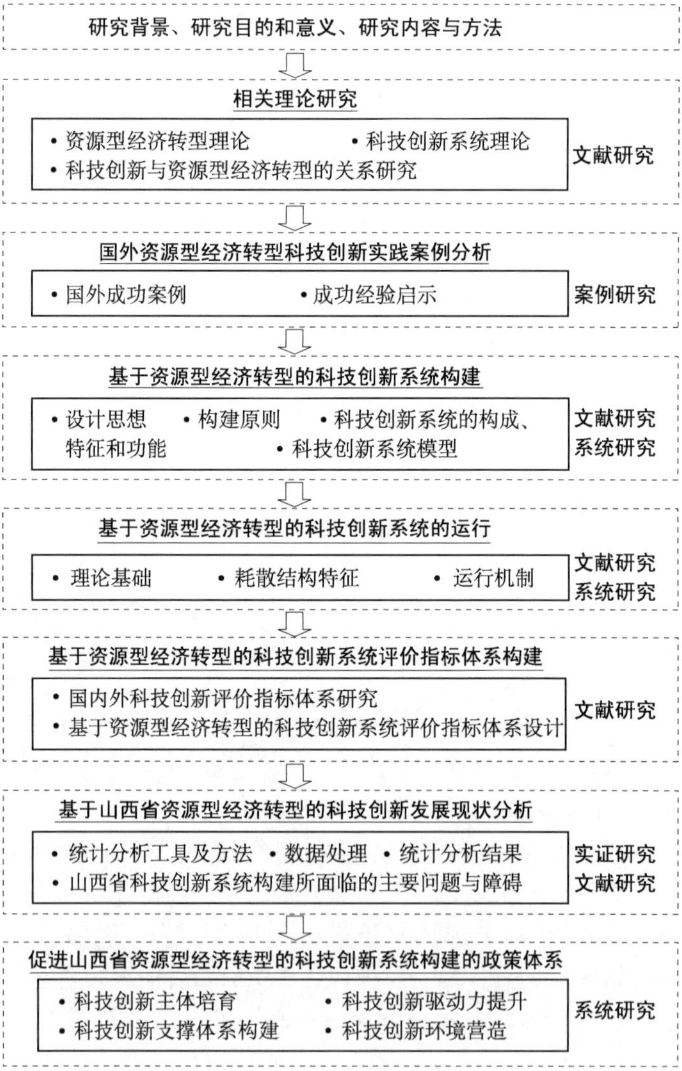

四 本书的结构安排

本书共分七章，主要内容安排如下。

第一章：绪论。本章主要阐明研究背景、研究目的与意义、研究思路与研究方法、研究内容与框架、主要创新点，并从科技创新系统、资源型经济转型的科学内涵、两者及其内在关系的理论研究等方面，系统梳理和分析了基于资源型经济转型的相关科技创新理论，为随后的科技创新体系构建夯实理论基础。

第二章：国外资源型经济转型科技创新实践案例分析。本章将通过国外促进资源型经济转型科技创新的典型案例，分析得出一些通过科技创新进行资源型经济转型的成功路径及经验教训，运用事实依据，为后文进一步探讨促进资源型经济转型的科技创新系统构建奠定实证研究基础。

第三章：基于资源型经济转型的科技创新系统构建。本章将在对设计思想、构建原则、科技创新系统的组成、结构和功能进行分析的基础上，提出基于资源型经济转型的科技创新系统。

第四章：基于资源型经济转型的科技创新系统的运行。本章以耗散结构理论为基础，从熵变机制、涨落机制、自组织作用机制、非线性作用机制等方面深入探讨基于资源型经济转型的科技创新系统运行机制。

第五章：基于资源型经济转型的科技创新系统评价指标体系构建。本章通过对国内外科技创新指标评价研究的系统梳理，从指导思想、基本构建原则、指标评价体系的结构与内涵等方面提出基于资源型经济转型的科技创新系统指标评价体系。

第六章：基于山西省资源型经济转型的科技创新发展现状分析。本章在前面的研究基础上，运用因子分析方法，从纵向趋势分析、横向对比分析两个方面对山西省在资源型经济转型中的科技创新发展现状进行了实证研究，并提出山西省在科技创新发展方面存在的问题及障碍。

第七章：促进山西省资源型经济转型的科技创新系统构建的政策体系。本章拟在前述研究的基础上，从系统视角进一步提出在山西省资源型经济转型下促进科技创新系统建设的政策建议，以期为山西省乃至我国其他资源型经济地区提供有价值的政策参考。

五 本书的特色之处

本书的特色之处主要体现在以下三个方面。

（1）研究的前瞻性。综观国内外经济学者对科技创新的研究，大多从某一国家或某一区域对科技创新问题进行探讨，但是较少对资源型经济转型中的科技创新问题展开系统而深入的专门研究。现有研究的不足制约了对基于特定区域经济发展特征下的科技创新的深刻理解。

（2）研究视角的创新。现有的研究视角的不完善寓意着对技术创新的研究仍有极大的拓展空间，源自对资源型经济转型科技创新的系统动力的探求，本书运用系统动力学的分析方法对资源型经济转型区域科技创新进行系统性探讨。

（3）观点的创新。本书在分析科技创新系统、资源型经济转型及二者的相关关系的理论研究基础上，从系统动力学的视角对资源型经济转型地区的科技创新进行系统探讨，并构建相应的系统理论模型，为资源型经济转型的科技创新战略实践提供有益参考。

第二章 国外资源型经济转型科技创新实践案例分析

第一节 国外资源型经济转型科技创新实践成功案例

从世界经济发展史来看，许多资源型经济区域和国家都曾面临转型的问题，其中，也不乏成功转型的典型案例。例如，德国鲁尔区、法国洛林地区、日本北九州、美国休斯敦作为所在国家的重要工业基地，在发展初期为国家经济的发展做出了重大贡献，但是，在20世纪60年代之后都出现了严重的资源型经济问题。后来经过几十年的痛苦转型过程，最终形成了新的经济发展方式，成为所在国家经济发展的新的战略兴起点。上述地区在转型中都实现了政府、企业、高校、科研机构等的全方位参与，而且，服务于经济转型的相关机构及各项措施，都以科技创新为导向，以形成新的经济增长点为目标，将科技创新贯穿于转型发展过程的始终。本节主要选取了德国鲁尔区、法国洛林地区、日本北九州、美国休斯敦四个典型成功案例，深入剖析它们在转型过程中的科技创新实践，以期为我国资源型经济转型科技创新系统构建及其政策研究提供有益的借鉴与参考。

一 德国鲁尔区

鲁尔区位于北莱茵-威斯特法伦州（Nordrhein-Westfalen，简称北威州），煤铁资源丰富，曾经是德国最大的工业区，产煤占德国总产煤量的80%以上。它以采煤、炼钢、煤化工、电力、石化等工业为核心，是德国的能源基地、钢铁基地和重型机械制造基地，其经济总量曾占到德国GDP的1/3（朱佳佳，2003）。在20世纪50年代，由于能源消费结构的新变化、合成材料的出现，部分要素开始取代煤炭和钢铁的能源地位；煤炭和钢铁的运输成本不断提高，导致煤炭和钢铁产业的总成本不断上升；现代化设备的出现及新技术的不断出现，导致采煤行业就业岗位减少，同时所需高级人才出现短缺。这些因素的出现使得鲁尔区以煤、钢铁为基础的重化工业经济结构的弊端日益显现。从60年代起，鲁尔区传统的煤矿和钢铁厂开始关闭，煤炭工业工作岗位不断减少，就业人数不断下降。鲁尔区出现了主导产业衰退、就业岗位少、居民生活区和生态环境之间极度不平衡、鲁尔区的人口外流、经济增长速度放慢等问题（葛竞天，

2005)。为摆脱资源经济发展带来的危机，鲁尔区适时开展了全面的转型工作(匹茨，2007)。

(一) 政府实施政策导向，引领经济转型

政府不但以法律形式成立鲁尔煤管区开发协会，为鲁尔区的最高规划机构，以制定总体规划、协调市（县）各部门服务于经济转型，还不断出台相关的经济、技术、资金的政策和法规，以支持并推动资源型经济转型。

1920年，德国政府颁布法律，成立鲁尔煤管区开发协会（The Siedlung severband Ruhr kohienbenzirk，SVR)。从此，它成为了鲁尔区最高的规划机构，此后又通过法律手段再次扩大其权利。该协会出台的政策和规划作为法令要求全区严格遵守执行，从而使得其做出的决定能够比较顺利地得到贯彻落实。1960年，该协会提出了把鲁尔区划分为三个地带的设想，将全区划分为“南方饱和区”、“重新规划区”、“发展地区”，这一设想为以后鲁尔区的全盘规划打下了基础。鲁尔煤管区开发协会于1966年在上述规划的基础上编制了第一个总体发展规划，规划根据区内产业类型、人口状况、经济实力等的差异性，制订不同的整治与开发对策，全面实现区域的改造与振兴。其主要宗旨是改善矿区部门结构，发展新兴工业。在煤炭工业转型过程中，政府关闭亏损严重或者发展方式落后的煤矿，实施整合策略并兼有补贴措施，实行集约化经营。对于煤矿中多余的工人通过提前退休等办法裁减人员，并提供资助进行工人转岗培训，使工人的就业问题得到了妥善解决（黄丽华和张丽兵，2005)。

1968年，北威州政府出台了第一个产业结构调整方案“鲁尔发展纲要”，以进行产业结构调整和拯救老企业。政府重点采取了对矿区进行清理整顿、将采煤业集中到盈利多和机械化水平高的大矿井、调整企业的产品结构和提高产品技术含量等措施。此外，政府提供优惠政策和财政补贴，大力扶持采矿业，保障科研投入，使煤矿生产技术和设备居于世界领先水平，保持了技术和设备输出的优势。1979年，联邦政府与各级地方政府及工业协会、工会等有关方面联合制定了“鲁尔行动计划”。政府在继续加大前一阶段改善基础设施和矿冶工业进行现代化改造的同时，有意识地通过提供经济和技术方面的资助，逐步在当地发展新兴产业，以掌握结构调整的主导权。

1985年，北威州政府制定了第一个地区性的结构政策计划“煤钢地区的未来倡议”(ZIM)。1989年，北威州政府又将ZIM计划扩展为“北威州地区的未来倡议”(ZIN)，将政策的重点转移到利用地区的创新力量上（春萍，2003)。在前期的资助政策上，政府主要偏向于针对传统产业的改造和升级；在后期的资助政策方面，联邦政府逐步调整了对老工业基地的资助办法，慢慢减少了对煤炭、钢铁等传统产业的资助，将资助资金转移到环保、废旧厂房利用等项目，

并用于帮助该地区投资生产新产品，扶持当地的新兴产业、服务业和中小企业的发展。此外，政府还专门成立了鲁尔区地区发展委员会，人们在鲁尔区开展商务活动，从投资、经营到市场销售，都得到了该委员会提供的咨询和各种帮助。

（二）加强基础设施建设，改善发展软环境

鲁尔区对老工业基地进行改造的一项重要措施是不断完善当地的基础设施建设，为经济转型创造良好的发展环境，吸引高新企业和人才的到来。

鲁尔区政府通过建立莱茵-鲁尔地区地铁和轻轨系统，扩建杜塞尔多夫和多特蒙德机场等一系列基础设施项目，使鲁尔区后来成为欧洲最稠密的交通网络。交通网络包括600公里高速公路、730公里联邦公路、3300公里乡村公路、近1万公里铁路线、6条水运内航道、繁忙而高效的航空运输系统，由此组成了世界上最完善的立体运输网络体系（李蕾蕾，2002）。此外，政府提供包括核电在内的能源供应系统和现代通信技术的信息系统等，在鲁尔区的核心地带和重要城市中控制传统工业及人口密度的扩增，在产业中心发展地区增设服务性部门。为了治理生态问题，政府还在工业中心和城镇地区中间营造绿地或保持开阔的空间，并在城市的边缘区发展现代化商业模式，在利伯河以北、鲁尔河以北、鲁尔河谷地及其周围丘陵地带开辟旅游和休息点，为人们提供休息娱乐场所。

北威州和市镇政府不仅重视“硬基础设施”的建设，还积极投资支持发展“软基础设施”。例如，政府制定的ZIM/ZIN计划将支持企业的研发创新放在突出地位，资助建立了许多技术中心和技术孵化机构，还在其他企业创新不足的领域，如环保技术、节能和远程供热，提供支持。

（三）加强技术教育培训，培养转型创新能力

鲁尔区十分重视发挥职业技术教育和高校教育的作用，大力培养转型经济的优秀人才，以满足新兴产业的发展需要。

鲁尔区建立了全国最大的职业培训学院。各类培训机构遍布全区，每天有1万多人接受培训，企业和学校共同培养造就了大批训练有素、有技术、懂管理、会经营的高中级专业技术人员。在20世纪60年代初期，为了支持鲁尔区发展知识型新兴产业，鲁尔区先后建立了波鸿大学、多特蒙德大学、杜伊斯堡大学和埃森大学，随后又陆续建立了9所高校，高校如雨后春笋般在多特蒙德、埃森等城市涌现。这些大学的学科以工程技术和自然科学为主，并创立新兴学科，主要培养适应经济转型需要和科技发展的人才，把高校的教育与地区的经济转型相结合，以促进整个区域的转型。同时，与大学相连接的是众多的科研院所和工业园区，其中包括4个国家级的技术应用研究所，这些都为鲁尔区的科研

发展提供了大量人才。如今，鲁尔区有 5 所大学、15 所高等专科学校、1 所艺术学院、4 所弗劳恩霍夫（Fraunhofer）学院、4 所莱布尼兹（Leibnitz）研究所、3 所马克斯-普朗克（Max-Planck）研究所、14 万余名在校大学生。其中，工科和经济专业学生占总数的 63.5%，比全国高出 12%。这些形成了鲁尔区雄厚的科技力量，为高新技术的研发、创新产品的开发和企业竞争力的提高打下了坚实的基础。

目前，鲁尔区已成为欧洲大学、科研机构最密集的经济区，各个大学、科研机构和技术中心在不同工业领域与企业开展合作，尤其是高技术和通信产业。科技、教育事业的蓬勃发展为鲁尔区的经济结构调整和产业转型升级提供了强力支撑。

（四）采用科技创新技术，改造传统工业结构

鲁尔区主要对传统产业采用技术支持，使用高新技术和新设备来改造传统的生产方式，使这些产业的生产过程实现技术的更新换代，实现产业高端化发展。

鲁尔区从 1968 年起就开始了对老矿区的清理整顿，将采煤业集中到机械化程度高、盈利多的煤矿企业，并对整个鲁尔煤矿统一规划、重新部署，使用统一的机械化设备。鲁尔区加强对传统资源型企业进行改造，将新技术融合到企业的生产中，在企业内组织合理化生产，加强资源型企业的自主开发研制能力。针对煤炭企业，东鲁尔区在竖井设备中采用最新现代矿山技术，而且第二台制煤气实验设备的投产，使该地区的煤炭转换工艺上了一个新台阶，这大大改善了东鲁尔区的经济结构。此外，针对钢铁企业，通过引进新技术使产品升级换代，调整传统企业的产品结构。例如，多特蒙德市在本区引进了投资达 3500 亿马克的德国最先进的连续退火炉。这一系列产品结构、技术结构的调整，使传统资源型企业拥有了一系列产量高且具有竞争力的拳头产品。

鲁尔区最终完成了对煤炭、钢材、电厂等企业进行高新技术改造，使这些产业的生产过程实现技术的更新换代，提高产品附加值，实现产业高端化发展。例如，曼内斯曼公司是从传统产业依靠科技创新的力量向新兴产业转型的典型企业。该公司主要生产石油管道等产品。在 100 多年时间里，它是世界钢管生产最高品质的代名词，是德国工业的缩影。20 世纪 90 年代初，曼内斯曼开始涉足德国移动通信市场，并很快成为德国第二大电信企业。2000 年，该公司被英国沃达丰公司收购，如今是德国移动通信市场两大主要运营商之一。

（五）确定产业发展目标，大力发展新兴产业

政府特别重视新兴产业的发展，确立新兴产业发展项目，并出台多种优惠

措施以支持新兴企业的发展，力求实现产业结构的成功蜕变。

1979 年，政府开始重点发展新兴产业和进行主导产业结构的调整。为了确保鲁尔区在未来竞争中处于领先地位，北威州州政府确立了生物和医药技术、电子信息、通信技术、新材料、新能源、环保技术等 12 个优先发展领域，并出台了一系列政策措施。北威州规定，为了吸引新兴产业在当地落户，优化投资结构，政府给予大型企业投资者 28%、小型企业投资者 18%的经济补贴，同时采取了简化审批手续、提供政府资助和灵活用工等一系列措施。

鲁尔区将极具发展潜力的高新技术产业和文化产业作为发展重点，主要培育的新兴产业有：健康工程和生物制药产业，鲁尔区内的研究机构、医疗教育机构将为制药及生物工程的发展提供技术支持，同时还吸引生物制药等领域创新企业的进入；物流产业，鲁尔区以区位条件、交通设施及工业底蕴为基础，吸引国际物流企业参与并推动科研成果转化，以大力发展物流产业；化学工业，鲁尔区焦油化工产业衰落后，鲁尔区积极开发碳化工和天然气化工产品，通过新型化工产品提高了区域可持续发展能力；文化旅游产业，鲁尔区制订了一条区域性旅游规划，被称为“工业文化之路”，它充分反映了鲁尔区煤矿、炼焦工业的发展历史，使人们在旅游的同时增加了历史认同感，这在改善区域功能和形象上发挥了独特的效应；新兴电子、信息产业，优惠的政策加上强有力的扶持措施，使信息、电信等“新经济”工业在鲁尔区得到了蓬勃发展。

统计数据显示，目前北威州从事数据处理、软件及信息服务的企业就超过 11 万家，电信公司 380 多家，其中的绝大多数位于鲁尔区内。经过多年的努力，大力进行产业结构的调整，目前鲁尔区已从“煤钢中心”逐步变成了一个煤钢等传统产业与多样化新兴产业相结合、多种行业协调发展的新经济区，产业结构调整取得了明显成效。2007 年 4 月，北威州政府发起了“未来鲁尔”倡议，这是一个跨部门、跨城市的地区发展战略，确定了“创意代替计划”的理念和“知识密集型产品与服务决定鲁尔地区的未来”的思路。

（六）扶持中小科技企业，着力增加就业岗位

鲁尔区在产业结构调整的过程中，特别重视发展科技型中小企业，在促进新经济、新产业发展中发挥了重要作用。

北威州政府建立了 65 个科技企业孵化器，孵化高科技企业 1400 多家，以加速科技成果转化。联邦政府和州政府制定了中小企业创新核心项目、中小科技企业风险投资计划、联合研究和创新网络计划等，中小企业创新核心项目是德国政府促进中小企业技术创新最主要的措施，覆盖范围最广。该项目为企业间和企业与科研机构间合作开展的科研创新项目提供资助。科研内容不受技术领域限制，首次进行科研活动的企业，以及科研活动停止 5 年后再次启动的企业

都可获得资助。在资助金额方面，企业可获得自身对该科研项目投入的35%～50%，单个普通项目最高补贴额为35万欧元，大型项目（至少4家企业和2家科研机构参与）补贴额上限为200万欧元。此外，政府还采取支持各类技术研究中心、科研成果转化服务机构和科学技术革新信息中心，帮助中小企业拟订技术革新计划，优先向其转让技术等措施，以帮助其发展。这些政策措施极大地刺激了科技型中小企业的发展，使得新建企业数量增长迅速，大批新技术企业、高科技企业脱颖而出。同时，中小企业凭借自身较强的应变能力，在发展壮大的同时，也为安置鲁尔区转型过程中出现的大量失业人员做出了积极贡献。目前，80%的劳动力在中小企业就业，中小企业已经取代大型企业成为鲁尔区经济社会发展的主要经济体和社会稳定的基石。

（七）实施产学研结合，推动科技成果转化

鲁尔区除了专门的科学研究机构外，还有大量的技术中心和技术开发公司，以实现科技从研究到市场的成功转变。

鲁尔区通过建立30个技术开发中心和600多家技术开发公司大力发展高科技，不仅为鲁尔区培养了大量的高科技人才并吸引国内外大量高科技人才，还形成了技术到实践成果的完善转化系统。它们通过有效利用本地智力资源开发新产品和新工艺的中心，形成了鲁尔区科技创新的支柱力量。此外，鲁尔区利用高校、技术中心和研究机构，加强技术创新，利用“技术之路”把区内的经济中心和研究中心结合起来，加快科研成果转化。例如，多特蒙德技术中心建立后，科研、技术开发、企业三方主体都认识到了合作的重要性，并自觉将合作付诸实施，开发新产品和新工艺的中心，成为了区域内有效利用本地智力资源的成功范例、东鲁尔地区经济持续发展的支柱。同时，政府鼓励企业之间，以及企业与研究机构之间进行合作，以发挥“群体效应”，并对这种合作下进行开发的项目予以资金补助。为促进技术转化，区内高校和研究机构还设立了多家“技术转化中心”，并将之转化为中小企业的生产力，加快新产品开发、革新。重视用新技术对传统工业的改造，发展新兴产业，调整原有的产业结构，形成了平衡发展的产业结构。这些做法都极大地加快了将科研成果转化为生产力的步伐。自1989年起北威州政府制订ZIM/ZIN计划资助以来，鲁尔区建立了许多技术中心和技术孵化机构，大大推动了自主创业和高科技企业的成长，以及大学与企业之间的合作。

二 法国洛林地区

洛林地区位于法国东北部，包括默兹省、孚日省、摩泽尔省和默尔特-摩泽

尔省4省。该区是法国矿产资源富集区，是典型的煤、铁基地和重工业区。铁矿储量占法国铁矿资源的80%以上，且埋藏较浅，便于开采，但铁矿品平均含铁量仅为30%左右。洛林地区煤矿储量也很丰富，占法国总储量的一半以上。第二次世界大战结束后，洛林地区的钢铁、煤炭生产有了很大发展，1961年洛林地区获得“法国得克萨斯”的称号。但是，随着经济的发展，制造业得到迅速发展，新兴工业部门相继崛起，洛林地区的钢铁、冶金和煤炭产业开始衰退。从20世纪70年代起，洛林地区的钢铁业开始衰退，产量直线下滑。此外，1973～1974年的经济危机给东北工业区带来了沉重的打击，地区“结构性危机”加剧，经济走向衰落。同时，欧共体开放国际钢铁市场规定，自1987年起，成员国必须停止一切钢铁业的补贴。这使得洛林地区的钢铁业雪上加霜，陷入了更加严重的危机。为了走出困境，法国政府从1966年开始实施“钢铁工业改组计划”，关闭了一些生产效率低下的铁矿，裁减部分职工，增加了对企业改组的投资，建立了一些新的工业部门等措施，但成效甚微。1984年，洛林地区等东北老工业区的整顿和改造全面展开，经济结构发展模式向多元化的发展模式转变、向多元化的可持续发展方向转变。为了确保转型顺利进行，法国政府和洛林地区政府采取了一系列措施（宋飏等，2011；张以诚，2005)，具体措施如下。

（一）加强政府职能，支持经济转型

法国政府在规划、政策、资金等方面，大力支持洛林地区的转型。政府专门成立了工业转型与国土整治部，在法国、比利时、卢森堡接壤地区成立了欧洲资源转型与调整中心。1963年，洛林地区成立了专门的国土整治与地区领导办公室。1996年，又成立了洛林工业促进与发展协会，将煤矿产业转型纳入国土利用和地区规划中。在彻底关闭煤矿、铁矿、炼钢厂和纺织厂等生产成本高、资源消耗大、环境污染重的企业后，对其进行改造，建住宅区、娱乐区或引进新企业等，使当地的生态环境得到改善，为外来企业提供了良好的环境。

法国政府先后制定了钢铁、煤炭等领域的转型规划，成立专门基金支持企业进行技术改造。自1979年起，政府设立工业转型的专项基金（约30亿法郎补助金和贷款)，这项基金占洛林地区工业转型资金总投入的30%。1984年，法国政府出资成立矿区工业化基金，1990～2000年，每年提供1500万欧元，帮助矿区改善基础设施和发展高技术产业。法国政府、洛林地区区政府和银行共同出资组建了矿区再工业化金融公司，为企业提供贷款，以努力发展电子、化工等新兴工业部门，改变单一传统的经济结构，保证老工业区实现“再工业化”。

法国政府制定优惠政策，吸引外资企业到洛林地区办厂，促进了经济转型、

结构调整与国际接轨。同时，也创造了更多的就业岗位，外资企业为洛林地区增加了近1/5的工业就业岗位。政府还规定在洛林地区建厂，除了地皮价格比较便宜外，可得到地方政府50%的资助，厂房建设可得到20%的资助；在以前的矿区建厂，在设备方面，可得到15%的资助；投资额达4000万法郎，新创40个就业岗位为较大项目，可得到25%的资助。

洛林地区广泛开展国际合作。在1995年9月，欧盟委员会批准了洛林与德国的一些州合作的五年计划，其中，包括开展科研和技术转让、发展旅游业、建立跨地区的通信、开展就业培训、为社会文化网络提供技术支持等。1996年，欧盟委员会又批准了洛林地区的发展经济跨国合作计划，其中涉及的合作包括：发展基础设施建设、扩大中小企业跨国经营风险基金、交流企业不动产金融工程技术、挖掘企业自身的潜力、培养创新人才、保护环境、提高水质、发展农村和山区、规划城镇居民区等。对于该项跨国计划，欧盟委员会给予了大量补贴，保证了资金的来源。

（二）运用高新技术，改造传统产业

政府大力整顿传统产业，并鼓励留下来的企业采用新设备、新技术，提高产品附加值。具体的，政府下令降低煤炭、钢铁等传统产业的生产规模，放弃成本高、资源浪费和环境破坏严重的产业和产品，并且结合关、停、并、转等措施，以合理和最优的企业数量来整顿传统产业。政府大幅度增加科研经费，鼓励企业使用新机器设备，淘汰旧工艺，采用新技术，实现生产现代化。以高新技术改造传统产业，大力提高机械、化工等产业的技术含量，提高产品附加值，并对钢材、机械、化工、电厂等进行高新技术改造，使其实现生产过程自动化，产品向高附加值发展。例如，钢铁公司主要是发展市场短缺的汽车板材、镀锌板等，其附加值提高1倍以上；电厂利用煤泥发电，并采用了脱硫装置，减少了环境污染。

（三）明确产业定位，发展新兴产业

洛林地区政府根据国际市场经济的发展，选择高新技术产业作为区域发展重点。洛林地区政府重点选择发展核电、计算机、激光、电子、生物制药、环保机械和汽车制造等高新技术产业，作为城市及周边地区的重点骨干产业。例如，梅斯市建立了汽车、电力、机械制造、食品加工和烟草加工等工业，南锡市发展化学、服装、食品等工业。此外，积极发展新能源，采用清洁和污染小的核电作为主要能源，核电已占到当地电力总量的8成。计算机、激光、电子、生物制药、核电等新技术产业已占国民经济的15%。通过吸引汽车制造业巨头雷诺、奔驰公司在洛林地区建立分厂，主要为欧洲和北美的汽车公司提供配件，

地区由此促进了该地区汽车工业的发展，并使其已成为支柱产业，占 GDP 的 30%。洛林高新技术园区作为吸引国内外投资兴建高新技术企业的基地，鼓励建立中小企业开展教育、培训和各种科研活动。目前，洛林地区的光学、电子、计算机制造业等新技术产业的发展已具备了一定规模。

(四) 强化教育培训，提高劳动力素质

转岗培训是洛林地区转型发展的又一重要手段，根据再就业和产业发展的需要，组成若干不同类型、不同专业、不同所有制、不同层次的培训中心。根据培训者的文化、技术基础，并结合将要从事的工作和国家将要发展的新产业，培训中心有针对性地分门别类地进行培训，促进了工人再就业和企业发展所需的新技能的有机结合。法国政府支付参加培训人员的费用，企业支付工资。人员培训时间一般为 2 年，特殊的技能岗位为 3～5 年。

此外，洛林地区还提供资金资助和税收减免政策，鼓励建立新公司，引进和大力发展新企业，以创造新的就业岗位。工人积极参加就业培训，不仅使其获得了专业经验和知识并增加了技能，还促进了企业生产率的提高，并为发展新兴产业提供了大批技术工人。培训和企业就业的安置，使 80%以上的煤钢工人掌握了新的技能，顺利地实现了再就业。同时，法国政府建立专项教育基金，用于学校硬件建设，增加对优秀教师、优秀学生的奖励等，大力加强智力投资，改革国内教育制度，以使之适应科学技术的发展。

(五) 建立企业园圃，为新兴企业提供服务

企业园圃是洛林地区转型发展的重要经验。企业园圃，即“企业孵化器”，政府创建大量企业创业园，扶持下岗职工创办小企业，由国家资助自身非营利的“孵化器”(韩风芹等，2009)。

企业园圃主要的工作包括：协助公司制订发展计划，协助公司完成新公司成立所必要的登记注册手续和其他必须工作，提供各种企业在设立之初需要的协助；新创立的公司在成立之初的两年时间内，可以在“园圃”里孵化成长，园圃将提供厂房、办公室及共享的服务设施，企业的建厂费用很低，避免了建厂失败导致的专用性资产的沉淀；设立专家指导团，便于随时随地为企业提供咨询服务，帮助企业解决发展过程中出现的问题；园圃每年要分别与 100 个科研单位、企业取得联系，同时与整个地区的技术转让网络建立联系，与所有的技术开发区也有联系；园圃积极推进产学研结合，促进企业、科研机构和高校之间的合作，为企业提供了良好的技术支持平台和发展环境。洛林地区通过园圃模式创造了大量的中小企业，而且它们的成功率非常高，成为了洛林地区经济转型的主要力量。

三 日本北九州

北九州市位于日本的九州岛最北端，是九州最大的港口城市。在转型前，北九州的工业主要以煤炭、钢铁为主，工业区铁路和港口交通便利，煤矿和钢铁企业在国家经济中发挥着重要作用，曾有“钢铁工业支柱、军事工业基础”之称。第二次世界大战结束后，日本为了尽快地恢复生产，大力支持煤炭生产和增加钢产量，为工业提供了能源和生产原料，从而促进了国民经济的发展。20 世纪 60 年代后，日本北九州地区的煤炭资源趋于枯竭，开采成本不断升高，加之，受到国际石油低价的冲击，北九州地区煤炭产业的发展严重受挫，北九州区域经济出现了衰退。虽然日本政府一直给煤炭工业巨额财政补贴，但也无法改变煤炭产业衰退的趋势。因此，北九州地区出现了煤矿关闭、就业下降、人口外迁、环境污染、居民生活困难等严重问题，地方财政也陷入了严重的困境。面对资源引发的严峻现实，日本展开了以政府为主导的经济转型模式（曾荣平和岳玉珠，2007）。日本政府首先对煤炭行业进行整合，放弃绝大部分煤矿，仅留下少数具有高效率的煤矿，并对留下来的煤矿进行设备的更新换代、人员技术培训和管理的现代化。与此同时，日本政府还对北九州区域的经济结构展开一系列调整援助政策，兴办现代工业开发区，吸引大批外部的高新企业进入九州地区，并按培养人才和技术资源，兴办新兴企业（九州经济产业局，2005）。具体的转型措施主要有以下几种。

（一）政府制定规划政策，主导经济转型

针对当时产煤地区的发展困境，日本政府于 1961 年制定并实施了《产煤地域振兴临时措置法》。1962～1991 年，政府先后 9 次修订煤炭政策，并相应制定了一整套相应的对策。1962 年 7 月，日本制定第一次煤炭政策，并设立“产煤地域振兴事业团”，主要出资、融资开发工业园小区，然后再将开发好的土地通过长期贷款、减免税收等措施转让给投资者，吸引外来投资者来到该区域建厂。1963 年，政府颁布了《产煤地域振兴基本规划》和《产煤地域振兴实施规划》。1978 年颁布《特定产业安定临时措施法》，将九州地区的炼钢、炼铝等列为“结构性萧条产业”，要求继续进行整改。随后，日本政府针对煤炭区域转型过程中的具体问题，不断出台相应的改革措施和政策来配合调整的步伐。尤其是第八、第九次煤炭产业政策中，日本政府开始将资源产业向使用进口资源转变，并支持产煤地域基础设施建设，开展大型项目建设（杨庆敏，2004）。

煤炭政策的基本思路是确保煤炭的稳定供给，寻求资源产区经济结构多元

化，维持产煤地域的经济繁荣。日本政府为安置关闭煤矿后产生的失业人员，制定了《煤炭矿业结构调整临时措施法》、《煤高矿职工队伍稳定雇佣临时措施法》和《煤炭矿业年金基金高法》，并开始对煤炭工人进行培训，为产煤地域改造发展创造有利条件。日本政府的培训确保了煤矿工人在下岗前都基本掌握了较高的技能，能够比较顺利地进入产煤地区的企业再就业。此外，还明确要求享受特别贷款及租税特别措施的企业，其职工总数的3%必须是原煤矿工人或他们的家属。

（二）完善配套设施建设，改善投资环境

完善基础设施建设，为高新产业发展提供便利的条件。北九州处于日本西南部水陆交通要冲，是九州最大的港口城市。其海路交通四通八达，是万吨级巨轮可以自由行驶的国际港口城市。此外，陆路交通也很便利。通过利用区位优势，政府完善了陆海空交通网络系统，将北九州地区打造成为国际物流中心。在20世纪70年代初，日本已经在九州建立了机场网，使其成为了日本少有的拥有完善现代化机场设施的地区。这些便利的交通条件吸引了国内外许多电子工业企业入驻到该地区。1980年，又建成西日本的第一个集装箱基地（太刀浦码头），提高了其国际贸易港的地位。此外，北九州积极参与环渤海经济圈各种政治、经济、文化活动，加强与东亚各港口的交流，力争建设成为面向亚太地区的国际物流中心。

日本政府在北九州地区对彻底关闭矿井区进行改造，而且大规模进行填海造地，开发工业园区，并对改造好的土地区域进行产业布局，对进入企业给予贷款、税收等方面的政策优惠，并针对中小企业经营过程中出现的技术等问题，设立专门机构和安排人员进行指导，以此吸引了大量的外资和企业。例如，著名的企业三菱重工、东芝公司、日产汽车、日本电气等国际知名企业，推动了北九州地区产业转型。丰田、日产、大发、本田都在北九州设有分厂，北九州又被称为“车岛”（杨振凯，2006）。总之，政府通过不断加强基础设施建设和良好的投资环境，提高了产煤地域的吸引力。

（三）培育高新技术产业，推进产业结构转型

北九州产业区在发展过程中，并没有加大力度发展资源产业的接续产业，而是把重点放在了新产业结构发展上。政府结合北九州所处的区位优势进行新产业定位，大力引入并发展新兴产业。政府将环保产业发展作为新的支柱产业，吸引一批拥有先进技术的环保企业。这些环保企业在垃圾处理、资源循环利用等方面居于世界领先水平，使北九州的环境产业有了世界知名度，北九州被称为“世界公害治理的模范”。现在，北九州企业承担了日本政府大量的环保项

目，其环保产业发展在世界上处于先进水平。此外，北九州大力发展生态产业，促进了企业积极参与技术创新，并且建立了生态工业园，生态园内大多由大公司（如松下、三菱电机等）入股组建，生态工业园依据产业相关性将相关企业安排在同一个工业园区内（九州经济产业局，2005）。其目的在于，实现在工业园区内部就能够完成废弃物从回收、再利用到销售的各个环节，从而形成资源的充分利用。生态产业的发展需要先进技术的支撑，因此，北九州将具有产业相关性的企业聚集在一起，以促进这些企业的技术创新和共享，由此，在实现先进技术研发的同时，也促进了生态产业的集聚发展，为企业的发展提供了持久动力，并进一步使其取得独特的创新优势，将生态产业不断发展壮大。

在20世纪70年代，日本政府建设了数个现代化大机场，使得北九州区域的基础设施建设不断完善，尤其为尖端产业的发展提供了良好条件。电子信息技术相关企业开始争相涌入，逐渐发展成为闻名于世的“硅岛”，并向技术密集型城市迈进。最典型成功例子就是九州的集成电路（integrated circuit，IC）产业。最初，九州地区IC工业发展以生产和组装为主，不仅促进了地区的经济发展，更主要的是形成了极大的集聚效应，后来，不断吸引IC产业相关的高新技术企业进驻，使得九州区域的产业发展由低层向高层转变。自1965年三菱电机公司在九州建造第一座集成电路工厂以来，东芝、日本电气、松下、索尼，以及美国得克萨斯仪器公司和仙童公司等大公司接踵而至。伴随着相关产业的繁荣发展，与IT产业相关的研究所、研究基地、研究中心等科研机构和大学都开始聚集到九州地区，使九州成为日本名副其实的高科技产业基地（曾荣平和岳玉珠，2007）。目前，北九州已成为了IC、汽车、机器人、生物科技等产业的集聚地，特别是集成电路、汽车产业已是九州工业的支柱产业。

（四）创立“技术城”，加快科技成果转化

“技术城”是为配合资源性经济转型，以高技术研究开发为基础，将产业、学术、居住生活环境有机结合起来而专门设立的城区。“技术城”是以原有地方城市为母城的新型中小城市，以高技术城为核心、为内圈，形成产、学、住基本功能齐全的独立生活圈。“技术城”与工业园区和高科技开发区的最大区别在于，“技术城”追求的是“把田园的宽裕带给城市，把城市的活力带给田园”，形成城乡结合，共同向高新区发展。其基本设想是通过产业转型发展与科学技术相结合、开发高技术产业与改造传统产业相结合，将科技成果及时转化到产业和经济发展的实践中（Kondo，2006）。

1983年，政府在九州地区设立6个“技术城”，其产、学、住有机融合，吸引大量的外地人才和大企业，同时促进了新产品、新技术的开发和当地人才的

培养，提高了当地企业的技术水平，实现了地区经济振兴。1994 年，九州的这 6 个“技术城”的工业生产总值达到 42 541 亿日元，已占到九州当年工业总值的 22.5%。“技术城”的发展同时遵循“产、学、官”的原则，九州地区科技成果转化效果明显。2002 年，九州区政府成立了“产学官交流中心”，负责汇总企业需求、掌握技术资源信息、匹配科研院所、提供交流信息、指导科研方向等。总之，产、学、官结合活动成果显著，对促进地区科技成果转化、提升地区产业技术能力发挥了重要作用。2002 年，九州企业与大学等科研院所共同研究的项目数为 810 件，5 年间增长了 2.57 倍，已占到全国的 12%。此外，日本北九州还建设了“北九州学术研究城”，为技术研究及产业创新提供了有力的智力支持。目前，已有 8 个研究机关、40 家企业进驻研究城内。它们在机器人、汽车、半导体和尖端环保科技等领域开展联合研究，并形成新的产业集群，从而奠定了北九州高新技术产业发展的基础。

四 美国休斯敦

休斯敦位于美国南部的得克萨斯州（简称得州），是一个以石油开发来带动整个油区社会经济全面发展的城市。休斯敦原是“牛仔（牧人）”集聚的农牧区村镇。1901 年，休斯敦发现油田。20 世纪 20 年代末，美国各大石油公司总部迁移至此，开始对石油进行全面开发，休斯敦成为了美国南部最重要的城市。1947 年，墨西哥湾石油的大量开发促进了休斯敦的经济腾飞。60 年代以后，石油开采业整体下滑。为了改变这种由过度依赖某一产业造成的经济动荡，休斯敦逐渐走上了产业多元化的道路。该地区加速了石油科研的开发，并相应带动了为其服务的机械、水泥、电力、钢铁、造纸、粮食、交通运输等多种产业的发展，依靠科技创新最终实现了石油产业的成功转型（宋飏等，2011），具体措施如下。

（一）产业转型启动较早，企业主动转型

休斯敦政府把城市经济和各项事业的发展放在首要位置，但并不过多干涉企业发展，主要是由市场引导企业转型。

政府通过放宽石油加工政策，使得休斯敦在油田开发之初就吸引了埃克森美孚、壳牌、英国石油、雪弗龙、康尼克菲利浦斯等石油化工大企业，以及众多的中小型能源企业入驻，聚集了大量世界级石油和化工公司，实现了休斯敦由开发初期的单一石油工业向石油化工业的转变。同时，政府通过为企业提供服务和种种优惠措施，如土地、基建、经营费用价格低廉等，以求保持城市长久繁荣。政府对当地的经济不直接进行过多的干预，只是制定适应企业转型发

展所需要的货币政策和财政政策，为产业转型指定参考方向，配合产业转型。相应的，当地企业利用市场分析和经济发展趋势进行自我调整，由企业决定何时退出，政府只是辅助处理企业退出后人员的安置问题。休斯敦根据当地实际情况和综合条件，及早进行产业转型，掌握了转型的主动权。

在 20 世纪 80 年代，休斯敦政府和社会各界对城市的发展进行了冷静思考，确定了全市优先发展的 9 种类型产业，即生物医药研究、研发实验室、工具器械、信息设备、人体器官化学、金属加工研究、办公室设备和计算机、发动机和建筑设备、油气运输设备，为当地经济植入高科技产业。随着产业结构的战略调整，休斯敦地区的产业结构日趋多元化，逐步摆脱了对石油资源的过分依赖。

（二）重点加强研发力量，扩展资源型产业链

休斯敦地区意识到转型不单单是工业部门的事，而是一项复杂的系统工程，需要各行各业的积极参与和支持。

休斯敦的石油资源仍处在大规模开采时期，就注重加强研发力量，拓展各行业的进入渠道。20 世纪 60 年代，该市的石油开采业开始整体下滑，但是城市发展并未因此而减缓。休斯敦加速了石油科研的开发，带动了石油业上下游的机械、水泥、电力、钢铁、造纸、粮食、交通运输等相关产业的繁荣，实现了休斯敦的经济结构朝着“纵深组合”的方向发展，每一种产业都形成了由初级产品到高端产品的产业链，从而使得整个城市形成了既竞争又协作的循环经济网络。休斯敦最终完成了由石油开采城向石油研发城的转变。休斯敦的石油石化公司通过向第三世界国家提供技术和资金而获得股份，在世界各地设立分支机构，实行全球开放式的能源战略，实现了跨国经营。

自 20 世纪 90 年代末以来，休斯敦集中了石油高科技人才和科研机构，已形成了行业技术高端优势，具有了向外辐射的能力，是世界能源技术、商务信息、商务活动最集中的城市之一。休斯敦依然是美国首屈一指的能源中心，美国 30 家最大的能源公司有 29 家在休斯敦设有总部或分公司，总部在休斯敦的财富 500 强企业数量仅次于纽约市，且绝大多数为能源公司。

（三）借助发展大项目，带动高科技产业群发展

休斯敦的高科技产业的发展很大程度上得益于当地大项目的进驻，最具代表性的莫过于得克萨斯州医疗中心和休斯敦宇航中心的建立。

1941 年，得州议会给予得州大学 50 万美元筹建肿瘤研究医院。安得森基金提出，如果得州大学将这一医院建在休斯敦，它将提供配套资金与必要的地皮。1941 年，该基金会又向位于达拉斯的贝勒大学医学院提出，它愿意提供 100 万

美元的工程费及连续10年每年10万美元的补贴，作为该医学院搬到休斯敦地区的条件。随后，休斯敦商会将补贴提高到了50万美元，令贝勒大学无法拒绝。如今，由23家政府机构和23家私营医疗机构组成的得州医疗中心已成为世界上最大的医学研治中心。它在肿瘤及心脏病治疗方面享誉世界，7万多名雇员也使其成为休斯敦最大的雇主，每年的经济效益达135亿美元。此外，休斯敦国家宇航中心是美国航天飞机及太空站运行的总部。1961年，休斯敦成为美国国家航空和宇宙航行局（NASA）航天中心所在地。1962年，建立了休斯敦国家宇航中心，休斯敦得到了联邦政府的国防开支，年经费预算达40亿美元。与航天相关的电子信息、仪器仪表、精密机械和军事工业迅速发展，为“阿波罗计划”全面提供服务的1300多家高新技术企业得到迅速发展。与此同时，现代农牧业和科研、教育、医疗、金融、国际贸易等第三产业也开始在该区迅速发展。

休斯敦最终完成了从单一石油资源型城市向集资本、技术、智力于一体的综合性大都市的演变。

第二节 国外资源型经济转型科技创新实践的成功经验启示

上述对国外资源型经济成功转型的科技创新实践案例的探讨，对我国资源型经济转型有以下几方面的启示。

（一）以政府为主导制定转型政策，为资源型经济转型发展指明方向

从国外资源型经济区转型的经验看，不论是法国鲁尔区、日本北九州、法国洛林地区还是美国休斯敦，在转型过程中，政府的政策导向是首要保障。

在这些地区，政府在转型过程中采取的措施主要有：集合区域内外的专家和学者，结合当地的实际情况，出台正确的政策导向和规划，为区域的发展提供明确的转型方向；建立企业园圃，为新兴企业发展服务；出台的税收优惠、投资优惠、投资审批手续简化等优惠政策，吸引企业进驻到资源型地区；修整转型地区的土地，优化环境，建设交通和信息网络，不断完善转型区基础配套设施，改善当地的投资环境；解决转型过程中出现的员工失业问题，进行员工教育培训，根据培训者的文化、技术基础，将要从事的工作和区域，将要发展的新产业，有针对性地分门别类地进行培训，维持社会的稳定。这些都是政府才能解决的问题，是资源型地区实现经济转型的工作重心。因此，应明确政府的专门责任，制定并实施经济转型政策，是资源型经济转型的重中之重。此外，资金支持政策同样对资源型经济转型至关重要，因为政策的实施需要大量资金的支持，失业人员的培训、传统产业的改造、工业基地的治理、基础设施的完善、优秀人才和企业的引入等，都需要政府提供大量的转型资金来推动。总之，

政府的政策将为资源型经济的转型发展提供发展方向和有力的支持。

（二）以人力资本积累增强科技创新力量，推动经济发展方式向内生增长模式转变

科技创新是促进资源型地区经济转型的内生力量。资源型地区在转型过程中应充分重视经济发展方式由传统的外生增长模式向内生增长模式的转变，以科技创新作为资源型经济转型的重要驱动力。社会中科技力量的不断积累增长，将会促进经济发展的内生化增长，形成一个良性经济增长模式。人力资本积累则是推动资源型地区科技创新的重要因素。虽然这些成功转型的地区对人力资本积累的具体措施不尽相同，但总体思想是一致的，即依靠人力资本积累增强科技创新力量，推动经济发展方式向内生增长模式转变。

其中，人力资本的积累主要体现在加大创新型人才的培养和引进上，为资源型经济转型发展提供充足的智力保障，以推动形成资源型经济转型的内生力，成功实现经济转型。纵观国外资源型地区成功转型的实践经验可以发现，引进外部急需的创新人才和培养区域内所需的转型人才是其成功的重要因素。在充分分析经济结构发展和政府导向政策的基础上，大力引进转型所需的创新型人才，为新兴产业的发展提供新思想、新理念、新方法，并加大高新技术园区等高科技研发基地的建设，以吸引大量人才到来，形成人才集聚。

依托本地区的高校和科研机构进行人才培养则是资源型地区增强科技创新力量的主要手段。高校和科研机构是培养科技创新型人才和产生科技成果的重要单元，因此，也启示我们，在实践中应当通过大力推动高校及科研院所建设，培养新兴产业发展所需的高科技人才、研发型人才和创新型人才，为资源型经济的成功转型提供人才支撑，同时还要加大职业教育，培养职业技能型人才，以加快传统产业升级改造和满足企业创新发展的需要。

（三）以增强企业主体地位推动产业调整，成为资源型经济转型发展的主要路径

纵观成功的资源型地区经济转型实践，我们可以看到，以增强企业主体地位推动产业结构的调整，是资源型经济转型发展的主要路径，主要体现在以下几个方面。

首先，以企业科技创新促进传统产业改造升级。当资源型经济发展到一定阶段时，资源储量会变得越来越少，开采难度加大，勘探和开采成本增加。因此，传统的资源型产业需要推动企业运用现代化的管理理念，采用现代化的生产设备和新技术，以科技进步促进改造升级，改变其落后的生产方式和粗放式经营，促进生产的集约化和高效化。但是，传统的资源型企业不能仅仅依靠引进先进的生产设备和技术来转型发展。更重要的是，企业要注重以技术创新为

核心，在引进技术的同时，加大企业技术型人才和技能型人才的培养，增强对新技术的研发能力。在鲁尔区和洛林地区，煤炭、钢铁产业实现了新工艺、新技术的成功转换。其关键在于，采用新技术进行改造的同时，还积极自主研发新技术，增加了资源利用率和产品附加值。

其次，以企业科技创新来推动和接续产业的发展。传统产业的升级还在于延伸原有的产业链，发展接续产业。这就需要资源型企业加大技术开发及应用力度，吸引并形成相关企业的集聚，从而形成新的产业链。例如，鲁尔区结合一系列产品结构、技术结构的调整，使传统资源型企业拥有了一系列产量高且具有竞争力的拳头产品。洛林地区钢铁公司主要是发展市场短缺的汽车板材、镀锌板等，附加值提高一倍以上，电厂利用煤泥发电，并采用了脱硫装置，减少了环境污染。美国的休斯敦地区对原有石油产业的延伸转型，形成了行业技术高端优势和具有了向外辐射的能力，将石油开采城转变为石油研发城，成为了世界能源技术、商务信息、商务活动最集中的城市之一。

最后，以企业科技创新推动新兴产业发展。在改造原有产业的同时，重点要发展新兴产业。结合资源型地区的具体特点，确定新兴产业的发展目标，带动高科技产业群的发展，使高科技产业群成为资源型地区经济增长的主要力量。高科技产业群的发展，需要形成多个新兴支柱产业，以实现新兴支柱产业的带动作用。例如，美国休斯敦地区抓住国家宇航中心建立的机遇，与航天相关的电子信息、仪器仪表、精密机械和军事工业等1300多家高新技术企业得到迅速发展。政府应始终将技术创新视为经济增长的源泉和经济转型的动力。依据自身优势，大力发展新兴产业，转变经济发展方式，产业发展方式向多元化转型。其中尤其要制订中小高新技术企业扶持计划，扶持新兴的中小科技企业，以增加地区的发展活力。鲁尔区政府对鲁尔区中小高新技术企业的发展也给予了大力扶持。对于由中介机构评估为有发展潜力的中小企业，政府给予贷款担保扶助；对于科技型中小企业进行产品研发的，政府给予资金支持。法国洛林地区的企业园圃，其重点是培育新兴的科技型中小企业，给它们提供政策、资金和技术等相关的支持，确保中小企业较高的存活率。

（四）以产学研合作推动科技成果转化，促进科技与资源型经济转型发展的紧密结合

在资源型地区经济转型的成功实践中，通过加强高校、科研机构和企业的合作，实现产学研结合，已成为实现科技与资源型经济转型发展紧密结合的有效路径。

高等院校和科研机构是科技人才培养和科技成果产生的源泉，企业则是推动科技成果转化与应用的重要主体。因此，要实现科研成果的成功转化，必须

加强高校、科研机构和企业间的紧切合作，形成产学研链条。建设科技创新转化中心是实现产学研合作的主要途径，它能够充分将高科技成果与企业实际相结合，促进传统产业改造升级和新兴产业的发展。不论是鲁尔区的技术中心、北九州区的“技术城”还是法国的科技园圃，都是成功地将产、学、研紧密地融合起来，在技术成果转化和推广过程中起到了重要的纽带作用，进一步提升了当地企业研发中心的技术转化率。鲁尔区通过建立技术中心和技术转化中心，大力发展高科技，并及时将其转化到园区内企业的实践中，大大提高了企业的技术创新水平。法国洛林科技园圃分别与科研单位、企业、整个地区的技术转让网络、技术开发区建立联系，积极推进产学研合作，为企业提供了良好的技术支持平台和发展环境。日本创立了“技术城”，以高技术研究开发为基础，将经济发展与科学技术、产业技术有机结合，将开发高技术产业与改造传统产业相结合，将产、学、研有机融合，不但培养了大量掌握高技能和高新技术的人才，还促进了新产品、新技术开发及科技成果转化，进一步提升了该地区产业技术创新能力。

总之，通过上述对国外资源型地区成功转型的实践案例的分析，可以看出，科技创新系统的成功构建需要政府、企业、高校、科研机构、中介机构等各类创新主体的参与。只有在政府充分发挥宏观引导功能下，创建良好的科技创新环境，以企业为主体形成促进科技创新的核心力量，高校、科研机构、中介机构形成推进科技创新系统的纽带，通过它们在资源型经济转型发展过程中的彼此相互影响、相互协作，才能真正通过有效协同最终促进区域资源型经济的转型发展。这些资源型地区成功转型的实践将为推进我国资源型经济转型发展的科技创新系统构建及相关政策研究提供有益的借鉴。

第三章 基于资源型经济转型的科技创新系统构建

20世纪90年代以来，伴随着经济全球化的迅猛发展，科技创新已成为决定某一特定区域在新的经济格局中所处地位的关键性要素，科技创新能力必须要满足特定区域经济发展的特殊性要求，探索其培养的特定模式就显得尤为重要。与此同时，在带动区域经济发展的过程中具有本地特色的区域科技创新体系将发挥推动区域产业组织竞争力提升、产业结构升级、形成并巩固区域竞争优势、达成区域经济跨越式发展等方面的作用。科技创新正在成为越来越多的经济发达国家与地区提高区域整体竞争力、实现区域经济社会全面发展的基本形式，而区域科技创新体系的构建正是提高区域创新能力、促进区域发展的根本保障。

创新理论的研究表明，创新是不同主体与许多其他因素间复杂作用的结果，创新作为一种科技发展的方式，作为一种人对自然、社会的改造过程，其内部由众多的因素与阶段构成。这些因素和阶段相互联系、相互作用，构成一个有机整体，即在客观上存在着科技创新的系统，必须以系统的思维、观点与方法来分析科技创新现象，研究科技创新活动。因此，目前资源型经济转型区域都在着手构建和培育本区域的科技创新系统，并以此为抓手促进当地产业结构的调整和区域内组织运行机制的变革，推动当地资源型经济的转型，实现区域的可持续发展。

区域科技创新系统无疑是区域整体创新系统的重要子系统，区域创新系统的构成模式主要指向企业、大学、科研机构和地方政府等地方行为主体之间在长期正式或非正式的合作与交流关系的基础上所形成的相对稳定的系统。通过创新系统的运行，区域内组织将获得相应的协同作用和技术产品的交叉繁殖，从而增强区域竞争力，推动区域经济发展。在整个区域创新网络体系中，创新的效率不仅取决于单个行为主体能否高效运转，更取决于各个行为主体间的联系和相互合作。通过技术和产品的不断向外辐射、产业组织的扩张、节点的对外延伸，区域创新系统将会发展成为国家创新网络乃至全球创新网络的一个重要的组成部分。

在资源型经济转型区域创新系统中，科技创新是最具活力的因素，也是最能代表一个地区创新水平的因素。因而许多创新型区域都投入了大量的资源来建设区域科技创新系统，希望以此来提高地区的技术创新能力和整体竞争水平，增强区域活力，促进地区繁荣发展。

因此，本书重点研究资源型经济转型地区这一特定地域范围内的科技创新系统，其通过各种科技创新资源和要素的有机融合，使与科技创新相关的经济和社会各子系统紧密的相互合作，相互促进技术创新，共同发展。

第一节 设计思想与构建原则

一 设计思想

资源型经济的转型，是向资源型经济与非资源型经济的均衡发展转化。资源型地区与非资源型地区相比，资源型经济区的科技创新系统存在很大差距，正是这种差距，导致资源型经济区只是依靠开采资源、挖掘资源，而不会或不愿做产业链，使得转型之路艰难而漫长。建立与完善资源型经济转型区的科技创新系统，是资源型经济转型的必经之路。

在2008年金融海啸与国家转变经济发展方式的压力下，转型发展成为区域经济发展的必然选择。依靠资源与资本投入，推动产业扩张的粗放型经济增长方式，难以维持资源依赖区域经济的可持续发展，同时，单一的产业结构导致经济的抗风险能力低下。资源依赖区域迫切需要实施经济转型，即经济发展模式要由资源依赖型转向创新驱动型，需要构建与之相符的区域创新系统。科技创新系统是其中最具活力的子系统，从过度依赖资源转向依靠科技的创新，实现经济发展动力的持续竞争优势。

以资源型经济的典型地区——山西省为例，煤炭产业对山西经济和社会的发展具有重要的战略意义。长期以来，山西以煤为主的产业结构虽为煤炭产业的发展奠定了坚实的基础，实现了较快的增长。但是，仍然存在着产业布局分散，产品技术含量、附加值及结构效益较低等问题，也严重制约了其他产业的发展与生态环境的建设。为推动山西资源型经济的转型发展，更好地实现煤炭产业的经济社会价值，必须对山西传统的煤炭产业进行产业结构的调整与优化升级，这就需要从优化和延伸煤炭产业链入手。煤炭产业的产业链很长，可以覆盖建材、轻工、化工等众多行业，并且其上游和下游产业间的关联密切，具有高技术含量、高附加值等特征。因此要改变山西资源型经济的比重，就需要对山西煤炭产业的结构进行调整和优化，其中，延伸煤炭产业链则成为必然之举。而制约煤炭产业链延伸的关键是科技创新能力，如化工新材料、精细化工产品等煤炭产业的下游产品的制造非常依赖于企业的研究和开发能力，要有大量的以科学和技术创新为核心的企业，以及与企业科技创新紧密关联的政府、高校、科研机构、中介服务机构等一起形成资产和技能互补的科技创新网络系统，来保障和促进资源型转型地区科技创新的实现与有序运行。

总之，资源型经济转型地区的科技创新系统主要依赖于本区域内的企业、高校、科研机构、地方政府与中介服务体系相互连接的紧密程度。其中，尤其强调以企业为核心的创新主体间的合作，充分利用各自优势资源与能力，共享区域内的人力资源、物质资源、财务资源，促进企业掌握新技术，降低企业的研发成本，减少区域内的高科技成果的生产成本，使本区域内科技成果得到充分运用，达成技术互补，使区域内生产与提供的高科技产品的更新换代更具市场竞争力，以此实现科技创新系统的功效。

建立基于资源型经济转型的科技创新系统的目的是充分调动科研人员、科研机构和企业进行技术创新的积极性，促进科研成果的产品化和产业化，把科技知识转化为现实生产力，以促进资源依赖区产业结构的调整、增强企业的市场竞争力。因此，在构建基于资源型经济转型的科技创新系统的构成时，要重点考虑两个方面：一是怎样调动各构成要素部门科技创新的积极性；二是如何实现科研成果的产品化和产业化。

二 构建原则

基于资源型经济转型的科技创新系统总体目标，就是要充分发挥科技创新系统中企业创新主体的能动性，实现企业、高校与科研机构间创新联盟的密切合作，推动创新政策系统与产业技术系统的良性运作；通过科技创新资源的有效整合与创新行为主体组织网络系统功能的发挥，实现资源共享、优势互补、合作创新，推动科技从基础研究→应用研究与开发→科技成果产业化→产业技术扩散与推广的转化，最终实现科技创新和区域竞争力的整体提升。

不同的区域各自所处地理位置、经济、社会文化、历史背景等的差异性，导致各地科技创新活动中具有一些不同于其他区域科技创新的特征，这使得各区域形成的科技创新系统带有鲜明的区域个性特征。因此，在构建基于资源型经济转型的科技创新系统时不能照搬其他区域科技创新系统的全套做法，必须依据资源型经济转型区域自身的发展特色来构建科技创新系统。在此过程中，就要遵循以下原则。

1. 系统要素相关性原则

科技创新系统中的各个要素之间应是彼此相关联的。科研机构为系统提供各项科研成果；高校一方面为科技创新提供基础研究与应用研究的成果，另一方面还要为科技创新培养并输送人才；企业则要积极了解并有效转化相关有市场潜力的科研成果；系统内的政府管理部门，则要以不同的管理方式对系统内的要素实施指导与管理；系统内的各中介机构则要为系统内的各要素提供技术、法律、金融、信息、培训等方面的服务；系统所处的环境则会在任何时候都要与系统各要素发生联系，对其施加影响。

2. 系统开放性原则

开放是科技创新的重要源泉，科技创新系统必须建设成为一个开放的系统。除了系统内各要素之间可以在内部进行自由流动外，还要以各种各样的方式与外部进行交流。

任何一个科技创新系统不可能完全具备进行创新活动时所必需的各项资源，如资金、人才、技术、设施、信息等。要维持系统的高效运转就需要转向开发与运用市场上的科技资源、跨地域的人才资源、新的运营体制、新的创新政策和管理规则。如果科技创新系统仅局限于在自身内部开展科技创新活动，就会有可能无路可走，窒息了创新的活力。

因此，在资源型经济转型的过程中，科技创新系统的有效运行要求促进网络系统内部知识流、技术流、信息流、资金流的形成，淡化部门概念、单体企业概念、隶属概念、地域概念，培养区域整体的开放性，从而使科技创新系统中的各个要素与组织间呈现出明显的开放特征，充分利用有利的外部资源和条件，有效地推动资源型经济转型的科技创新系统的运作与完善，以增强资源型经济转型发展的活力。

3. 系统要素协同原则

系统中的企业之间，以及企业与其他类型的机构之间的密切合作是成功的科技创新系统的典型特征。

要素之间的合作，扩充了单个组织使用的资源和能力，使得组织可以充分利用组织内部和外部的各项资源和能力，从而有效地降低了运营成本，产生了“1＋1＞ 2”的协同效应，这将有利于提高自身的竞争优势。这种协同合作具有多方共赢的性质，可使企业与其他企业，以及企业和其他类型的机构之间可以实现“共同做大馅饼”的效果，从而提升科技创新的绩效。

4. 系统动态性原则

科技创新活动本身就是一个动态的过程。此外，在系统内的各种要素也总是在不断变化，如组织机构要调整，内部人员的结构与素质也要随之而改变，这都将导致系统的结构发生变化。加之，系统的内部环境和外部环境也处于变动之中，使得科技创新系统具备了动态性的特征。据此，系统必须要增强适应能力，尤其是加强管理层的应变力，实行动态管理，以适应系统的发展需要。

5. 系统阶段性原则

基于资源型经济转型的科技创新系统的构建必须符合阶段性的要求，在其形成与初创阶段需要由以政府发挥总体设计与主要推动的作用，但伴随着科技创新系统的不断发展，系统的运行则要由以政府推动为主逐步过渡到以市场导向为主的运行模式，即要以企业为系统中心。

当前考虑到由于基于资源型经济转型的科技创新系统的自我发展、自我完善机制还没有完全建立，还需要通过政府的规划、扶持与促进，最终形成以市场为驱动，以企业科技创新能力为核心，辅以政府的科技创新系统运行新机制。

6. 突出资源型经济转型特点的原则

资源型经济转型地区科技创新系统的发展需要结合当地的资源条件和区域文化传统等环境因素的影响。资源型经济转型地区的不同环境与特殊使命决定了其科技创新活动的起点、内容、手段和途径也将是多样化的。因此，科技创新系统必须与之相适应。

在构建科技创新系统时，必须充分考虑资源型经济地区的区域经济特色，考虑其在经济和社会发展中的地位和作用，结合本地区的资源禀赋，构建具有资源型经济转型的特点，并能与周边其他科技创新系统之间形成优势互补，形成既有竞争又有合作的科技创新系统。

7. 自主创新与合作创新相结合的原则

根据资源型经济转型地区过去发展中过度依赖粗放式增长，而科技创新能力比较弱，特别是知识创新能力较弱的现实情况，需要充分发动系统内其他要素的创新积极性，鼓励要素间创新合作，并要与先进地区的科技创新主体合作，组织科技力量攻关，针对区域内有一定优势的传统知识创新领域和对资源型经济转型发展有重大影响的技术领域进行“原始创新”和“二次创新”，以此来逐步提高优势产业的科技创新能力，并延伸产业链，形成合作、引进、创新、跨越的格局，使资源型经济区的科技创新能力呈现出突破性的增长。

8. 统筹安排与分类实施相结合的原则

在基于资源型经济转型的科技创新系统的构建及运行过程中，必须着眼于未来，服从国家科技创新系统建设和自身区域内未来经济、科技、社会发展目标的基本要求，遵循系统性、整体性、协调性的原则，高起点、高标准、高要求地进行规划；还要因地制宜，根据当地经济社会发展中条件和能力的实际，量力而行，各有侧重。

加强科技创新系统建设的总体规划，围绕创新系统建设的总体目标，既要突出以资源型产业为核心的科技创新能力的提升，也要关注其他新兴产业的发展与扶持。重点支持对当地未来产业发展有重要影响的地方产业集群，提升科技创新能力，形成开放环境下的多元化的创新方式，及各行为主体有效配合的有机创新系统，从而提升系统的科技创新能力。

第二节　科技创新系统的构成、特征及其功能

基于资源型经济转型的科技创新系统，就地域范围而言无疑是归属于区域科技创新系统的。对于区域科技创新系统的解释，不同的学者有不同的看法，可以归纳为这样几个方面：一是都承认区域科技创新系统是有一定的地理空间范围，受到一定的行政区域和经济地域的影响；二是区域科技创新系统是由许多创新的要素组成的，创新要素主要包括生产企业、研发机构、高校、地方政府和中介服务机构等；三是区域科技创新系统的创新要素单位之间有一定的组织结构和空间结构。

基于对区域科技创新系统定义的分析，以及资源型经济地区自身特色和区域创新理论，并借鉴有关研究成果，本书认为基于资源型经济转型的科技创新系统是由资源型经济及其所依托的地区内相互联系并共同协作的企业、高校、科研机构、地方政府和中介机构等创新主体构成的，在一定的制度、政策等运行环境中，促进科学创新与技术创新，推动资源型经济不断优化升级，提高区域经济社会发展的竞争力，以推动资源型经济转型为目标所形成的空间组织结构体系。

一　科技创新系统的构成

遵循设计思想，按照上述构建原则，并学习和借鉴国内外建设区域科技创新系统的经验，基于资源型经济转型的科技创新系统应以激发创新欲望、提高创新能力、建立有效的创新机制、促进科研成果转化、改造传统资源型产业、发展战略新兴产业和提高产业竞争力为导向。在基于资源型经济转型的科技创新系统中，各构成要素在创新活动中相互联系、相互影响，共同促进资源型经济转型的进行。

资源型经济转型地区的科技创新系统作为一个诸要素相互作用的总体，可以分解为创新主体系统、创新客体系统和创新环境系统三大子系统，它们在科技创新系统中具有不同的特性、发挥不同的作用，通过各种创新活动、运行机制、社会文化等因素紧密联系在一起。

三大子系统的确立，既满足了对科技创新内涵的全面理解，也注重了对创新参与者行为的合理定位问题，还充分考虑了创新主体之外的因素。主体系统、客体系统和环境系统正是由于创新活动的开展而彼此联系并互相影响的，基于资源型经济转型的科技创新系统和外界保持不断的联系，使之成为一个开放性的系统。

(一) 科技创新主体系统

构建资源型经济转型地区的科技创新系统要关注四类主体要素：企业、政府、高校与科研机构、中介机构。在科技创新系统中这四类主体彼此联系、相互影响，在整个创新系统中发挥各自的作用。下面将逐一介绍系统中各个主体的实际功能。

1. 企业是资源型经济转型地区科技创新系统的核心

企业要成长为科技创新系统的核心力量，就要通过企业的自主创新与合作创新，实现新知识、新技术的商业化。没有先进技术的装备，资源型企业无法生产出高品质的产品，将阻碍企业向产业链的上下游延伸，使之无法突破区域市场，进入国内和国外市场。科技创新是企业的生命力。为了生存，为了能在竞争中立于不败之地，企业必须能够进行科技创新，只是想单纯靠引进技术进行生产加工的企业，必将在科技高速发展的市场竞争中被淘汰。所以，资源型经济转型区域中的中坚力量——资源型企业必须要注重以科技创新为核心，不断提高产品品质，节约成本，并积极储备最新的科学技术知识，研究和开发新产品。

企业在资源型经济转型地区的科技创新系统中要做到以下五个方面。

一是要更新发展理念，充分认识到科技创新对于资源型企业发展的重要性，强化企业对科技的自主创新意识。持续追求科技创新的理念将促进企业的发展。企业要以科技创新为核心动力，以支持自身的发展，充分认识到科技创新对资源型产业链的转型跨越式发展的重要作用。要实现科技创新就要敢于探索，大胆创新，还要善于总结经验、吸取教训，从而使企业创造更多的创新成果。

二是要根据实际情况制订企业科技创新的目标，保障科技创新顺利实现。作为资源型企业则要以科技创新推动资源性产品开发，并推动产品向下游延伸，保持上中下游产品之间的有效衔接，并在实施过程中要有可靠的保障。

三是要建立产学研科技创新联盟，鼓励科技人才在企业、科研机构与高校等组织间的流动。要学习、引进高校和科研机构的先进知识与科研成果，促进企业科技水平的提升，并在此基础上进行科技的创新。要形成以政府为引导的，企业、高校、科研院所，以及相关的创新服务单位组成的，以具有法律约束力的契约为保障，形成联合开发、优势互补、利益共享、风险共担的技术创新合作组织，实现人才优势互补，形成科技创新与企业发展、社会进步紧密结合的新机制。

四是要重视对知识产权的积累与保护。企业应积极研发与创新技术，开发出具有资源型经济转型特色的高品质的产品，对主导产品的核心技术形成企业的自主知识产权，带动产业链上企业的共同发展。

五是要注重科技创新型人才的培养。资源型企业的转型需要延伸产业链，这离不开企业的科技创新，而科技创新的实现则需要有大量具有高素质的科技人才队伍。人才是科技创新的主力，大力培育富有创新能力的科技人才，需紧紧抓住培养、吸引和用好人才这三个重要环节，充分发挥人才在科技创新中的关键作用。

2. 政府在科技创新系统中要发挥规范与引导作用

在基于资源型经济转型科技创新系统中，政府是科技创新系统的组织者、建设者和维护者，在系统形成的早期阶段，政府甚至要成为其中的主要推动者。在科技创新系统中政府，尤其是资源型经济转型区域的地方政府主要从三个方面发挥作用开展活动：一是加强创新硬环境的建设，为科技创新中的其他主体提供环境基础与高品质的服务；二是创建有利于科技创新的软环境，以保障创新系统的有效运作；三是通过监测、评价、约束和改进来规范和引导科技创新系统的发展。政府要为资源型经济转型地区的企业的科技创新提供适宜的环境，积极配合企业的科技创新，建立适合企业科技创新发展的运行机制。

首先，政府要加大对区域内资源的监管与保护力度，对于过度开发资源的企业给予严惩，以保护当地的资源。资源型经济的转型仍然要以资源为基础，不能脱离区域的现实状况，盲目攀高与转型。督促资源型企业通过科技创新更好地进行资源的开采与综合利用，高效地实现资源产业链的延伸。

其次，政府要进一步转变职能，由管理到服务，不断提高服务水平。对一些体制陈旧、生产技术落后的资源型企业来说，政府要大力推进企业的体制创新，鼓励企业对科技的自主创新与合作创新，全面带动企业的发展步伐，形成资源型行业中各企业竞相发展的新格局。

最后，针对资源型经济转型地区缺少高质量、大规模的资源型产业转型的工业园区，以及工业园区建设滞后的问题，地方政府要通过科学合理的规划，选择基础和条件较好的地区，规划重点产业园区，在交通、供电、用水、通信、市场、信息网络等基础设施建设上给予重点支持，形成产业集聚效应。

3. 高校和科研机构要加强与企业的合作

在资源型经济转型地区的科技创新系统中，高等院校要肩负起资源型经济转型人才的培养、新技术的提供、新知识的生产等重任，并不断支撑提升民众的素质，要成为当地科学教育的中心和经济社会发展的促进者。科研机构在基于资源型经济转型地区的科技创新系统中则要持续不断地研究高新技术、开发科研产品等。高校和科研机构拥有创新文化、学科人才、信息、科研成果、基础设施等方面的优势，不仅要为企业提供高层次的人才和科研成果，更应该协助企业展开多种形式的合作，实现高校和科研机构各种资源的充分利用。

企业是科技创新的核心，大学和科研机构应辅助企业进行科技创新，实现产学研相结合，充分发挥区域内外大学和相关科研机构的优势，不断拓宽资源型产业的发展领域，具体表现为以下几个方面。第一，加强科研机构与资源型企业的结合。加强科研机构改革的力度，使科研机构与资源型企业紧密地结合在一起，为企业提供先进的科研成果，促进资源产业链的延伸。第二，提高高校的知识创新能力，与企业建成战略合作伙伴关系。高等院校能够为资源型企业提供先进的技术、设备和高素质的知识型人才，而企业则可以成为高校的实习实践基地、项目委托单位与学生就业之选。高校要开放式办学，企业要开放式办企，既要重视企业为高校发展带来的机会与挑战，也要充分利用高校带给企业的优势，同时，要推动高校积极开展以基础性研究为主要内容的原始创新，形成自主知识产权，为区域科技创新提供源头性技术支持。

4. 中介机构要成为科技创新系统运行的纽带

科技创新系统中的中介机构主要由各类信息中心、培训中心、咨询公司、经纪人机构、科技评估机构、技术争议仲裁机构、创业服务中心、生产力促进中心、技术开发交流中心、技术市场等构成，他们是联系科技与经济的中介，是主体、客体与环境等创新要素之间的桥梁和纽带，承担着衔接科技创新系统中各部分之间的角色。高校与科研机构重在培养人才、搞科研、出成果，而企业则要分析市场，将科研成果商业化，以获得盈利。要将这两者联络结合在一起则需要中介机构的服务，他们可以起到桥梁和纽带的作用，科研成果只有商业化了才能实现它的价值，而企业科技创新也需要这些科研成果，这种交易符合市场经济的规律。企业通过中介机构牵线搭桥后，能了解更多的成果、信息，这更有助于推出新产品，把企业做大、做强。

在资源型经济转型科技创新系统中，目前急需规范并大力发展技术经纪、技术服务、技术评估、科技咨询、成果转化、知识产权服务等机构，加快生产力促进中心的建设，完善的创新中介服务体系是基于资源型经济转型的科技创新系统良好运转的重要保证。要围绕科技创新发展的需求，搭建推动转型发展的创新服务支撑平台，一个功能较完善、机构充分发展、服务质量较高的创新服务系统，是科技创新系统的重要组成部分。

系统中的中介机构要联合高校、科研机构、行业协会和其他一些社区服务机构为企业提供形式多样的支持和服务，如及时把企业在生产经营中存在的问题反映给科研机构，提高科研机构研究开发的针对性；同时把科研机构的成果及时传送到企业，搞好科技成果的产业化和市场化。

资源型经济转型地区的科技创新系统中的各大主体既可以单独发挥各自的功能，同时也可以作用于其他主体。他们共同组成科技创新的主体系统，在基于资源型经济转型的科技创新系统中发挥作用。在企业内部，企业的科技创新主要来源于企业科技人员对技术的研究与开发。在企业外部，在政府的引导下，在中介机构的联系下，企业要与高校、科研机构结成产学研科技创新联盟，提升企业的科技创新能力。因此，企业科技创新的有效性要受到政府、大学和科研机构及中介机构的共同影响。与此同时，政府与大学和科研机构、政府与中介机构，大学和科研机构与中介机构也互相影响、互相协作。

（二）科技创新客体系统

科学技术创新是指科学技术活动中的创新，可视为科学创新和技术创新两部分的加总，可将其看做是基础研究—应用研究—试验开发—研究开发成果的商业化的全过程（周寄中，2011）。据此，科技创新客体系统中包含了两大要素：科学创新和技术创新。

1. 科学创新

科学创新包括基础研究和应用基础研究的创新。基础研究既然是对客观世界的认识，研究的动力是出自研究人员的好奇心，其研究性质是探求发现新事实、新规律，寻求现象之间的内在联系，这种研究就与市场没有联系。基础研究的成果就是公开发表的论文著作，而且是以优先发表来判定研究成果的优先权的。就基础研究的组织而言，一般来说，大学和科研机构都是基础研究的基地。资助基础研究的机构和部门，多以政府部门为主，也有少数企业。而应用研究则同时包含了科学研究和技术创新的部分，为了使界限明确，有时将应用研究细分为应用基础研究和应用技术研究两类。前者是针对具体的实际目标，为获得原理性新知识（规律、机理）而进行的创造性研究，属于科学创新范畴；后者是针对具体的实际目标，为获得技术性新知识而进行的创造性研究，则属于技术创新范畴。

2. 技术创新

技术创新，包括研究，试验，开发和商业化应用技术创新的成果，直接面对的是科技人员、营销人员、供应商、客户和中介服务人员，尤其是在整个创新过程中，上述人员和机构的多向互动构成了一个复杂的创新网络。

按照创新的对象，可将技术创新分为产品创新和工艺创新。产品创新的结果是产生了具有新原理、新构思和新设计，或采用新的原材料，或具有新的性能、功能，或有新的用途和市场需求的新产品。而工艺创新则是指在生产技术活动中的新出现的操作程序、方式方法和转化体系。如果产品创新反映的是创新对象的结果，那么，工艺创新体现的对象就是过程。当然，产品创新和工艺创新又都有各自的原质性创新和渐进性创新。

(三) 科技创新环境系统

科技创新环境系统是系统存在与演化的必要条件与土壤，环境对系统的性质和演化方向起着一定的支配和制约作用。系统和环境相互作用的结果，有可能导致科技创新系统改变或削弱原有功能。

因此，应该改善创新环境，增强系统的自我适应能力和自我学习能力，以适应环境的变化，并充分维护和恢复系统的原有功能。这有利于增强科技创新系统的环境适应性。

影响科技创新环境系统的环境要素可从硬环境与软环境两个方面来分解。其中，硬环境主要集中表现在资源型经济转型区域所具备的基础设施上，而软环境则包含了法制环境、社会文化环境和市场环境等。

1. 基础设施

科技创新环境系统中的硬环境主要是指当地的基础设施，特别是道路交通、通信和信息网络设施、科技园区（孵化器)、基地与中心、大型共享数据库、工业和农业设施、大型科研设备、图书馆等。

这些基础设施是科技创新系统的必要物质条件，但在其建设中具有外部性，且投资周期长、回收慢，因此大多数企业不愿意投资。在这种情况下，在这些市场“失灵”的领域，就需要地方政府进行基础设施投资，优化区域内的水、电、道路、通信、市场、信息网络等基础设施的建设，为科技创新提供良好的“硬件”。

2. 法制环境

法制环境通常被视为科技创新软环境系统中的第一环境要素。法制环境既包括经济制度、法律、企业组织形式等正式制度，也包括一种社会意识形态、思想体系、价值观念、文化传统和生活中的禁忌与习俗等“非正式制度”。法律制度虽一般由中央政府制定，但作为资源型经济转型科技创新主体系统中的构成主体之一的地方政府仍有很大作为的空间。政府在创设法制环境的进程中，需要注意到科技创新系统和法律制度之间存在着相互依存和相互制约的关系。

设计不当的制度将阻碍科技创新系统的运行，有助于科技创新的制度安排将是推动科技创新的重要力量。当现行法律制度与当地科技创新系统不相适应时，为确保科技创新系统的顺利运行，已有的法律制度必须改变，用一种新的、更高效的制度代替原有的旧制度，以促进科技创新活动的开展。

3. 社会文化环境

影响资源型经济转型地区科技创新系统构建的社会文化环境主要指，根植于该地区居民的社会习俗和文化价值观念，劳动力资源平均的文化水平、心理素质、社会风气等方面的内容，它直接影响着人们是否有追求科技创新的热情，人与人之间能否建立起相互信任、相互合作的关系。

创造良好的社会文化环境能够对科技创新系统中主客体要素内部，以及要素之间知识的生产、扩散和传播起促进和激励作用。科技创新活动具有高风险和高度的不确定性，科技创新的成功在相当程度上依赖于各种信息的快速收集与处理，以及对各种资源迅速有效地整合，而良好的社会文化环境将明显有助于这种快速整合。因此，为促进科技创新系统的有效运行需要建设良好的创新文化，要容忍失败，宽容叛逆，敢冒风险，激发团队合作精神与创新的热情，时刻关注科技的变化与革新，重视合作与非正式交流等。

4. 市场环境

市场环境是指影响产品生产和销售的一系列外部因素，这其中包括企业自身实力、产业结构、企业竞争力、市场态势等。激烈的市场竞争会带来企业间的优胜劣汰，不断进行科技创新的企业，可以获得超额利润，并有足够的经济实力投入下一轮的科技创新，形成良性循环，将使整个企业获得持续发展；而科技创新能力低下的企业，只能维持企业的正常运转，获利有限，一旦市场变化，就可能会陷入困境，甚至是破产。一般而言，经济发达地区在科技创新资源和能力方面存在着巨大优势，经济发展水平高的地区更容易受益于规模经济和集聚经济，从而提高其在市场上的竞争力，进一步巩固自己的科技创新优势。而资源型经济转型地区在过去的发展中长期依赖于资源，且产业结构比较单一，具有市场竞争力的企业通常也集中在资源型行业中，科技创新能力与成果有限。在资源型经济转型期，企业更需注重对产品、技术、服务等方面进行改良，力求提升企业的科技创新能力，开拓更大的市场领域，改善自身所处的市场态势。

总而言之，科技创新系统的环境直接影响着科技创新系统运行效果的好坏，不同的环境变量对资源型经济转型中科技创新系统绩效的影响不尽相同，科技创新系统必须与其环境相适应，使科技创新系统有效发挥功能。

二 科技创新系统的特征

基于资源型经济转型的科技创新系统的构成揭示了系统要素内在的有机联系形式，具有以下特征。

1. 可变性

系统的本质是在系统与环境的能量、物质和信息的交换中不断变化的过程。其基本功能在于交流及在交流中产生创新。

为了获取科技创新资源，系统可以吸纳其他主体，科技创新系统的边界是可以扩张和收缩的。当某一系统交流与联系变得无效或有害时，系统则会自动中断这种联系，以保持系统的效率。

2. 动态稳定性

科技创新系统的稳定性指系统一经形成，总是趋向于保持某一状态，即系统整体状态将能持续出现。在受到外界干扰时，系统可能会偏离这一状态而出现不稳定，但一旦干扰消除，系统又会恢复原来的稳定状态。科技创新系统的稳定性是相对的，而动态性则是绝对的。

3. 开放性

为了保持系统的有序性，必须连续不断地与外界进行物质、能量、信息的交换。而基于资源型经济转型的科技创新系统是由区域内各行为主体，即企业、政府、高校与科研机构、中介机构的多向互动而连接，相互协调而构建。

系统中各行为主体之间的互动关系不仅仅局限在本地区内，尤其是资源型经济转型区域内的企业不会满足于企业内部或区域内部的主体，会在区域外寻找更多的合作伙伴，不断扩大外部的联系，通过区域间劳动力、技术和资金等生产要素的流动与交换，不断寻找到新的资源并向外部开辟新的市场。

因此，资源型经济转型地区的科技创新系统在与外界的互动过程中，呈现出开放性的特点。

4. 本土性

基于资源型经济转型的科技创新系统的主要互动联系出现在资源型经济转型区域的行为主体间，而所有这些系统的互动都发生在当地的环境中。

因此，科技创新系统也只有立足于本地，在与外部开放连接的同时更重视根植性，才能不断从本土的科技创新环境中汲取养分，增强系统整体的科技创新能力和活力，实现系统的功能。

三 基于资源型经济转型的科技创新系统的功能

基于资源型经济转型的科技创新系统的功能是在科技创新主体要素、客体要素和环境要素的共同作用之下实现的。具体到基于资源型经济转型的科技创新系统的功能则在于与环境的相互作用过程中，呈现出三大基本功能：一是推动资源型经济转型区域产业结构的升级转换；二是积累资源型经济转型区域的竞争优势，提升区域竞争力；三是实现资源型经济转型区域跨越式发展。

1. 推动资源型经济转型区域产业结构的升级转换

区域产业结构是指该地区内经济各产业部门之间，以及各产业部门内部各组成之间的内在联系和比例关系。各地的产业结构都是当时特定的科技水平、资源结构和需求结构的综合反映，并在科技、资源和需求因素变动的影响下发生演变。

要实现产业结构的升级转换则需要在当地科技创新系统各要素之间、系统与环境之间的相互影响和相互作用下完成。资源型经济转型地区的科技创新系统的有效运行将培育出更多非资源依赖型的接替产业，会导致主导产业更替，主导产业的有序转换将引起当地产业结构的升级转换。

第一，科技创新系统的有序运行会打破现有技术体系的内在平衡，以及原有技术个体间的联系，带来原有产业和产业部门的分解，形成一种新的技术—经济范式或新的技术—经济发展轨道。另外，新产品、新工艺、新能源、新材料的发明和应用，将会扩大社会分工范围，拓宽生产活动空间，进而形成了新的产业和部门。

第二，科技创新系统的运行，将影响需求结构。科技创新会提高居民的消费需求层次，在经济转型的过程中，将提高居民用于文化娱乐、教育培训等享受和发展需要上的支出，推动现代服务业的发展。

第三，科技创新系统的运行，使自然力为劳动服务，使更多的自然物成为新的劳动对象，或者使劳动对象变为深加工的产物，从而使劳动生产效率逐步提高，同时，也使劳动者掌握了更多的劳动技能，由一个简单劳动力转变为复杂劳动力，优化劳动力的就业结构。随着科技进步和分工的不断细化，将改变脑力劳动者和体力劳动者的比例，优化劳动力的就业结构和产业结构。

第四，运行科技创新系统将改变资源型产业上下游间的投入产出联系，促使资源型产业的创新向其前向或后向关联产业扩散，进而导致产业的扩张或收缩。

第五，科技创新系统推动以传统的资源采掘为主的资源型行业和企业采用新技术、新工艺和新设备，提高其技术水平，促进对原有产品的更新换代，甚至创造出全新的产品，将传统产业打造成为某些新兴产业发展的重要依托。

第六，科技创新系统可以通过系统内各创新主体的互动，使企业、政府、高校与科研机构、中介机构等建立广泛的联系，持续地形成创新的动力，形成连锁反应机制，加快创新扩散，推动创新从企业创新扩散到产业创新，从单个产业创新扩散到产业集群创新，从而推动资源型地区产业结构的升级。

2. 增强资源型经济转型区域的竞争优势，提升区域竞争力

1990年，波特在其《国家竞争优势》一书中提出：一个国家的经济竞争力不取决于整个国民经济，而取决于该国有无一些独具特色的拥有竞争优势的产业或产业群体。国家竞争优势产业是一国在国际上成功的产业，其重要标志是大量持续地向其他国家输出产品、技术和设备。一国的经济竞争力取决于一国产业创新和升级的能力。由此，可将波特的国家竞争优势理论延伸至资源型经济转型区域的竞争优势与竞争力的研究中。资源型经济转型地区的竞争优势也源于当地产业创新，尤其是资源型产业创新和升级的能力，而在这背后主要的推力则是科技创新。区域竞争力是指一个区域与国内其他区域在竞争中表现出来的综合实力的强弱程度。科技创新是竞争能力的集中体现，也是影响资源型

经济转型区域经济可持续性发展的原动力。

基于资源型经济转型的科技创新系统要做到这样几点：①利用科技创新的新成果改造提升传统资源型产业，延长资源型产业的生命周期，使资源型产业获得核心竞争力；②提高企业自主创新能力，加快主导产业的形成和发展壮大，通过产品创新和工艺创新，降低推出新产品的成本，迅速扩大生产规模，获得主导产业核心竞争力；③促进创新主体系统中各要素间知识的流动与科技资源的共享，形成科技创新资源密集区，赢得比较优势和竞争优势。

无论是区域竞争力、产业竞争力还是企业竞争力，都是持续不断的科技创新的结果。资源型经济转型区域的科技创新系统通过优化创新资源配置，加强科技创新主体之间的互动，提高地区整体的科技创新能力和水平，提升资源型经济转型区域的竞争力，保持持久竞争优势。

3. 实现资源型经济转型跨越式发展

资源、环境是经济社会可持续发展的两大基础性条件，实现经济社会可持续发展需要有充裕的资源作后盾和良好的环境作保证。资源型经济转型区域的经济增长，一直走以“资源依赖型”为主的粗放式经济发展道路，使得经济发展日渐受到环境污染和资源短缺的双重约束，发展质量较低，科技创新能力和创新效率不足，使得发展水平落后于国内其他先进区域。

科学技术是生产力中最活跃、最主要的因素，缓解资源环境的约束，实现资源型经济的转型跨越式发展，达成经济社会的可持续发展，必须以科技创新为出路。通过科技创新系统的运行来缓解资源的供给限制，提高资源的配置效率，优化资源的使用方式，保护生态环境，治理环境污染，实现从资源消耗型经济向资源节约型经济的转变，实现以生态环境为代价的增长向人与自然和谐相处的增长转变，从而促进经济社会全面、协调、可持续发展。

因此，经济社会发展落后的地区要缩短与先进地区的差距，必须根据当地实际情况，建立和完善基于资源型经济转型区域的科技创新系统，提高系统运行效率，在初期模仿创新的基础上，将发达地区先进的技术引进、吸收、消化、再创新，并积极组织系统内的创新主体合作开展有针对性的自主创新活动，最大限度地吸收率先者的经验教训，节省研究与开发的时间、人力和资金投入，从而在短时间内缩短科技差距，发挥后发优势①，跨越技术发展阶段，依靠科技

① 美国经济历史学家格申克龙（Gershenkron）在研究工业化后来者能够追赶工业化先行者的原因和实现追赶目标的途径时，提出了后发优势的观点。后发优势指后进国家所具有的相对优势，包括：a. 后进国家可以通过引进先进国家的技术和装备，替代有关技术与装备的研究与开发，从而大大加快工业化进程，避免有关风险；b. 后进国家可以学习和借鉴先进国家的成功经验，吸取其失败的教训，有选择地、创造性地设计工业化模式，从而避免先行者所走的弯路，选择更快的发展道路和更开放的发展政策；c. 后进国家落后程度越大，对经济落后和寻求工业化发展的强烈社会“赶超”意识及其功效就越显著。

创新加快区域经济发展进程，实现区域经济的跨越式发展，赶上或超越先进区域。

第三节 基于资源型经济转型的科技创新系统模型

基于资源型经济转型的科技创新系统是一个复杂系统，它的构建有利于全面把握资源型经济转型地区的整个创新过程，科技创新系统主要由科技创新主体、科技创新客体及科技创新环境三大部分组成，这些系统要素在科技创新系统中的地位与功能各不相同，既有分工，又有合作，形成一个相互促进的网络系统（图 3-1）。

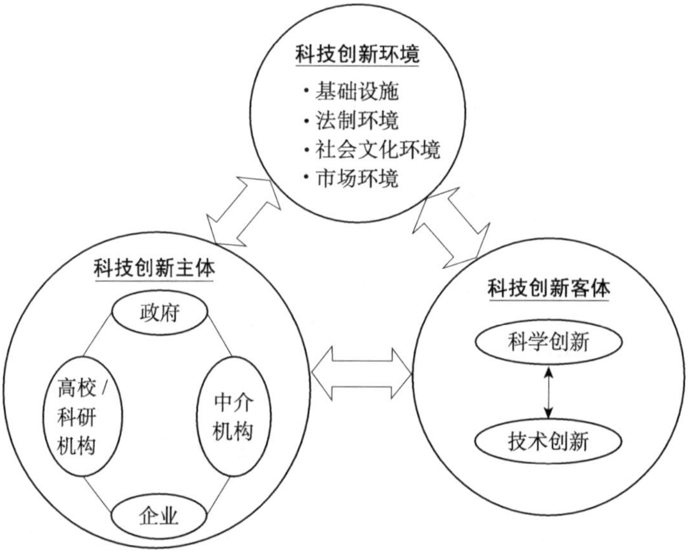

图 3-1 基于资源型经济转型的科技创新系统模型

（一）科技创新主体

科技创新主体包括企业、政府、高校与科研机构、中介机构等，它们是科技创新的实际执行者和助推者。一般而言，各创新主体的功能在系统中是不同的。

企业、高校与科研机构对整个创新过程起支配作用，政府则主要通过制度安排、政策引导、资金和税收支持、优化资源配置等宏观调控手段，为其他创新主体发挥最大效能创造良好的环境，并使它们相互促进，从而提高科技创新系统的整体效率，实现资源型经济的转型跨越式发展。总之，政府在整个创新活动中起引导、管理和维护作用。

企业作为科技创新的核心主体，在创新的过程中扮演两种角色：一方面，组织人力、物力、财力实施研究开发，进行科技创新活动；另一方面，具有将科技创新成果实践化和商业化的功能。任何科技创新的成果只有进入企业，转化为现实的生产力，才能推动社会的进步。高校与科研机构（包括政府的、企业的与高校的科研机构）是科技创新的力量之源，主要具有科技创新人才的培养、知识生产和传播活动，以及科学技术研究、科研管理创新、参与成果转化、营造科学文化等作用。

中介机构包括咨询机构、技术市场、工程中心、产学研联合体、创业中心等，他们虽然不直接参与科技创新系统的价值创造与实现，却是科技创新供求双方的桥梁与纽带，是实现科技创新要素互动的重要媒介，对科技创新成果的形成和科技创新成果的商品化、实业化具有催化作用。

(二) 科技创新客体

科技创新客体是以创新环境为依据，以实现资源型经济转型跨越式发展为目标，是科技创新主体的具体努力方向与内容，其中包括科学创新与技术创新两大类。这是由科技创新主体通过创新活动所产生的科学发现与发明，及其在此基础上通过试验、研发所产生的新产品与新工艺，并进一步将其商业化应用的成果。不同的科技创新客体之间有着紧密的联系，彼此相互作用、相互影响，共同构成并不断更新着科技创新客体集，并通过推动资源型经济转型地区的科技创新系统的运行效果，实现科技创新的目标与功能。

(三) 科技创新环境

科技创新环境是指区域内一组有利于创新的实物与非实物因素的集合。其中，包含了以基础设施为主的硬性要素，这是主体进行创新的出发点与立足点。它也在一定程度上决定了科技创新系统开展的方向与内容，成为科技创新的客观实际条件。此外，科技创新环境还包括法制、社会文化、市场等软性环境要素。这是科技创新主体的行为和所产生的创新客体能否得到社会认可的关键，是科技创新系统保持健康运行的重要保障。科技创新活动发生于特定的科技创新环境之中，但同时也共存于社会创新体系之中，因此，这就要求科技创新系统的活动要与国家或地区的创新大目标一致，并促进各个创新子系统在运行互动中产生最大效益。

(四) 科技创新系统模型中各要素间的内在关系

基于资源型经济转型的科技创新系统模型共包含三大部分十个要素。为实现系统功能，每个要素都在其确定的位置，相互依存、相互支撑，相互之间存在着复杂的影响，在此，只对其中起主导作用的主要关系进行分析。

1. 科技创新主体与科技创新客体

创新主体是与创新客体相对应的范畴。基于资源型经济转型的科技创新系统是具有高度目的性、效用性的功能系统。其中，科技创新主体无疑是该系统中的首要因素。它们在科技创新活动过程中居于主导位置，并具有能动性、自主性和创造性等特点与功能，是具有创新需求和创新能力并借助于一定的中介变革创新客体的能动的活动者。它们对科技创新系统的形成及其诸要素的结合方式起着决定作用。

科技创新客体则是科技创新活动中居于被动地位的一方，是科技创新主体所指向的对象，是主体运用一定的知识、技术与管理对已有的物质、能量与信息进行重组与再现所产生的具有新价值与新效用的思想与方法，在基于资源型经济转型的科技创新系统中指向为科学创新与技术创新的成果。科技创新客体要具有新颖性、时代性与社会性，并特别强调其价值性，即要能满足主体、系统及社会的目的与需求，实现系统功能的属性。

基于资源型经济转型的科技创新系统正是在创新主体与创新客体彼此作用中，实现科技创新系统的发展与演化。

2. 科技创新主体与科技创新环境

科技创新主体在创新活动中，要受到环境的客观影响。创新环境的影响作用于科技创新活动的全过程。尽管科技创新主体能够在一定程度上改变和影响创新环境，但是，科技创新活动在更大程度上表现为对环境的适应性。创新活动将受到环境影响的刚性约束。科技创新主体与科技创新环境之间彼此作用的结果会直接影响到主体的存在和发展。二者之间的相互协调将成为科技创新的主要动力，然而，如果相互抵触则会制约科技创新的发展。

科技创新环境为科技创新提供外在动力和必要的物质条件基础，而创新主体自身的创新意愿则构成了科技创新的内驱力。科技创新环境中的诸要素的积极作用的合力越强，对创新主体的扶植力度越大，创新主体的科技创新方向就越广泛，活跃程度越高，竞争力越强；反之，消极的作用力越强，科技创新的行为就越会相应地受到局限。因此，要将科技创新系统中的创新主体与创新环境诸要素间进行合理适度的协调，以促进彼此间正向的交互作用，实现科技创新的良性循环。

3. 科技创新客体与科技创新环境

在基于资源型经济转型的科技创新系统中，科技创新客体具体指向为科学创新与技术创新。科技创新客体在科技创新系统中占有独特的地位，创新活动正是通过这些客体所体现的。科技创新的客体在改变着创新环境，但其产生过程也受到创新环境的制约与影响。一个有益于科技创新的环境，就会要求不断促进创新意识的提升，提高科学创新的空间，扩展认识问题的广度与深度，与时俱进，逐步形成更多、更新、更迎合市场需求的创新成果。只有这样，才能满足科技创新系统持续性发展的需要。

科技创新环境是科技创新系统存在与演化的必要条件和土壤，创新环境对系统的性质、功能和演化方向具有一定的支配和制约作用。在基于资源型经济转型的科技创新系统建设过程中，需要注重运用科技创新的客体持续改善科技创新环境，不断打造适宜于科技创新的土壤，以增强科技创新系统各要素间的凝聚力和向心力，促进基于资源型经济转型的科技创新系统的持续运行与发展。

当前，科技创新在经济发展中起着越来越核心的驱动作用。作为实现经济转型发展的有效手段，建设基于资源型经济转型的科技创新系统对资源型经济转型地区来说至关重要。这就要求科技创新主体系统、科技创新客体系统、科技创新环境系统三大子系统共同作用、相互协调。只有这样，才能构成一个平稳运行的科技创新系统，从而推动资源型经济转型区域经济的跨越式可持续发展。

第四章 基于资源型经济转型的科技创新系统的运行

通过上述对基于资源型经济转型的科技创新系统的内涵、特征及其组成、结构的研究可以发现，基于资源型经济转型的科技创新系统具备系统论视角下的各项特征，对此借助耗散结构理论等相关系统论理论框架对其研究是可行的。基于资源型经济转型的科技创新系统是一个复杂、开放的自组织系统，系统内部各个要素间相互作用、相互制约，组成了一个非线性层次网络结构。创新系统的创新运行的绩效和持续发展是系统自组织作用和系统与环境的相互作用共同决定的。要对基于资源型经济转型的科技创新系统提出有效的科技创新政策，就先需对基于资源型经济转型的科技创新系统的运行机制进行深入剖析。

第一节　耗散结构理论概述

耗散结构理论（也被称为耗散理论）是一种复杂科学理论。在 20 世纪 60 年代由比利时物理学家普利高津（I. Prigogine）在《结构、耗散和生命》一文中提出，与协同学、突变论并称为现代新三论。作为系统论的新发展，耗散结构理论揭示了开放式系统在与外部环境进行能量和物质交换的过程中，由混乱无序的初始状态向稳定有序的结构进行演化的过程及系统效率递增的规律。因此，研究耗散结构理论在基于资源型经济转型的科技创新系统中的应用极具理论和现实意义。

一 耗散结构的概念

“耗散”（dissipation）一词来自于拉丁文，原意为消散，主要强调与外界有能量和物质交换这一特征。普利高津在对非平衡热力学系统线性区的研究的基础上，又开始探索非平衡热力学系统在非线性区的演化特征。在研究偏离平衡态热力学系统时发现，当系统离开平衡态的参数达到一定阈值时，系统将会出现“行为临界点”，在越过这种临界点后系统将离开原来的热力学无序分支，发生突变而进入到一个全新的稳定有序状态；若将系统推向离平衡态更远的地方，系统可能演化出更多新的稳定有序结构。普利高津就把这种在远离平衡态的非线性区域形成的新的稳定有序结构称为耗散结构。也就是说，耗散结构就是指在非平衡条件下，通过能量耗散过程产生和维持的时间或空间的有序结构。

平衡结构的有序主要表现在微观上的有序，是不随时空变化的“死”结构，无法进一步发展；而耗散结构中的有序则表现为宏观上的有序，是一种处于运动变化中的“活”结构，会使系统的状态、性能向着优化方向转变，因此，耗散结构比热力学平衡结构更具广泛应用性。

二 耗散结构的基本原理

依据耗散结构的内涵与理论，耗散结构的形成条件可归纳为如下四个原理。

1. 开放性原理

经典热力学中把系统区分为孤立、封闭和开放式的系统。

孤立系统就是指同外界既无能量又无物质交换的系统。封闭系统则是同外界只有能量而无物质交换的系统。开放式的系统就是与外界既有物质又有能量交换的系统，对生物和社会系统而言，还包括信息交换。根据热力学第二定律，一个孤立系统的自发演变趋势是逐渐增大的熵，物质的高能区总是自发地向低能区转化，直至趋于平衡态，即从有序到无序。要形成耗散结构的系统必须是开放的，因为只有开放式系统才能与外界进行物质、能量和信息的交换，输入负熵流，以抵消内部产生熵增的量，即系统从无序到有序、从简单到复杂的演变过程。

2. 非平衡原理

非平衡是指系统远离平衡态的状态，是指系统内可测的物理性质极不均匀的状态，即系统内部各个区域的物质和能量分布是极不平衡的，差距很大。远离平衡态是相对于平衡态和近平衡态而言的。平衡态是指系统各处可测的宏观物理性质均匀（从而系统内部没有宏观不可逆过程）的状态，近平衡态是指系统处于离平衡态不远的线性区。

平衡态和近平衡态被排除在外，因为在平衡态和近平衡态系统要素间关系可以近似地用线性关系表示，其涨落是衰减的，系统不会产生质变形成新的有序结构。而非平衡则是有序之源，它使系统远离平衡态时，产生和具备与外界进行物质、能量和信息交换的要求和势能，可能形成新的有序结构，形成向有序性、有组织性、多功能化的方向演变的动态特征。

3. 系统的非线性作用原理

“线性”与“非线性”是两个数学名词。线性是指使系统各部分产生内在联系的那些因素之间的定量关系，按比例、成直线的关系，可以转化为一个或一组线性方程，包括二元一次方程和多元线性方程组等。非线性是指使系统各部分产生内在联系的那些因素之间的定量关系，不按比例、不成直线的关系，可以化为一个或一组非线性方程，包括代数方程、微分方程和差分方程等，代表着不规则的运动和突变。

系统的非线性作用就是指非线性关系系统中要素间存在的作用方式，由于描述这种相互作用的方程至少是非线性方程或方程组，故称这种作用为非线性作用。系统内不同要素之间存在非线性作用机制，使事物要素之间以立体网络形式相互作用，产生相干效应和协同动作，推动系统向有序发展。

4. 系统的涨落有序原理

一个系统，其可测的宏观量是众多子系统的统计平均效应的反映。但系统在每一时刻的实际测度并不都精确地处于这些平均值上，而是或多或少有些偏差，这些偏差叫做涨落。涨落是偶然的、杂乱无章的、随机的。

经典物理学中的涨落是指平衡态系统仍可能发生离开平衡的微小偏差。从来源看，可把涨落分为两种类别：一类是系统自身产生的，称为内部涨落；另一类是由外部引起的，称为外部噪声。

一般情况下，系统的涨落相对于平均值是很小的，即使偶尔有大的涨落也会被立即耗散掉，系统总要回到平均值附近，这些涨落不会对系统产生多大的影响，因而可以被忽略掉。然而当系统处于远离平衡的非线性区域时，随机涨落可以通过非线性的相干作用和连锁效应被迅速放大，形成宏观整体上的“巨涨落”，相当于打破系统的原有结构，形成一个新的有序结构。因此普利高津提出涨落导致有序的论断，它明确地说明了在非平衡系统具有了形成有序结构的宏观条件后，涨落对实现某种序所起的决定作用。在远离平衡的非线性区，涨落对耗散结构的形成起了触发和激化作用，是耗散结构得以形成的“触发器”。

依据耗散结构理论可知，一个系统要能够自发组织形成这种有序的耗散结构，或者从较低有序结构朝着较高有序结构转化，必须满足上述四个条件。

耗散结构理论通过引入“熵”的概念，确定了随机、混乱与有序之间的系统辩证关系，能够解释传统科学理论所不能解释的一些自然问题和社会问题，已在化学、生物学、哲学和经济学等领域得到了广泛应用。

资源型经济转型地区的科技创新系统作为社会大系统的一部分，其运行实质也是一个不断趋向系统有序，并由低级有序形态向高级有序形态逐步演进的过程，同样具有“耗散”这一系统本质。因此，借鉴耗散结构理论可以更深入地理解基于资源型经济转型的科技创新系统的运行机制。

第二节　基于资源型经济转型的科技创新系统的耗散结构特征

耗散结构理论自其提出以来，在诸多自然科学领域，如物理、化学、地质学、天文学及医学等学科领域得到了广泛的应用，成功地解释了许多自然现象。

后来普利高津及其他研究人员尝试将其运用到人口系统、经济系统、文化系统及产业系统等社会科学领域，这些研究对象都具备形成耗散结构的条件。同样，资源型经济转型地区的科技创新系统的特性也符合形成耗散结构的要求。

第一，资源型经济转型地区的科技创新系统具有开放性。对于资源型经济转型地区的科技创新系统中的构成主体（即企业、高校和科研机构、政府与中介机构等）而言，“开放”是至关重要的，它需要与外界环境永不间断地交换。比如，对于系统中的核心——企业而言，它需要采购外界生产资料，从外界购进先进的技术设备，受到国家法律法规及政策的制约，为了赢利和发展，企业还必须时刻关注自己的顾客。整个企业的发展过程都在与外界发生着物质、能量与信息的交换。如果这一交换过程被停止下来，科技创新系统将会变成孤立的系统，系统将面临崩溃瓦解的局面。因此，基于资源型经济转型的科技创新系统本质上要求其必须开放。

第二，基于资源型经济转型的科技创新系统具有非平衡性。耗散结构理论强调非平衡态是有序之源。判定科技创新系统是否满足远离平衡态的方式则是研究系统中各个组成部分是否均衡一致，系统中各个部分之间的差异越大，科技创新系统就越远离平衡态。可以说，企业、高校和科研机构、政府与中介机构作为基于资源型经济转型的科技创新系统的构成主体，他们之间存在着本质上的差别。企业以追求自身发展和利润为目的，要求能迅速地将科学技术或研究开发成果转化为社会所需要的产品或社会服务；高等学校则要为民众提供教育培训，为社会培养所需要的人才，还承担着进行科学研究、传播科学知识、参与成果转化及建设科学文化的重任；科研机构在基于资源型经济转型的科技创新系统内表现的职责主要是进行科学研究，向企业提供技术研发成果、向政府提供决策咨询；政府，尤其是科技创新系统中的地方政府的主要职责是实施宏观指导，政策制定、营造良好的创新环境氛围；而中介机构则是他们之间的桥梁，可以提供信息咨询、金融中介、科研平台支持等。因此，企业、政府、高校和科研机构、中介机构间存在很大的差异，使得科技创新系统具有远离平衡态的特征。

第三，基于资源型经济转型的科技创新系统存在着非线性。在平衡态和近平衡态，涨落是一种破坏稳定有序的干扰，但在远离平衡态条件下，非线性作用使涨落放大，达到有序。基于资源型经济转型的科技创新系统各主体的组织形式与功能不同，各类主体在技术能力和行为表现上也具有多样性。多样性的形成使得系统创新资源、创新能力在各个企业之间、区域之间分布由相对平衡变为不平衡，由一种非平衡结构演变成为另一种非平衡结构，并导致系统组成之间的结构关系越来越复杂化，形成非线性的相互作用网络，正是这种非线性相互作用使得资源型经济转型区域科技创新系统内各成员之间产生协同相干效应，使得系统从杂乱无章变得井然有序，最终形成耗散结构。

第四，基于资源型经济转型的科技创新系统存在涨落特性。它强调系统中某个微小的变化会带来大的结果性偏差，基于资源型经济转型的科技创新系统中的每一个行为主体都有自己的职责范围、社会分工，并按照自身实际情况做出决策，各自的行为有时是很难预测的。系统中的任何一个元素的微小变化都能使得整个系统中的其他元素发生变化，并最终形成一个新的相对稳定的状态。这就要求系统中的各主要要素重视系统中发生的任何意外和变化，并及时采取措施，促进整个系统的良性运转。

总之，耗散结构是指一个远离平衡状态的开放的系统，它在与外界环境不断地交换物质和能量，当这一外界条件达到阈值时，系统能从原有的混乱无序状态转变为一种在时间、空间或功能上的有序状态，这种在远离平衡态所形成的新的有序结构称作耗散结构。耗散结构是一个负熵不断增加的过程，是系统不断从周围环境引入能量、物质以抵消系统内部熵增的过程。一个系统从无序到有序形成耗散结构需满足以下四个条件：系统必须开放；远离平衡态；系统各要素间非线性相互作用；涨落导致有序。因此，基于以上特征的分析，可以得出基于资源型经济转型的科技创新系统是一个开放、动态的非线性复杂系统，客观上存在着依靠与外界环境不断进行物质、信息和能量交换，才能保持有序性的非平衡结构，这一系统具备了形成耗散结构的条件和特征。

第三节　基于耗散结构理论的科技创新系统的运行机制

“机制”一词最早出现在希腊语中，用于表述“机器的构造和动作原理”，其本意是指机器运转过程中各零部件之间互为因果的联结关系及其运转方式，进而引申为工作方式或系统的各部分之间的稳定模式化的相互关系，也可以理解为事物运动的要素构成、事物运行程序和运动所遵循原理的总称。后来，生物学界、医学界通过类比的方法使用了生物机制、病理机制等概念；现代社会科学、人文科学与自然科学相互沟通，也开始引进“机制”的概念。在经济学、管理学等社会学科中，机制用以描述复杂系统构成要素之间的相互关系，以及系统运行的机理。

运行机制是指人们设计并建立的以达到某种目标、实现某种愿望和需求为出发点和终点的机制。基于资源型经济转型的科技创新系统是一个十分复杂的有机系统，系统运作过程是系统各构成要素、结构层面相互影响、相互作用的过程，也是各构成要素通过一定的机制对整个创新活动产生作用的过程（刘锦英，2008）。其运行机制是科技创新系统各组成部分间相互作用，完成创新活动产生、扩散和利用的过程机理。基于资源型经济转型的科技创新系统能否正常运行、这种运行能否使各创新主体获得最佳绩效，关键取决于其运行机制。这些机制将彼此的共通性和互补性联结产生单个运作机制所不具有的整体功能，在很大程度上决定着集群创新系统运行机制的发展演化方向和性质。系统机制的健康运行将使资源型经济转型区具备持续创新能力，成为区域创新的源泉，推动区域经济增长，促进区域经济社会协调发展。

一 熵变机制

熵是一个物理学概念。在物理学中，熵是指消耗了的或无法得到的能量。德国物理学家鲁道夫·克劳修斯（Rudolf Clausius）提出的热力学第二定律表明：虽然能量在总量上是恒定的，但能量的传递在时间上是不可逆的，在质量上则能够从用于工作的自由能量转化为一种退化或“锁闭”状态，无法再用于任何工作。在热力学系统中，能量的流向是从低熵或负熵状态到高熵或正熵状态。

基于资源型经济转型的科技创新系统是一种开放系统，在开放的条件下，系统的熵增量 dS 是由系统与外界的熵交换 deS 和系统内的熵产生 diS 两部分组成的，即：dS＝deS＋diS。热力学第二定律只要求系统内的熵产生非负，即 diS≥0，当基于资源型经济转型的科技创新系统没有与外界环境发生作用（或作用不充分）时，熵产生是由于各种创新障碍的存在，内部各要素间的知识流、信息流和资源流逐渐减少，流动逐渐不充分而产生的。然而外界给系统注入的熵 deS 可为正、零或负，这主要由系统外部的政策、制度因素、知识流、信息流和资源流等与系统交互作用而产生的。在 deS＜0 的情况下，只要这个负熵流足够强，它就除了抵消掉系统内部的熵产生 diS 外，还能使系统的总熵增量 dS 为负，总熵 S 减小，从而使系统进入相对有序的状态。这表明基于资源型经济转型的科技创新系统通过与外界环境交换物质、能量和信息，系统结构从无序进入有序的耗散结构状态。

当强调资源型经济转型的科技创新系统的开放性时，必须有效利用外界环境条件，正确选择变量（如有效的科技创新政策）控制负熵流的引入，引导系统向熵减的方向发展，资源型经济转型的科技创新系统新的有序结构才能出现。

二 涨落机制

涨落是对系统稳定状态的偏离，可以破坏系统的稳定性，也可使系统经过失稳获得新的稳定性。普利高津在《从混沌到有序》一书中指出：“自组织的机制就是‘通过涨落的有序’。”（湛垦华，1982）

基于资源型经济转型的科技创新系统内存在企业、研发机构、高校、地方政府和中介服务机构等要素，每一要素对应着诸多变量。这些变量都在随机变化着，每一变量的扰动都是偶然的、随机的，其对于系统总效应的平衡值的偏离便构成了基于资源型经济转型的科技创新系统内的涨落。在远离临界点时，涨落对系统的整体影响不大。但在临界点（即所谓阈值）附近，情况就大不相同了，在基于资源型经济转型的科技创新系统的临界点附近，即基本要素已具备、主体结构已形成、外部创新环境已完善的条件下，系统中各变量一个随机的微小涨落（如一项科学合理的科技创新政策的出台和实施），将会通过非线性的相互作用和连锁效应被不稳定的系统放大，从而导致系统发生突变，最后促使系统达到新的宏观态，基于资源型经济转型的科技创新系统向耗散结构转化，形成一种新的稳定的有序状态。

三 自组织演化机制

如果一个系统不存在外部指令，系统按照相互默契的某种规则，各尽其责而又协调地自动地形成有序结构，就是自组织。自组织理论是20世纪60年代末期开始建立并发展起来的一种系统理论，它的研究对象主要是复杂自组织系统（生命系统、社会系统）的形成和发展机制问题，即在一定条件下，系统是如何自动地由无序走向有序，由低级有序走向高级有序的。自组织理论主要是由耗散结构理论、协同学、突变论、超循环理论、分形理论及混沌理论等组成。自组织现象无论在自然界还是在人类社会中都普遍存在。自组织理论认为系统产生自组织现象需要满足一定的条件。①开放性，与外界有能量、物质、信息的交换。②远离平衡态，系统处于非平衡状态。③非线性，系统各元素之间的相互作用存在一种非线性机制。④突变，过程突变使系统结构、模式趋变。⑤涨落，系统依靠参量涨落发生巨变，从而达到新的稳定态。⑥正反馈，系统凭借正反馈机制使涨落得以放大，从而为系统演化到具有新的结构、功能的新系统创造条件。自组织的基本模式有自创生、自复制、自生长、自适应。一个系统自组织功能愈强，其保持和产生新功能的能力也就愈强。对基于资源型经济转型的科技创新系统进行观察，不难寻找到其中的自组织机理与其他的自组织系统，即能自行演化或改进其组织行为结构的一类系统。该系统能在与环境相互作用的条件下，通过自我调节、自我完善、自我发展，经历从低级走向高级、从无序走向有序，且结构功能不断得以提升的不可逆的发展过程。

科技创新系统本身处于科技—经济—社会的大系统之中，是一个远离平衡的动态的开放系统，具有系统自组织的必要条件。科技创新系统内部各要素之间的非线性相互作用和创新过程所体现出的非线性，为系统的自组织性和自组织进化提供了依据。非线性是系统自组织进化的内在源泉和动力，对进化起着决定性的作用。在与外界环境的相互交流、作用中，以及内部非线性的作用下，创新系统能够获取自组织演化所必需的负熵流，决定了系统自组织的性质、内容和基本方向。而不稳定性的存在必然将系统新旧结构的更替联系起来。实际上，科技创新系统的开放性和非线性的作用机制，特别是创新主体的竞争与协作、创新行为的正负反馈机制，使创新过程和系统演化过程具有不可逆性和不确定性，通过自组织过程，可以从无序和混沌中“自发地”产生有序和组织。而有序通过进一步发展，就会出现突变点或分岔点，在分岔点上，系统既可能进入一个新的更加有序的阶段，也可能陷入无序的混沌之中。因此，从混沌到有序，再从有序到混沌，就形成了一种类似于螺旋形的上升过程。协同论创立者赫尔曼·哈肯指出：“一个系统从无序转化为有序的关键并不在于系统是否平衡，也不在于离平衡态有多远，而在于由组成系统的各个子系统在一定条件下，通过它们之间的非线性作用、相互协同和合作自发产生稳定的有序结构，这就是自组织结构。”（Haken，1987）因此，自组织机理渗透在基于资源型经济转型的科技创新系统的各个要素和系统行为的各个环节中，它像一根隐藏在系统内部的无形的指挥棒，对系统的变化发展起着自主的驾驭作用。

四 非线性机制

资源型经济转型地区的科技创新系统作为自组织系统，其中非线性相互作用是自组织系统演化的根本机制。这是由于系统依靠非线性相互作用选择、吸收外部条件，并走向新的结构，它表现为系统诸要素间的相互作用和制约，不是简单的数量叠加，而是相互渗透、包含、转化。由此，在科技创新系统中系统内部各要素或子系统之间形成关联与协同，在非线性作用下，各种相互作用关联起来促使系统产生整体行为，有了这种内在的相互作用，系统内局部的涨落才可能得到放大，从而促进系统的自我发展。

科技创新过程包含了创新设想形成、创新目标确定、研究开发、试制、生产销售等诸多环节，是企业科研开发机构、政府、市场等相互作用的产物，基于资源型经济转型的科技创新系统的创建与完善要依循耗散结构理论的科学理论指引，充分发挥系统内部的熵变机制、涨落机制、自组织机制与非线性作用机制，促进系统内各要素之间产生竞争与协同，使得新的有序的系统结构得以建立，并且使得科技创新系统还可以在无需外界指令控制的条件下，能够自行组织、自行演化、自我完善、自我发展，不断优化科技创新系统，持续实现科技创新系统的功能。

由此，基于资源型经济转型的科技创新系统的运行吻合耗散结构理论的要求，具备了耗散结构所要求的开放性、非平衡性、非线性、涨落性的特征。系统中各个创新主体要素、创新客体要素与创新环境要素彼此影响、相互促进，形成一个良性循环的互动网络系统，共同构成了一个自我循环、自我发展的自组织与耗散结构，保障基于资源型经济转型的科技创新系统中各子系统的协调、健康、稳定运行与系统功能的实现（图 4-1）。资源型经济转型的科技创新系统模型的运行成功与否，很大程度上取决于系统中的熵变机制、涨落机制、自组织机制和非线性机制等运行机制的作用，各种机制不是截然分离的，他们相互交织在一起，促使系统中各要素产生变化、冲突或妥协，共同控制科技创新系统的有序结构的形成，对环境做出有效的自组织、动态的适应，共同牵动着科技创新系统的发展、完善，推动着资源型经济转型区域科技创新力的不断提升。

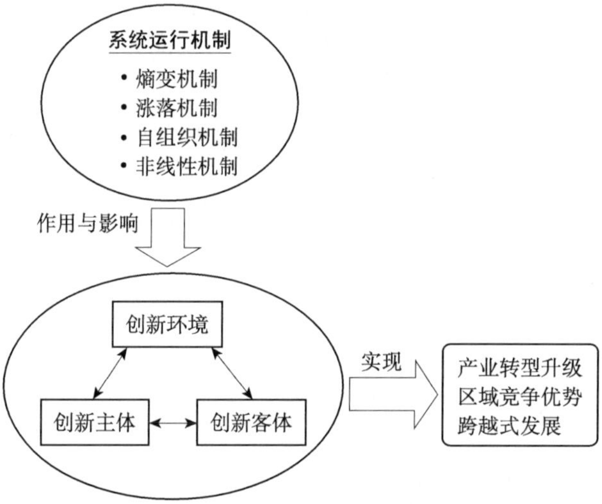

图 4-1　基于资源型经济转型的科技创新系统运行模型

第五章 基于资源型经济转型的科技创新系统评价指标体系构建

第一节 国内外科技创新评价指标体系研究

一 国外科技创新评价指标体系研究

(一) 国外科技创新评价指标研究历史

国外对科技创新评价指标的研究是以发达国家的科技统计为起点，在 20 世纪 50 年代以后受到广泛关注并得到了快速发展的。

其中，美国于 1950 年开展对科技指标的研究与分析，是世界上最早开展科技指标研究和出版本国科技指标报告的国家。美国国家科学基金会开创了 R&D 系统的测度工作，并负责全国科技指标研究的组织、资助和协调工作，并在 1972 年出版了第一份《科学指标》报告。该报告是关于美国大学、企业、联邦政府，以及国际科学和工程组织进行研发的最全面的信息源。此后每两年撰写一期，上报总统和国会，并公开出版。从 1987 年起，《科学指标》报告正式更名为《科学与工程指标》。2000 年，在美国国家科学基金会成立 50 周年之际，发表了第 14 期科技指标报告《科学与工程指标 2000》。

1961 年，包括欧美主要发达国家的经合组织正式成立。经合组织在有关成员国已有工作的基础上，将 R&D 的定义及测度作为科技政策研究的重点大力推进。1963 年 6 月，来自经合组织各成员国的 R&D 统计专家在意大利弗拉斯卡蒂镇（Frascati）举行会议，就 R&D 统计指标的定义和测度方法达成共识，一致通过了《研究与发展调查的推荐标准与规范》，即人们熟知的《研究与发展调查手册》的第一个正式文本。此后，经合组织各成员国在该手册建议方法的指导下，定期收集有关 R&D 投入的详细数据。经过 4 次修改，于 1993 年出版了该手册的第 5 版。经合组织在高技术产品和高技术产业统计和指标方面也进行了大量的研究和协调工作，虽然尚未形成正式手册，但已取得了一定成效。经合组织对高技术产业的界定和分类方法不仅被成员国采用，而且在许多非成员国中得到了广泛应用，从而使有关高技术产业的国际比较得到了迅速普及。于 1992 年，经合组织发表了第 1 版《技术创新手册》（即《奥斯陆（Oslo）手册》），提出关于收集和解释创新数据的指导原则。此外，经合组织已经建立了若干科技指标数据库，如《产业结构分析数据库》、《企业研究与发展分析数据库》、《投入产出分析数据库》、《外国附属机构活动数据库》、《双边贸易数据库》、《电信产业数据库》等，并且每年出版两期《主要科技指标》数据集，每两年出版一期《基本科技统计》数据集。

从1965年起，联合国教科文组织（United Nations Educational，Scientific and Cultural Organization，UNESCO）组织对科学技术活动，特别是对R&D数据的系统收集、分析、发表及标准化工作。该组织在1978年通过了《关于科学技术统计国际标准化的建议》之后，又于1984年发布了《科学技术活动统计手册》。联合国教科文组织在上述文件中提出了“科学技术活动”的概念，并将科技活动划分为R&D、科技教育与培训和科技服务三个组成部分。该组织在科技指标工作上的一个重要特点是，较早注意到了科技统计与一般社会经济统计之间的协调。从1963年起，该组织每年都在《联合国教科文组织统计年鉴》中发布世界各国的主要科技指标数据。目前，在描述科技相关活动方面的两大经典模型，分别是由经合组织和联合国教科文组织提出的。

早在1963年，韩国就开始系统收集全国R&D活动数据，从此每年进行一次正式问卷调查，并发布题为《科学技术研究活动调查报告》的统计数据集。在此期间，还不断调整调查项目、改进调查方法，以加强国际可比性。从1983年起，韩国开始采用联合国教科文组织建议的科技统计国际标准，并于1996年年底正式成为经合组织成员国，开始采用《弗拉斯卡蒂手册》建议的标准规范。从此，韩国的科技统计数据进入了经合组织科技指标数据库及相关数据集。

此外，印度科技部从1974年开始，按照联合国教科文组织建议的国际标准定期（每两年一次）开展全国性的科技活动资源调查，并发布两份分析报告《研究与发展统计》和《产业研究与发展》。其中，前者描述和分析全国科技活动状况，后者提供关于产业R&D的资金和人力资源投入的详细情况。巴西科技活动数据的出版始于1996年，当年就出版了两期《国家科技指标数据集》，分别收录了1990～1994年和1990～1995年的国家科技发展数据。

总之，从国外科技创新指标研究的发展历史来看，国外的科技指标体系主要围绕R&D进行构建，并建立了相关科技指标数据库，进行持续追踪。其中，发达国家及经合组织的科技指标体系经过长期的修订与完善，其影响力不断扩大，已为许多国家所借鉴。

（二）国外科技创新评价指标体系

国外关于科技创新指标体系的研究通过大量的探索与发展，目前已经形成了各具特色、在评价理论和实际应用上都较为成熟的指标体系。

长期以来，美国科技指标体系的基本内容较为稳定，由美国国家科学基金会负责全国科技指标研究的组织、资助和协调，并发表科技指标报告——《科学与工程指标》。该报告主要组成部分有美国和国际 R&D 经费、科学和工程劳动力、初等和中等教育、科学家和工程师的大学教育、大学的 R&D、产业 R&D 与技术创新、公众科技理解科学及对科技的态度、新兴技术及对社会经济发展的影响，每一部分都包含数量众多的指标及其简要分析和国际比较。在基本结构保持稳定的情况下，随着国内和全球科技与经济的发展变化，美国国家科学基金会将不断调整原有指标或增加新指标。此外，将教育指标放在重要地位是美国科技指标研究的突出特点。其中，初等和中等教育部分着重分析学生成绩、课程设置、教师与教学等，高等教育部分的重点则是大学科学与工程学位教育。R&D 经费部分从来源和执行两方面按地区（各州）、三大部门和活动类型分析 R&D 的支出情况。科学与工程劳动力部分除了介绍 R&D 人员状况外，还会重点分析科学与工程劳动力的规模、就业与市场供求关系及需求预测，以及国际就业前景。

1997 年，欧盟发表的《第 2 号欧盟科技指标报告》将欧洲置于全球视野中，对科技指标和与科技密切相关的经济指标展开了不同层次的国际比较。其中包括：欧盟作为一个整体与美国、日本比较；发达国家与发展中国家比较；各大地理区域的比较；各国之间的比较。该报告共分五大部分：①欧盟科技活动的国际比较；②产业技术创新与竞争力；③欧洲各地区科技活动；④欧洲 R&D 合作；⑤欧盟的国际科技合作。其中，第一部分从科技投入和科技绩效两方面分析比较欧盟的科技活动状况。除了基本的 R&D 经费和人员指标外，在科技经费投入方面，率先采用 GDP、外贸进出口、储蓄和投资、外国直接投资、通货膨胀率、就业等指标分析科技发展的宏观经济背景；在科技人力资源投入方面，关注教育经费投入等与教育有关的指标；在科技绩效方面，则着重分析与科技相关的经济绩效指标，包括劳动生产率、技术扩散对某些部门生产率增长的贡献，国际贸易，高技术产业和高技术产品出口等。在第二部分，重点分析 R&D 密集的八大产业部门的技术创新和竞争力状况。该部分具有以下两个特点：一是将科学产出与技术产出相联系，分析科学与技术的相互作用，如每单位 R&D 支出产生的专利数、企业 R&D 支出与专利增长趋势、专利的科学强度等指标；二是将产业科技活动指标与经济效益相联系，试图更全面地描述科技产出的效率，如专利与高技术产品出口额的关系、专利技术的市场份额等指标。后三部分则着重分析了欧盟内部和外部的科技合作情况，以充分反映该报告的区域背景。

欧盟衡量成员国的科技创新评价工具主要是“欧洲创新记分卡”（European Innovation Scoreboard，EIS）和“创新综合指数”（Summary Innovation Index，SII）。其中，EIS 所采用的指标体系及评价方法是由欧盟委员会与联合研究中心合作制订的，该指标体系总结了创新绩效的主要方面。2005 年，这一评价指标体系由5个一级指标和26个二级指标构成。一级指标包括创新驱动力、知识创造能力、企业创新能力、技术应用和知识产权。其中，创新驱动力包括科学与工程类毕业生/20～29岁人口、受过高等教育人口/25～64岁人口、宽带普及率、参加终身学习人口/25～64岁人口和青年受高中以上教育程度/20～24岁人口5个指标。知识创造能力包括公共R&D支出/GDP，企业R&D支出/GDP，中、高技术R&D/制造业R&D支出，企业R&D支出中来自公共基金的投入比例，高校R&D支出中来自企业的投入比例5个指标。企业创新能力包括开展内部创新的中小企业/中小企业总数、参与合作创新的中小企业/中小企业总数、创新支出/销售总额、早期阶段的风险资本投资/GDP、信息通信技术支出/GDP、采用非技术变革的中小企业/中小企业总数6个指标。技术应用包括高新技术服务行业的就业人口比重、高技术产品出口/总出口额、市场新产品销售额/销售总额、企业新产品销售额/销售总额、受雇于中/高技术制造业的就业人口比重5个指标。知识产权包括百万人口拥有的欧洲发明专利数、百万人口拥有的美国发明专利数、百万人口拥有的三方（欧洲、美国和日本）专利数、百万人口新注册的欧盟范围内的商标数、百万人口新注册的欧盟范围内设计数5个指标。在2005年，欧盟运用上述评价工具对其成员国及美国、日本等国家进行了对比研究，使其对科技创新的现状、专利、R&D投入、成果转化机制等一系列问题有了更深刻的认识，并进一步明确了欧盟科技创新的未来发展战略。

此外，瑞士洛桑国际管理与发展学院（IMD）每年发布的《国际竞争力年度报告》（又称洛桑报告），包括国家经济、国际化、政府管理、金融体系、基础设施、企业管理、科学技术和国民素质八大类，共计290个指标，用以评估一个国家或地区的国际竞争力的水平。芬兰的科技创新评价体系的要素则包括产业结构、投入产出、优惠的技术政策、传统产业的贡献、科技成果转化程度、政策的灵活性、人力资本、知识创新和政府对科研的投入等。能否为企业提供创新环境和现有的创新政策框架是评价该科技创新体系的标准（Georghiou et al.，2003）。

综上所述，国外的科技创新指标体系研究主要以国家及区域为对象，结合其区域发展特征，开发设计相应的科技创新指标体系。虽然这些指标体系的评价指标及其要素各异，但都客观合理地反映了其科技创新能力的发展状况。

二 国内科技创新评价指标体系研究

（一）国内科技创新评价指标研究历史

中国科技指标的发展与其科技政策的发展沿革密切相关。到目前为止，中国的科技创新指标体系的发展大致经历了三个发展阶段。

第一阶段：借鉴发展阶段（20 世纪 80 年代中期～90 年代初）。在这一阶段，中国的科技指标以科技投入为重心，并主要借鉴国外科技创新指标开展工作。1985 年，我国实施了首次全国科技普查，在借鉴联合国教科文组织和经合组织有关科技指标的基础上，提出了以评价科技资源、科技活动及其产出为主体的科技指标体系，从而确定了反映中国科技活动特点的三个分类，即 R&D 活动、R&D 成果应用和科技服务。

第二阶段：自主发展阶段（20 世纪 90 年代初～21 世纪初）。在这一阶段，中国科技创新指标的研究工作得到了快速发展。中国积极探索并初步建立了适合我国科技发展和科技管理需要的科技指标体系，并以《中国科学技术指标》（即《科学技术黄皮书》）一书的出版为标志。自 1992 年起，《中国科学技术指标》由科技部每两年发布一次，是全面阐述中国科学技术发展状况和趋势的政府出版物。该报告全面系统地分析评述了中国科学技术发展与改革的重要变化和基本态势。其主要内容包括中国科学技术发展的总体部署，科技人力资源和科技经费，大中型工业企业、政府部门所属研究与开发机构和高等学校的科技活动，科技论文、专利、技术贸易等科技活动的产出，科技活动对经济、社会的影响，以及中国公众的科学素养和对科学技术的态度等，并突出地反映了基础研究、高技术产业化的状况、主要科技指标的国际比较。在该阶段，中国科技统计和科技指标在理论与方法上都取得了较大发展，并已大大缩短了与发达国家的差距。

第三阶段：完善发展阶段（21 世纪初至今）。这一阶段学者们从不同视角和研究方法等方面对科技创新指标研究进行了完善。其中，有的学者基于投入产出视角，根据科技创新活动的自身特点，以科技创新投入指标和科技创新产出指标为基础，部分增加基础指标和影响效益指标，构建科技创新评价指标体系。有的学者从知识创新视角，以知识创造能力、知识流动能力、企业科技创新和科技创新环境为基础指标，适当增加创新的经济绩效指标和创新投入产出能力指标等构建科技创新评价指标体系。同时，学者们也致力于探索多种科技创新评价方法，以提高对区域科技创新能力的评价水平，其中包括模糊数学综合评判法、灰色多层次综合评估法、因子分析法、数据包络分析等。总之，在这一阶段，学术界通过积极探索并综合运用多种理论和方法，不断打破相关学科界限，加快促进了各种评价指标体系和评价方法的相互融合，从而使科技创新指标的研究得到了发展和完善。

总之，虽然中国科技指标研究工作起步较晚，但是，通过中国政府在制定科技发展方针、政策方面的有力推进，以及我国学者在国外相关研究成果基础上的不懈努力，我国科技创新评价指标研究工作得到了迅猛发展，并已形成了适应我国科技创新发展特点的科技指标体系。

(二) 国内科技创新评价指标体系

通过对国内相关文献的查阅，我们发现，国内许多学者从不同视角致力于科技创新评价指标体系的开发。本书将现有的相关研究归纳为两大视角：投入产出视角和知识创新视角。其中，投入产出视角聚焦于科技创新过程，即在科技投入分析的基础上，进一步分析在一定创新基础和创新投入条件下的创新绩效产出，以综合评价区域科技创新能力。知识创新视角则侧重于对科技创新要素的分析，通过分析科技创新单元及其相互作用，进一步分析知识的创新和应用，来对区域科技创新能力做出综合评价。

1. 投入产出视角

基于这一视角的研究大多根据科技创新活动的过程性特点，以科技创新投入指标和产出指标为基础，通过一定的拓展和延伸构建区域科技创新的评价指标体系。从总体上，大多数研究围绕科技创新基础、科技创新投入、科技创新产出、科技创新绩效四个要素展开，可归纳为投入—产出、基础—投入—产出、基础—投入—产出—效益三种类型。

其中，在投入—产出的研究方面，陈黎等（2012）建立了包含科技投入和科技产出的科技创新评价指标体系。他们选取全社会 R&D 经费投入、专利产出等 15 项科技创新指标，运用 SPSS 分析软件，采用主成分因子分析法，探讨了广州科技创新投入与产出及两者之间的关系，并提炼出影响区域科技创新竞争力的主要因素。在基础—投入—产出的研究方面。王章豹、徐枞巍（2005）在相关评价指标体系的文献研究的基础上，通过分析高校科技创新能力四大构成要素，构建了由 3 个评价模块（一级指标）、12 个评价项目（二级指标）和 30 个评价指标（三级指标）构成的高校科技创新能力量化综合评价指标体系。3 个一级指标是科技创新基础能力、科技创新投入能力和科技创新产出能力。其中，科技创新基础能力是指科技创新基础条件与设施，主要包括信息及研究基础的资源网络、科研基础设施及组织方式等。李宗璋、林学军（2002）从科技创新人力资源、科技投入、科技创新产出三方面提炼出 16 个评价指标。

随着对科技创新评价指标体系研究的不断深入，越来越多的学者从基础—投入—产出—效益方面进行探讨。例如，方秀文（2001）在借鉴了区域可持续发展指标体系、科技创新竞争力、科技实力指标体系等相关研究的基础上，将区域科技创新能力评价指标体系划分为三级指标，共 26 项。其中，一级指标为科技进步基础、科技活动投入、科技活动产出和科技对经济社会的影响。科技进步基础包括科技人力资源、科研物质条件、科技意识三个二级指标；科技活动投入包括人力投入、科技活动财力投入两个二级指标；科技活动产出包括科技活动直接产出、高新技术产业化两个二级指标；科技促进经济社会发展包括经济增长方式转变、环境保护、生活质量提高三个指标。每个二级指标又包含有若干个三级指标。类似的，胡琴（2003）将区域科技创新能力评估指标体系分为三个层次，26 项指标。其中，一级为科技进步基础、科技活动投入、科技活动产出和科技促进经济社会发展，二级指标与方秀文（2001）的划分方式相同。

谷国峰、滕福星（2003）根据区域科技创新的基础研究—应用研究—技术开发—商品化—产业化过程，将指标体系划分为五类指标，即政策法规（数量）指标、科技投入（资源）指标、科技产出（效率）指标、科技实现（效益）指标和可持续发展（综合评价）指标。这五类指标共包括 35 个评价指标。

殷晓莉、王里克（2006）认为，科技创新指标体系应该由科技创新潜力、科技发展能力、科技产出能力和科技贡献能力等指标群构成。其中，科技创新潜力指标包括人力资源、科研物质条件、科技意识和技术设施能力等二类指标；科技发展能力指标由人力投入和财力投入 2 个二级指标构成；科技产出能力指标由知识产出和技术产出指标构成；科技创新效益指标则包括经济效益和环境效益。该指标体系分为三级，共 26 个具体指标。

杨艳萍（2007）从科技进步基础、科技投入、科技产出和科技促进社会发展四个方面构建了科技创新能力的综合指标体系，并运用主成分分析法对中原城市群的科技创新能力进行了综合评价。孙敏霞（2008）通过灰色综合评价方法，提出了以区域科技创新能力为核心，以科技促进社会经济发展、科技活动投入、科技活动产出及科技进步基础为四角的区域科技创新能力“评价指标钻石模型”，并以此模型为框架，进一步开发出适应福建科技发展特点的评价指标体系。张克英、刁爱华（2008）通过综合运用灰色系统理论、客观赋权和聚类分析等方法，从科技基础、科技投入、科技产出、科技促进发展四个方面对我国 12 个省区的科技创新能力进行了分层逐级评价。

此外，近年来，赵峰、张春强（2010）将科技创新评价指标体系分为四级，从科技环境、科技投入、科技产出、科技促进可持续发展四个方面，通过 38 个水平指标对湖北各市（县）科技创新能力进行综合评价。王亚伟、韩珂（2012）开发了包括三级，29 项指标的区域科技创新能力评价指标体系。其中，一级指标包括科技进步基础、科技活动投入、科技活动产出、科技活动促进社会发展四个方面。科技进步基础包括科技人力资源、科技物质条件、科技意识三个二级指标；科技活动投入包括科技活动人力投入、科技活动财力投入两个二级指标；科技活动产出包括科技活动直接产出、科技成果产业化两个二级指标；科技活动促进社会发展包括经济增长水平、环境保护、生活质量提高三个二级指标。每个指标又包含若干三级指标。

综上所述，基于投入产出视角的大多相关研究主要聚焦于基础条件、科技创新投入、科技创新产出、科技创新效益四个方面。其中，基础条件指标主要涉及科技创新的人力资源与物质条件，如研究者的科研素质、能力、科研设备条件等内容；科技创新投入指标主要包括科技创新的人力投入、财力投入等；科技创新产出指标主要包括理论成果与技术成果，一般由论文著作、专利发明与科技奖励等构成；科技创新效益指标主要反映了科技促进经济社会发展的指标，如经济增长方式转变、环境保护、生活质量提高等。这四类指标已成为我国区域科技创新评价中常用的基本指标，主要用来评价科技创新的效率与效益及其与各种条件的相关度。

但是，在总体上，这些研究对科技创新的社会效益、科技创新的可持续性及科技创新中创新主体的意识层面要素等方面的关注相对较少，这可能与相关数据资料的获取及指标量化较困难有关。同时，我们也注意到，我国科技创新评价指标体系研究中往往偏重于科技创新的数量指标而相对淡化其质量指标，偏重于经济效益指标而忽视其社会效益和生态效益指标。此外，这些研究也缺乏对科技创新系统的关联互动性、评价单元选择的空间尺度差异、行业差异等问题的深入探讨。这些问题应当在未来研究中予以更多关注。

2. 知识创新视角

从知识创新视角出发的研究主要以科技创新能力的构成要素为基础，以强调在科技创新过程中的知识创新及利用为核心，构建评价指标体系。该视角下的评价指标体系主要由以下要素构成：以大学和科研机构所为主要力量的“知识创造能力”，将国内外知识、科技转化为现实生产力的“知识流动能力”，以企业为主体的“技术科技创新能力”，为区域科技创新能力建设提供基础设施、市场需求，以及劳动者素质等方面保障的“科技创新环境”、以知识创新利用为最终目的“创新经济效益”等。这些构成要素彼此紧密相关，形成了内在的有机体。

例如，自 2001 年首次推出《中国区域创新能力报告》以来，科技部科技发展战略研究小组建立的区域创新能力评价体系已成为我国研究区域科技创新能力指标的标杆。该指标体系包括知识创造能力、知识获取能力、企业创新能力，区域创新环境和创新的经济效益等六部分。其中，知识创造能力包括研究开发投入、专利、科研论文、投入产出效率指标；知识获取能力包括科技合作、技术转移、外国直接投资指标；企业创新能力包括大中型企业研究开发投入、设计能力、制造和生产能力、创新产出、新产品产值指标；区域创新环境包括创新基础设施、市场需求、劳动者素质、金融环境、创业水平指标；创新的经济效益包括宏观经济、产业结构、产业国际竞争力、国民收入水平、就业指标。该套指标体系针对性、实用性与可操作性强，在我国得到了广泛认可，为不少研究者所借鉴。

王里克、殷晓莉（2010）从区域知识创造能力、知识流动能力、企业科技创新和科技创新环境四个方面构建了地区科技创新能力评价指标体系。在该评价指标体系中，区域知识创造能力包括研发投入、专利与论文和科技投入产出比三个指标，知识流动能力包括科技转移、外国直接投资和企业研发投入三个指标，企业科技创新包括研发能力和创新产出两个指标，科技创新环境则由基础设施、市场需求和劳动者素质三个指标构成。

冯套柱、李小锋（2008）在对区域科技创新能力本质及其内涵理解的基础上，从知识创造能力、知识获取能力、企业技术创新能力、创新环境、创新经济绩效五个方面，开发出适应陕西省各地（市）科技创新特点的评价指标体系。其中，知识创造能力包括研究开发投入、专利、科研论文三个二级指标；知识获取能力包括技术转移和外国直接投资两个二级指标；企业技术创新能力包括规模以上工业企业研究开发投入、研发能力和企业创新产出三个二级指标；创新环境包括基础设施、市场需求和劳动者素质三个二级指标；创新经济绩效包括宏观经济和产业国际竞争力两个二级指标。

韩刚（2009）运用综合评价因子分析法，从知识创造能力、知识获取能力、企业技术创新能力、技术创新环境、创新经济绩效五个方面构建了安徽省科技创新评价指标体系。其中，知识创造能力包括科技活动人员数、科技经费内部支出、专利申请授权量、重大科学技术成果四个指标；知识获取能力包括外商直接投资、技术市场成交额、专利申请受理量和科研经费筹集额四个指标；企业技术创新能力包括技术开发经费支出占产品销售收入的比重、新产品产值、全员劳动生产率、生产用固定资产原价四个指标；技术创新环境包括邮电业务总量、固定资产投资、每 10 万人中大专以上学历人口、技术改造贷款四个指标；创新经济绩效包括人均 GDP、科学研究与技术服务业产值比重、工业制成品出口额、职工平均工资四个指标。

苏多杰（2012）从知识创造能力、知识流动能力、企业科技创造能力、科技创新环境和科技创新的经济效益五个方面建立了青海科技创新能力分析评价指标体系，对青海省科技创新能力进行了探讨。其中，知识创造能力包括研究开发投入、专利、科研论文和成果登记、投入产出四个二级指标；知识流动能力包括科技合作、科技转移和国外直接投资三个二级指标；企业技术创造能力包括企业研究开发投入、企业科技活动、制造和生产能力和新产品产值四个二级指标；科技创新环境包括机制环境、政策法规环境、基础环境、市场环境和人文环境五个二级指标；科技创新的经济效益包括宏观经济、产业结构、产业竞争力、居民收入水平和就业五个二级指标。

蒋兴华（2012）运用层次分析法建立起区域科技创新能力综合评价体系，将区域科技创新能力分成知识创新能力、知识流动能力、企业技术创新能力、科技创新环境能力、创新的经济绩效五个一级指标，一级指标分成 R&D 投入、知识产权、科技成果、科技项目、国内合作、企业研究开发投入、设计与制造能力、产品创新能力、创新服务环境、市场需求、创业水平、宏观经济、产业结构化、居民收入与就业等 15 个二级指标，二级指标分成 46 个三级指标。

朱孔来、王忠辉（2009）将区域科技创新能力分为该区域的知识创造能力、知识流动能力、企业技术创新能力、创新产出能力、创新环境、创新投入六方面要素。其中，创新环境指标包括公路网密度、电话普及率、居民消费水平、每万人口中普通中学专任教师比例四个二级指标；创新投入包括每万人口中科技活动人员数、人均科技经费支出、科技活动经费支出与 GDP 的比例、R&D 经费支出与 GDP 的比例四个二级指标；知识创造能力包括每万人口专利申请数、每万人口拥有发明专利数、每百名科技人员发表科技论文数、每元科技投入的新产品产值四个三级指标；知识流动能力包括企业委托开发经费与销售收入比例、企业技术引进经费与销售收入比例、外国直接投资额与 GDP 的比例三个二级指标；企业技术创新能力包括企业 R&D 经费支出占销售收入比例、企业科技人员数占职工人数比例、工业全员劳动生产率、固定资产投资与 GDP 的比例、新产品产值率五个二级指标；创新产出能力包括人均 GDP、GDP 增长率、第三产业产值比率、农村居民人均纯收入、商品出口额占 GDP 的比例五个二级指标。由此，构建形成由六大要素、25 个指标构成的区域创新能力综合评价指标体系，并运用综合评价方法对山东省各市的创新能力进行了实际评价和比较分析。

通过上述文献回顾可看出，从知识创新角度对区域创新能力的评价，主要是在借鉴和吸收中国科技发展战略研究小组系列报告的基础上，并结合具体区域的自身特点，加以拓展和完善的。但是，在总体上，现有研究的指标体系设计中尚缺乏对研究创新体系内各功能要素之间的相互作用、度量机构之间的知识流动、产学研之间的合作等方面指标的探讨。同时，现有的指标体系设计大多侧重于科技创新最终实现的经济价值，而忽略了科技创新所带来的社会效益与生态效益，这些问题有待在我们的未来研究中加以完善。

（三）区域评价实证研究

在现有的研究中，许多学者以具体区域为对象，开展科技创新评价指标的探讨。目前，学者们已在我国东部、西部、中部和北部地区的一些省份开展了相关研究。

在东部地区，唐炎钊等（2001）运用灰色综合评价及模糊综合评价方法，对广东省科技创新能力进行评价，并选取北京、上海、四川、陕西、甘肃、江苏、浙江、山东、广东等区域科技创新能力的有关数据，对广东省科技创新能力进行比较分析。方秀文（2001）将广东与北京、上海、江苏、浙江、山东、陕西、四川、甘肃8省（直辖市）的科技创新能力进行比较研究。孙敏霞（2008）采用灰色综合评价方法，构建了“评价指标钻石模型”，并以此模型为框架，设计出适合福建特点的科技创新评价体系。王芳（2009）运用因子分析方法，对江苏省三大区域的13个地级市的科技创新能力做了定量评价，并通过苏南和苏中、苏北地区科技创新能力的对比，提出了相应的政策建议。郑雨苹等（2010）在构建福建省区域科技创新能力评价指标体系的基础上，运用因子分析赋权法和层次分析法，对福建省2001～2008年的区域科技创新能力进行了实证评价。

在西部地区，张淳、赵利新（2006）专门对新疆区域科技创新能力进行了评价研究。冯套柱、李小锋（2008）则运用因子分析构建出区域科技创新能力评价模型，并运用该模型对陕西省三大区域的10个地级市的科技创新能力进行定量评价。

在中部地区，胡琴（2003）选取北京、上海、广东、江苏、浙江、湖南、河南、甘肃8个省（直辖市）作为比较对象，将湖北省2000年的科技创新能力与8省（直辖市）的科技创新能力进行比较。赵峰、张春强（2010）通过38个水平指标对湖北各市（县）科技创新情况进行综合考量。韩刚（2009）运用综合评价因子分析法对安徽省科技创新能力进行评价。王亚伟和韩珂（2012）基于模糊数学理论，构建了一种改进的多层次模糊综合评价模型，对河南省的区域科技创新能力进行了综合评价。

在北部地区，朱孔来、王忠辉（2009）运用定性与定量相结合的方法对山东各市的科技创新能力进行了实际评价和比较分析。张岭等（2012）针对河北省科技创新系统，构建了创新绩效评价指标体系，运用两阶段数据包络分析（DEA）方法的C2R模型，评价和分析了河北省11个地市的科技产出效率与科技成果转化绩效。

总之，从学者们对不同区域科技创新能力的评价来看，我国东部、西部、中部及北部地区都已开展了区域科技创新能力评价。其中，在中部地区，对山西省科技创新能力的评价研究还有待进一步加强。

三 总结及启示

随着科学技术的迅猛发展，国家之间、地区之间的竞争表现为科技创新实力的竞争，科技进步与创新已成为各国或各地区实现经济可持续发展的重要驱动力。在这一背景下，如何科学地评价国家或地区的科技创新能力已成为重要的研究课题。为此，学术界积极探讨国家或地区的科技创新能力的评价指标体系，并取得了很大进展。

但是纵观目前科技创新能力的评价体系，大多研究是基于静态的时间截面，单一地反映各科技创新要素的现状，而缺乏从动态的时间纵向发展趋势来探讨可持续地反映科技创新能力变化状况的指标体系。在评价过程中人多仅对某一时间点（如年）的科技创新能力进行评价，数据量少、评价指标彼此孤立，难以全面、连续、合理的评价一个地区的科技创新能力的发展状况。然而，一个地区的科技创新能力需要多年的创新要素积累才能形成。因此，评价区域科技创新能力，应当结合区域科技创新动态发展来进行综合评价。

此外，我们必须认识到科技创新评价指标体系所具有的适应性和可拓展性。其中，适应性将决定科技创新能力评价的差异性。虽然，到目前为止，科技创新能力评价指标仍没有形成一个统一的评价指标体系，但是，在借鉴现有相关研究的基础上，形成适应具体区域发展特征的特色的评价指标体系是未来研究的发展方向。可拓展性则决定了评价指标要随着科技创新的发展而不断变化和完善。只有在科技创新评价指标体系的设计上不断地取得适应性发展和拓展性完善，才能适应一个国家或区域不断推进科技创新能力发展的需要。

第二节　基于资源型经济转型的科技创新系统评价指标体系设计

一　评价指标体系构建的指导思想与基本原则

（一）评价指标体系构建的指导思想

以促进资源型地区转型发展为目标，力求设计的科技创新的指标评价体系能够客观反映出资源型地区科技创新的发展特点，充分体现出科技创新促进资源型经济转型的总体发展状况，并系统涵盖促进资源型经济转型的科技创新评价指标。同时，强调评价指标体系中的内部逻辑性，关注科技创新过程的内在规律和发展路径，力求既能反映出现阶段科技创新活动的开展情况，又能评价出创新投入和产出方面的运作效果，同时兼顾地区科技创新发展潜力的指标体系，以构建一个适应资源型经济转型发展的科技创新评价指标体系。

（二）评价指标体系构建的基本原则

科学合理的指标体系是系统评价准确、可靠的基础和保证，也是正确引导系统发展方向的重要手段。因此，指标体系的建立必须遵循一定的原则，而不能是一组任意指标的简单堆砌。由于受到学科领域、地缘差异和研究方法的影响，至今，学术界对指标评价体系构建应遵循的原则尚未达成共识。综合多方观点并根据资源型经济转型的特点，我们认为，科技创新评价指标体系的构建应遵循以下原则。

1. 科学性原则

科技创新评价指标选取方法的科学与否直接影响到科技创新能力评价结果的客观合理性。科技创新评价指标体系的构建要遵循科技发展的基本理论和科技创新活动自身的特点，指标的定义、分类、范围、数据收集、分析方法、权重确定等都要科学、严谨，同时，要注意所选指标要有较好的可靠性、独立性、代表性和统计性。

2. 系统性原则

必须以促进资源型经济转型为主线，以充分把握区域科技创新能力的内涵为基础，构建科技创新系统指标评价体系的基本框架。区域科技创新能力是全面、系统、客观地反映区域科技创新状况的全貌，因此，评价指标体系的设计要追求整体与局部的统一、长期与短期的平衡，并从多个层次反映所评价的系统。同时，还要注重区域科技创新指标元素及指标结构整体的合理性，使指标体系成为一个有机的统一体。

3. 可比性原则

评价指标体系是对同一地区在不同时间维度，以及不同地区在相同空间维度的科技创新能力状况进行综合评价，因此，在设计评价指标体系中，必须充分考虑到在同一地区的不同时间维度，以及不同地区在相同空间维度上应具有的共同的指标内涵，使统计口径和范围尽可能取得一致，以保证在未来的横向比较与纵向趋势分析中具有可比性。

4. 可操作性原则

评价指标体系设计必须兼顾数据的可获得性与评价的可操作性；否则，将会导致建立的指标形同虚设，无法开展后续的评价工作。从资料获取和数据处理角度看，评价指标体系应力求简单、明了，指标体系的设置应尽量与统计指标统一。要选择那些概括性强、所代表的信息量大、容易获取的指标。

5. 动态连续性原则

科技创新是一个动态发展的过程，因此，指标体系设计必须能够反映地区科技创新的潜力及其演化趋势，并能够揭示其内在的发展规律。在指标选取时，应注重静态指标和动态指标相结合，使静态指标体现创新的现状水平，动态指标预测科技创新的发展前景。

6. 导向性原则

科技创新指标体系的建立是为了科技创新评估，继而找出所评估地区存在的问题，寻求可操作的对策。因此，指标体系的建立应突出在资源型经济转型发展中科技创新的导向作用，以激励、引导政府和产业的科技创新活动紧紧围绕目标进行。

二 评价指标体系的结构与内涵

(一) 基于资源型经济转型的科技创新系统指标评价体系

我国资源型经济地区的转型发展迫切需要把科技创新作为第一推动力，突破长期以来资源型经济发展存在的深层次矛盾和问题，加快转变经济发展方式，实现资源型地区的经济转型和可持续发展。为此，本书拟从投入—产出视角构建促进资源型经济转型的科技创新指标评价体系，以充分揭示在资源型经济转型发展过程中从科技创新资源投入到产出的整合过程，突出科技创新对资源型经济转型的驱动力及其作用效果，综合反映我国资源型地区转型发展中的科技创新能力，并能够为相关各级政府提供有价值的政策建议。

同时，根据前述构建评价指标体系的指导思想及其基本原则，本书将基于资源型经济转型的科技创新系统评价指标体系分为四大模块：科技创新基础、科技创新投入、科技创新产出和科技创新效益。其中，科技创新基础是推进科技创新所必要的良好外部环境及物质技术条件；科技创新投入是科技创新的原动力；科技创新产出则是科技创新的直接成果表现；科技创新效益指标的建立旨在针对资源型经济发展特点，充分反映科技创新与资源型经济的结合程度，体现资源型经济转型中推动科技创新的最终目标。

本书构建的指标评价体系，如表 5-1 所示。

表 5-1 基于资源型经济转型的科技创新系统指标评价体系

一级指标	二级指标	三级指标
科技创新基础指标	科技人力资源	万人专业技术人员数（人/万人）
		万人大专以上学历人数（人/万人）
	科技物质条件	每名 R&D 活动人员新增仪器设备费（万元/人）
		科研综合技术服务新增固定资产占全社会新增固定资产的比重（%）
	科技基础设施	百户居民计算机拥有量（个/百户）
		万人国际互联网络用户数（人/万人）
		百人固定电话和移动电话用户数（人/百人）
	科技意识	万名就业人员专利申请量（项/万人）
		科研与综合技术服务业平均工资与全社会平均工资比例系数（%）
		万人吸纳技术成果金额（万元/万人）
科技创新投入指标	人力投入	万人 R&D 研究人员数（人/万人）
		企业 R&D 研究人员占全社会 R&D 人员的比重（%）
	财力投入	R&D 经费支出（亿元）
		R&D 经费支出占 GDP 的比重（%）
		地方财政科技拨款占地方财政支出的比重（%）
		企业 R&D 经费支出占产品销售收入的比重（%）
		企业技术引进和消化吸收经费支出占产品销售收入的比重（%）

续表

一级指标	二级指标	三级指标
科技创新产出指标	科技活动直接产出	万名 R&D 活动人员科技论文数（篇/万人）
		获国家科技成果奖系数（项当量/万人）
		万名就业人员发明专利拥有量（项/万人）
	科技成果市场化	万人技术成果成交额（万元/万人）
		万名 R&D 活动人员向国外转让专利使用费和特许费（万美元/万人）
	科技成果产业化	高技术产业增加值占工业增加值的比重（%）
		知识密集型服务业增加值占生产总值的比重（%）
		高技术产品出口额占商品出口额的比重（%）
		新产品销售收入占主营业务收入的比重（%）
科技创新效益指标	经济效益	人均 GDP（万元）
		劳动生产率（万元/人）
		资本生产率（万元/万元）
		综合能耗产出率（元/千克标准煤）
	高新技术产业化效益	高技术产业劳动生产率（万元/人）
		高技术产业增加值率（%）
		知识密集型服务业劳动生产率（万元/人）
	环境效益	环境质量指数（%）
		环境污染治理指数（%）

（二）指标内涵

在上述指标体系中，科技创新基础包括科技人力资源、科技物质条件、科技基础设施和科技意识四个二级指标；科技创新投入包括科技活动人力投入、财力投入两个二级指标；科技创新产出包括科技活动直接产出、科技成果市场化和科技成果产业化三个二级指标；科技创新效益包括经济效益、高新技术产业化效益和环境效益三个二级指标。每个二级指标下又包含若干个三级指标。具体指标含义如下。

1. 科技创新基础指标

科技创新基础指标反映了资源型经济转型地区科技创新的基本发展状况，是提升科技创新能力的必要条件，因此也是指标评价体系必须包含的要素之一。具体表现在科技人力资源、科技物质条件、科技基础设施和科技意识四个方面。

1）科技人力资源

资源型经济转型的实质不仅是战略性新兴产业的发展壮大，更是人力资源结构的转型与提升。科技人力资源的多少直接反映资源型地区科技创新基础的强弱。因此，科技人力资源是科技创新基础的重要组成部分，是我国资源型地区实现由采掘文明向制造文明转变、由开发地下资源向开发地下地上资源并举转变、由黑色向绿色转变、由传统向现代转变的有力支撑，它将为资源型经济的转型发展提供有力的智力保障。具体的，科技人力资源是指实际从事或有潜力从事科学研究与技术开发的人力资源。据此定义，科技人力资源既包括实际从事科技活动的劳动力，也包括可能从事科技活动的劳动力。在本书中，科技人力资源指标包括万人专业技术人员数和万人大专以上学历人数两项子指标。

(1) 万人专业技术人员数。专业技术人员是科技活动人员的主要来源。许多专业技术人员虽然不从事科技活动，但已具备从事研究和发展活动的可能性和条件。因此，将万人专业技术人员数设为反映科技人力资源的指标。我国的专业技术人员是指从事专业技术工作的人员，以及从事专业技术管理工作且以在1983年以前评定了专业技术职称或在1984年以后聘任了专业技术职务的人员。具体指工程技术人员，农业技术人员，科研人员（自然科学研究、社会科学研究及实验技术人员），卫生技术人员，教学人员（包括高等院校、中等专业学校、技工学校、中学、小学教学人员），民用航空飞行技术人员，船舶技术人员，经济人员，会计人员，统计人员，翻译人员，图书资料、档案、文博人员，新闻、出版人员，律师、公证人员，广播电视播音人员，工艺美术人员，体育人员，艺术人员及政工人员。

(2) 万人大专以上学历人数。科技人力资源与国民的受教育水平密切联系，所以万人大专以上学历人数也是反映科技人力资源的重要指标。大专以上学历人数来源于国家统计部门的人口调查。万人大专以上学历人数指按地方常住人口计算的，平均每一万人中已拥有大专或大专以上学历的人数，它是反映一国高等教育发展规模的重要依据，也是体现省区教育供给与教育需求是否匹配的重要指标。

2) 科技物质条件

科技物质条件作为进行科学研究与技术开发的重要载体，也是科技创新基础的不可或缺的组成部分。改善科技物质条件，加强科技创新支撑平台建设，必然成为资源型地区各级政府推动科技创新建设以促进转型发展的优先选择。具体来说，科研物质条件包括科研仪器设备的购置，以及科技活动外部物质装备的支持。本书中，该指标包括每名R&D活动人员新增仪器设备费、科研综合技术服务新增固定资产占全社会新增固定资产的比重。

(1) 每名R&D活动人员新增仪器设备费。用于研究与发展活动的科研仪器设备是科技活动重要的物质技术基础。该指标来源于《中国科技统计年鉴》中研究与开发机构的购置仪器费、大中型工业企业技术开发机构的仪器设备购置费、高等院校科技活动经费中的固定资产购建费之和，除以R&D活动人员数。

(2) 科研综合技术服务新增固定资产占全社会新增固定资产的比重。固定资产投资是提高科技进步水平的重要手段。科研与技术服务业是依托科学技术和其他专业知识向社会提供服务的新兴行业，该行业的新增固定资产占全社会新增固定资产的比重可直接反映省区科技进步的情况。该指标可较好地反映科技进步带来的经济增长方式的改进。

3）科技基础设施

科技基础设施是进行科学研究与技术开发的基础，其中，计算机、互联网和移动电话对科技创新提供了有力的支撑，它在一定程度上代表了区域科技水平和综合实力。为此，本书从百户居民计算机拥有量、万人国际互联网络用户数、百人固定电话和移动电话用户数三方面来解读资源型地区的科技基础设施状况。

（1）百户居民计算机拥有量。生产方式和生活方式的转变是科技进步的重要指标之一，而计算机的普及则是影响当今生产方式转变最具代表性的结果，特别是它对人们的生活方式产生了十分重要的影响。百户居民计算机拥有量是根据百户农村居民和百户城镇居民计算机拥有量，并用农业人口和非农业人口作为权数加权计算而成的。

（2）万人国际互联网络用户数。国际互联网络的发展是科技发展直接的成果和体现。国际互联网络用户数采用的是信息产业部统计并公布的数据。

（3）百人固定电话和移动电话用户数。随着移动电话的迅速发展，它已逐步由身份的体现还原为本来的通信工具，与固定电话的基本功用已无差别。因此，在检测中将固定电话和移动电话合二为一，用以反映社会生活信息化水平。

4）科技意识

科技意识是一个国家或地区推动科技创新的前提和基础。科技意识的强弱在很大程度上影响到科技创新的推进效率与效能。科技意识的加强对于资源型地区解放思想、摆脱资源的束缚、推动区域经济转型发展具有十分重大的意义。在本书中，科技意识是指政府、企业和社会公众对创新活动的积极性，以及对创新活动的认可和支持。它包括以下三个指标。

（1）万名就业人员专利申请量。专利申请不同于专利批准，注重发明创造，具有较强的专利意识是反映科技意识的重要内容。

（2）科研与综合技术服务业平均工资与全社会平均工资比例系数。科研与综合技术服务业就业人员的工资水平反映了政府及全社会对从事科学研究与综合技术服务业人员高水平工资待遇的认可程度。但是，因为各地区生活消费水平差异较大，所以这一指标还需要用某一地区科研与综合技术服务业平均工资与全国该行业平均工资的比例进行修正，即科研与综合技术服务业平均工资与全社会平均工资比例系数＝（地区科研与综合技术服务业平均工资水平÷该地区平均工资水平）×（地区科研与综合技术服务业平均工资水平÷全国科研与综合技术服务业平均工资水平）×100％。

（3）万人吸纳技术成果金额。吸纳技术成果金额指的是各地区在技术市场为购买技术成果所支出的费用。这一指标可以反映企业或机构对技术成果的需求意识。

2. 科技创新投入指标

科技创新投入反映了科技创新的主动驱动程度，是指投入到科技创新活动中的财力和人力的总和，是科技创新活动能够有效开展并顺利运行的基础和保障，它决定了科技创新的规模、速度、能力和强度。科技创新投入的强弱能够反映出资源型地区对科技创新的重视程度和意志决心。科技创新投入指标主要包括人力投入和财力投入两大类。

1）人力投入

资源型地区以资源为基础，十分重视自然资源的开发利用，而容易忽视人力资源的投入。人力资源作为促进区域科技创新的关键性要素。创新活动能否取得理想的效果和目标，资源型经济能否成功转型在很大程度上依赖于人力投入，尤其是R&D人员的投入。

(1) 万人R&D研究人员数。R&D是一项知识密集型的创造性活动，同时也是一项重要的人力资本投资活动，它对一个国家的经济发展、科技进步和国际竞争力的增强都具有非常重要的意义。R&D人力资源状况是衡量一个地区创新能力的重要方面。

(2) 企业R&D研究人员占全社会R&D人员的比重。企业是进行科技创新的主体，企业科技创新的投入占有社会科技创新投入很大的比例。本指标主要考察企业科技创新人力资源的投入情况，进而推算出区域的R&D人力投入情况。

2）财力投入

财力投入是资源型地区进行科技创新活动的重要资金保障。同时，它在一定程度上对提升科研人员、研发人员的创新积极性具有重要的激励作用。资源型经济转型需要把大量的资金投入到科技创新中去，以鼓励和促进非资源型产业的发展和战略性新型产业的兴起，最终转变发展方式，实现资源型经济的转型跨越发展。具体的，它包括以下五个方面的内容。

(1) R&D经费支出。是指政府科技活动支出或科技拨款中用于R&D活动经费的支出，反映了一个地区科技财力投入的强度及开展R&D活动的规模。

(2) R&D经费支出占GDP的比重。反映区域科技开发的投资力度（总量），是国际上衡量一国或地区科技投入强度的通用指标。

(3) 地方财政科技拨款占地方财政支出的比重。指各省区（包括省、地（市）、县三级）地方财政的科技经费，不包括国务院各部门拨给地方各部门的科技经费。

(4) 企业R&D经费支出占产品销售收入的比重。区域内企业R&D经费支出占销售收入的比重是指各区（县）范围内生产经营的各类企业报告年度实际用于R&D的经费支出占企业销售收入的比重，又称为企业研发经费（投入）强度。该指标是衡量区域内企业研发水平和研发能力的重要指标，也是衡量企业竞争力的基本指标。

（5）企业技术引进和消化吸收经费支出占产品销售收入的比重。企业技术引进和消化吸收经费支出占产品销售收入的比重是指在报告年度内企业在技术引进和消化吸收支出的总额占全部产品销售收入之比。该指标用来表示企业技术引进和消化吸收的投入强度，是企业技术创新活动的评价指标，反映了企业对科技进步和创新的重视程度。

3. 科技创新产出指标

科技创新产出是科技创新能力最显著的外在表现，是指创新主体在本身所具有的创新能力的基础上，通过各种资源的有效开发和配置所取得的创新成果。资源型地区最主要的产出就是资源及相关衍生品，科技创新成果相对较少，产出指标最能反映出科技创新对资源型经济转型的效果和作用。科技创新体系的产出可以从科技活动直接产出、科技成果市场化、科技成果产业化等方面进行评价。

1）科技活动直接产出

科技活动直接产出是指由创新活动取得的科技成果，这些科技成果不仅包括本地区专利的申请量和授权量，还包括科技论文的发表量、科技书籍的发表数和创新后备人才的培养，反映出一个地区科技创新的积淀深厚程度。

（1）万名R&D活动人员科技论文数。论文是新知识的产生，是投入人力和财力资源进行R&D的结果。论文数量反映了一个地区创新主体的素质，科技论文发表量则是衡量创新能力和产出的主要指标。

（2）获得国家级科技成果奖系数。获得国家级科技成果奖是指获得国家技术发明奖和国家科学技术进步奖的总和。在计算系数时，需要进行以下技术处理。首先，确定各获奖单位（地区）在所获奖项中相对的重要性。其次，利用层次分析法计算各获奖单位（地区）在所获奖项中的参与系数，如某奖项的参与单位（地区）只有一个，则该单位（地区）的参与系数为1，某奖项的参与单位（地区）有两个，则他们的参与系数分别为0.666 7和0.333 3，以此类推。再者，参考各等级奖项所颁发的奖金金额确定等级权重，再将参与系数与等级权重相乘，得到该单位（地区）某奖项的当量。最后，将该单位（地区）获得的各奖项的当量相加再除以该地区R&D活动人员数，即得出该地区获国家级科技成果奖系数。通过上述计算方法，就可以从科技成果的角度反映出各地区科技活动直接产出的数量与质量。

（3）万名就业人员发明专利拥有量。专利的数量是反映一国或一地区科技活动产出水平的重要指标。其中，发明专利的数量又是其极为重要的指标之一。发明专利拥有量反映的是在某一时间点发明专利的存量。

2）科技成果市场化

科技成果市场化是科技创新成果实现市场价值和经济效益的重要途径。对资源型地区来说，GDP 的增长往往依赖于资源经济效益而带来科技创新的驱动。这一指标的选用则可以较好地反映出科技创新对地区 GDP 的作用。科技成果市场化主要包括两部分：一是创新产品的市场化所得到的巨大的市场价值；另一部分是开发出来的新技术转让及专利出售所获得的收益，表现为由科技创新活动带来的经济收益。在本书中，该指标主要包括以下两个方面。

（1）万人市场成交合同金额。该指标主要包括技术转让和出售专利所获得的收入。它是科技自主创新最直接的收入，是不必通过技术商品化即可实现的价值。它包括技术开发、技术咨询、技术转让及技术服务等有偿技术交易的数额。其中，技术转让收入和出售专利所获得的收入是科技自主创新最直接的收入，是不必通过技术商品化即可实现的价值，同时也反映了一个地区进行技术交流的活跃程度。

（2）万名 R&D 活动人员向国外转让专利使用费和特许费。向国外转让专利使用费和特许费反映了我国技术成果的国际竞争力和市场化水平。

3）科技成果产业化

在资源型经济转型发展中，确实存在这样的情况：一方面，一些优秀的科技成果被困在大专院校和科研院所的实验室里，最终造成“科技”无法“成果”；另一方面，一些被众多投资者看好的科技项目，因为项目所有者提出了苛刻的合作条件，令投资者“望而却步”，一次次地坐失良机。产生这些现象的根本原因不是资金问题，也不是外部环境问题，而是缺乏对科学技术成果产业化的科学认识，没有掌握科学技术转化为现实生产力的内在规律。而如何更有效地发挥科技是第一生产力的作用，促进科技成果向现实生产力转化，使科学技术在经济建设中发挥巨大作用，是以科技创新驱动资源型经济转型的关键。因此，有必要将科技成果产业化纳入到该指标评价体系中，以促进科技创新与资源型经济转型发展的有机结合。对科技成果产业的评价主要通过以下四个指标来衡量。

（1）高新技术产品产值占工业总产值的比重。该指标反映了一个地区高新技术产业的发展程度，以及科技创新活动对本地区产业结构的影响程度。它是能够反映高技术产业的整体规模和产业效益的重要指标，是评估一个地区在高新技术产业上的增长和变化情况的分析指标。

（2）知识密集型服务业增加值占生产总值的比重。知识密集型服务业，又称为高技术服务业，反映了一个地区知识密集型服务业的发展程度。该指标是反映知识服务业整体规模和产业效益的重要指标，是评估地区在知识密集型服务业的增长和变化情况的分析指标。

(3) 高技术产品出口额占商品出口额的比重。该指标可以反映一个国家或地区在高技术产品上的国际竞争力水平，反映了区域科技经济的外向度。

(4) 新产品销售收入占主营业务收入的比重。新产品销售收入是按国家统计局大中型工业企业科技活动统计指标中新产品的定义统计的销售收入。与主营业务收入相比，它能够反映出我国大中型工业企业采用新技术原理、新设计构思研制、生产的全新产品，或在结构、材质、工艺等某一方面比原有产品有明显改进，显著提高了产品性能或扩大了使用功能的产品对主营业务收入的影响作用。

4. 科技创新效益指标

资源型地区科技创新体系建立的最终目的是为了实现资源型经济的转型发展，科技创新的过程与实施是否完善、科技创新能力的强弱最终都需要通过科技创新效益来体现。本节主要从经济效益、高新技术产业化效益和环境效益三个方面来衡量。

1) 经济效益

资源型地区的经济发展长期依赖资源的驱动，而科技创新对地区的经济转型具有深远的战略意义。科技创新会通过科技成果市场化与产业化产生经济效益，转变经济增长的驱动力，推动经济发展从要素驱动向创新驱动转变，是资源型地区坚持把科技进步和创新作为加快转变经济发展方式的重要推动力。总之，科技创新能力应最终体现在对资源型地区转型发展中经济增长的贡献上。科技创新能否有效提升资源型地区的人民生活水平，能否有力促进地区经济更好更快发展，已成为衡量科技创新能力的重要衡量因素之一。在此，本书用人均 GDP、劳动生产率、资本生产率、综合能耗产出率四个指标来衡量。

(1) 人均 GDP。该指标是重要的宏观经济指标之一，是人们了解和把握一个国家或地区的宏观经济运行状况的有效工具。它将一个国家核算期内（通常是一年）实现的 GDP 与这个国家的常住人口（目前使用户籍人口）相比进行计算，从而可以得到人均 GDP。

(2) 劳动生产率。该指标是指劳动者在一定时期内创造的劳动成果与其相适应的劳动消耗量的比值。劳动生产率水平可以用同一劳动在单位时间内生产某种产品的数量来表示，单位时间内生产的产品数量越多，劳动生产率就越高；也可以用生产单位产品所耗费的劳动时间来表示，生产单位产品所需要的劳动时间越少，劳动生产率就越高。

(3) 资本生产率。资本生产率反映的是资本投入和经济产出之间的关系，即生产总值与资本投入之比。

(4) 综合能耗产出率。该指标是考核资源利用效率的重要指标，即一千克标准煤能产生多少元的产出。

2）高新技术产业化效益

高新技术产业化是高新技术创新成果商品化、市场化的过程，是一个从创新成果到形成一定规模商品生产的转化过程。科技进步通过科技成果的转化而形成生产力，最突出的表现为高新技术产业化，包括高技术产业的产出水平、高技术产业的劳动效率、附加价值水平、对经济增长的贡献等效益状况。高新技术产业具有高于一般产业所产生的经济效益和社会效益，对于改变资源型地区、社会的产业结构、消费结构和社会劳动分工具有十分重要的战略作用。高新技术产业化效益主要用以下三个指标来衡量。

（1）高技术产业劳动生产率。该指标为高技术产业增加值与高技术产业就业人员之比，反映了高技术产业劳动投入与产出之间的关系。

（2）高技术产业增加值率。增加值率为增加值与总产值之比，是从统计上反映附加价值水平的重要指标。

（3）知识密集型服务业劳动生产率。该指标为知识密集型服务业增加值与知识密集型服务业就业人员之比，反映了知识密集型服务业劳动投入与产出之间的关系。

3）环境效益

我国资源型经济的发展长期以来依赖于自然资源的消耗，对生态环境造成了严重的破坏，严重制约着资源型经济的可持续发展。科技创新则是突破资源环境瓶颈制约、实现节能减排、促进绿色发展的强力支撑。因此，科技创新应突破传统科技的内涵，不再单纯以经济增长为唯一目的，而要紧紧围绕可持续发展的思想，充分考虑到科技创新所带来的经济效益、环境效益。环境效益指标将对资源型经济转型的评价具有十分重要的指导作用。在本书中，环境效益指标包括环境质量指数与环境污染治理指数两个子指标。

（1）环境质量指数。科技进步的重要作用之一就是国民生存环境的改善。该指标反映环境改善结果。具体计算公式为：环境质量指数＝城市空气达到二级以上天数所占比重×0.6＋二氧化硫减排标准/二氧化硫排放量×0.1＋水的化学需氧量减排标准/水的化学需氧量×0.3。

（2）环境污染治理指数。环境改善的努力体现为废水、废气和固体废物的治理。可将反映这三个方面治理效果的指标加权综合而形成环境污染治理指数，以反映各级政府的环境保护力度。具体计算公式为：环境污染治理指数＝工业废水排放达标率×50％＋工业废气治理率×30％＋固体废物综合治理率×20％。

第六章 基于山西省资源型经济转型的科技创新发展现状分析

第一节 科技创新评价分析方法的选择

一 科技创新评价的分析方法

通过文献回顾发现，随着科技创新评价研究的深入发展，区域科技创新的评价方法呈现出多样化。具有代表性的方法主要有以下几种。

1. *模糊数学综合评价法*

模糊综合评价是对受多种因素影响的事物做出全面评价的一种多因素决策方法。其特点是评价结果不是被绝对肯定或否定，而是以一个模糊集合来表示。由于区域科技创新能力指标之间相关性的存在，运用模糊数学综合评价法建立综合评价的模式，可以将复杂的评价问题演变为一个较为简单的模糊变换。但是，由于指标体系中有些指标具有模糊性，难以用一个确定的数值来评价，这时可以采用语意变量的概念描述主观评估值。语意变量是以自然词语为值来表达评估者对评估值好坏程度的感受，用于处理不明确或模糊的信息。例如，谷国峰、滕福星（2003）运用模糊数学的方法构建了区域科技创新的评价指标体系，并采用模糊数学中的综合评价法进行评价。通过指标标准化，确定权重值，计算指标值，计算区域科技创新活动评价值等一系列分析程序研究科技创新的评价结果。此外，唐炎钊（2004）针对区域科技创新能力的问题，也运用该方法提出了一个区域科技创新能力的模糊综合评估模型，并运用该模型对广东省科技创新能力进行评价。

2. *灰色多层次综合评价法*

人们常用颜色深浅表示信息的完备程度，将系统分为三类。其中，信息完全明确的系统称为白色系统，信息完全不明确的系统称为黑色系统，信息部分明确、部分不明确的系统称为灰色系统。经济系统、管理系统、生态系统等都是灰色系统。采用灰色多层次评价法对区域科技创新能力进行评价，是因为它是一个由若干多层次的、复杂的指标组合而成的指标体系。在该评价系统中，存在部分信息确知、部分信息未知，具有“灰色”的特征，因此，采用此方法进行评价比较适宜。此外，在灰色关联度评价的过程中，需要确定各级指标的权重，而综合评价过程中权重的确定是否科学、合理，直接影响着评价的有效性。因此，应用灰色多层次综合评价法常常通过客观赋权法来确定各指标的权数，即权重系数的大小是各个指标在指标总体中的变异程度和其他指标影响程度的度量，赋权的原始信息直接来源于客观环境，可根据各指标所提供的信息量的大小来决定相应指标的权重系数，能尽量减小评价结果的主观随意性。例如，唐炎钊等（2001）运用灰色综合评价法对广东科技创新能力评价进行了实证研究。

3. 因子分析法

因子分析法（factor analysis）是处理多变量数据的一种统计分析方法，是以最少的信息丢失将众多的观测变量浓缩为少数几个因子，来概括和解释具有错综复杂关系的大量观测事实，从而建立起最简洁、最基本的概念系统，以揭示出事物之间最本质的联系。区域技术创新能力的评价指标之间存在一定相关性，使得各变量的统计信息交叉、重叠，增加了分析问题的复杂性。因此，因子分析法是近年来进行区域科技创新能力评价的常用方法之一。通过因子分析方法，可以综合得出若干个主要综合指标，这些指标不仅能够反映原来变量的主要信息，而且彼此相互独立，使变量分析简洁、明了，避免了由于信息重复引起分析问题的虚假性。

例如，李宗璋、林学军（2002）提出了科技创新指标体系的设置架构，探讨了如何运用因子分析法对该多元指标体系做出评价，并结合中国 25 个省区的实际数据进行了实证分析，同时也验证了该评价方法的可行性和合理性。杨艳萍（2007）利用因子分析法对中原城市群的科技创新能力进行了综合评价和比较分析。卢江勇、蒋和平（2008）构建了中国农业区域科技创新能力评价指标体系，并采用因子分析法对中国 31 个省区的农业科技创新能力进行定量评价。杨大楷、冯体一（2008）以构建长江三角洲区域科技创新能力评价指标体系为基础，采用因子分析方法对该地区的科技创新能力进行了实证研究。

4. 数据包络分析法

虽然使用随机前沿方法、自由分布方法等参数法进行创新效率评价能够将纯粹的随机误差与非效率值分离，但是不恰当的函数形式或误差项的分布假设会产生错误的评价结论。由 Charnes 等（1978）创建的数据包络分析（data envelopment analysis，DEA）方法是评价具有多个输入和输出决策单元（decision making unit，DMU）间相对有效性的非参数方法，不需要关于输入和输出之间任何函数形式的假设，度量的是相对于帕累托效率前沿的效率，即实践中相对最好的效率。池仁勇等（2004）采用 DEA 方法对我国 30 个省区 2000 年的技术创新效率进行了测定。官建成等（2005）将专利作为中间产品，采用 DEA 方法的CCR模型，对我国1995～2001年的30个省区的创新效率进行了评价，并按照有效性值将我国各个地区分为若干个不同梯度。李婧等（2008）、李守伟（2010）也运用该方法分别对我国省际区域、江苏省沿江8个地（市）的科技创新能力进行了实证研究。

此外，层次分析法也在区域科技创新能力评价方面得到了应用。例如，沈菊华（2005）利用层次分析法对江苏省连云港市在1990～2002年的科技创新能力进行了纵向评价。陈丽佳（2009）以广东各地（市）为研究对象，在构建农业科技创新能力评价指标体系的基础上，采用多指标多层次分析法，对广东各地（市）农业科技创新能力进行综合分析，得出地市的排名及创新层次。也有学者通过综合运用多种评价方法对区域科技创新能力的评价和分类展开研究。例如，张克英等（2005）通过灰色系统理论、客观赋权和聚类分析等评价方法的综合运用，对我国12省区的科技创新综合评价指标进行了评价分析。朱玉春、黄增健（2008）采用因子分析方法对具有相关性的指标进行降维，得出各区域的综合主成分得分并进行排名，然后运用多元统计中的聚类分析方法将各个区域进行归类，使它们在相同区域内具有相近的区域科技创新能力。

综上所述，学术界在区域科技创新能力评价方法的选择上尚未形成比较一致的共识，而在不断探索跨领域、跨学科的评价方法及其不同评价方法的综合应用，以期能够更加客观、科学、有效地对区域科技创新能力的评价展开研究。

二 评价方法的确定

在客观、公正的原则下，本章拟采用因子分析法对基于山西省资源型经济转型的科技创新发展现状进行分析。

（一）因子分析法的特点

因子分析是多元统计分析技术的一个分支，其主要目的是浓缩数据。在许多领域的科学研究中往往需要对多变量进行大量的样本数据分析，以寻找内在的科学规律。虽然，多变量的大样本数据为科研提供了丰富的观测信息，但是，在增加了数据采集工作量的同时，由于许多变量之间可能存在的相关性，还会增加问题分析的复杂性，并且由此产生变量间的多重共线性将导致极大的统计误差。然而，如果分别对每个指标进行分析，又有可能会由于分析的孤立性而导致综合性的系统思考。同时，盲目减少指标数还会导致信息的缺乏，从而容易得出错误的结论。运用因子分析方法则可以有效避免由于多变量的大样本数据所带来的上述统计问题。

首先，因子分析法可以避免信息的重复，并克服权重确定的主观性。运用因子分析法进行综合评价多用权数属于信息量权数，与根据评判者对指标自身重要程度的估计而确定的估价权数不同。它是根据指标所含区分样本的信息量的多少来确定指标的重要程度的，是伴随数学变换过程内在生成的，并伴随样本集合的变化，不能人为调整。因此，采用信息量权数将有助于客观的反映样本间的现实关系，提高综合评价的效度。其次，因子分析法通过对原始变量的标准化处理和数学变换，可以消除指标间的相关影响及由于指标分布不同和数据本身差异造成的不可比性，从方法源头保证了评价的质量。同时，因子分析方法可以通过深入剖析众多变量间的内在依赖关系，寻求这些数据的基本结构，并以降维的方法用尽量少的公因子来表示基本数据结构。具体的，它能够将构成评价指标体系的众多原始指标所载信息浓缩并转存到因子中，并可根据实际问题所要求的精度，通过对主因子数目的控制，调整转存信息量的大小。最后，因子分析法进行综合评价全过程电算化，可以方便地得到客观评价结果，从而易于抓住主要矛盾，达到对事物本质的认识，以更好地起到参谋决策的作用，同时也大大提高了评价本身的效率。

总之，因子分析法能够较好地解决在科学构建科技创新能力指标评价体系的全面性与独立性的矛盾，并提高了统计分析工作的效度与效率。结合本书，由于前述构建的资源型经济转型的科技创新指标体系中所涉及的变量数量多达35个，拟进行的纵向趋势研究和横向对比研究需要采集的数据量较大，各变量之间在一定程度上存在着相关性。因此，本章拟采用因子分析法对所收集的大量数据样本进行全面分析。

（二）因子分析法的基本原理

因子分析法的基本原理就是通过对变量相关系数矩阵的内部结构进行分析，用较少的互相独立的因子反映原始变量的绝大部分信息。

设原有 n 个变量 x_1，x_2，…，x_n，且每个变量（或经过标准化处理后）的均值为 0，标准差为 1。先将每个原有变量用 k 个因子 f_1，f_2，…，f_k的线性组合表示，如下式所示。

$$\begin{cases} x_1 = a_{11}f_1 + a_{12}f_2 + \cdots + a_{1k}f_k + \varepsilon_1 \\ x_2 = a_{21}f_1 + a_{22}f_2 + \cdots + a_{2k}f_k + \varepsilon_2 \\ \cdots\cdots\cdots\cdots \\ x_n = a_{n1}f_1 + a_{n2}f_2 + \cdots + a_{nk}f_k + \varepsilon_n \end{cases}$$

且满足下列条件：

(1) $E(f)=0$，$D(f)=1$；

(2) $E(\varepsilon)=0$，$D(\varepsilon)=\mathrm{diag}(\sigma_1^2, \sigma_2^2, \cdots, \sigma_p^2)$；

(3) $Cov(f, \varepsilon)=0$。

上式的因子分析模型可以用矩阵形式 $\boldsymbol{X}=\boldsymbol{AF}+\varepsilon$ 来表示。其中，F 为因子，因子可理解为高维空间中互相垂直的 k 个坐标轴。它出现在每个原有变量的线性表达式中，因此又被称为公共因子。因子可理解为高维空间中互相垂直的 k 个坐标轴；$\boldsymbol{A}$ 称为因子载荷矩阵，a_{ij}（$i=1$，2，…，n；$j=1$，2，…，k）称为因子载荷，是第 i 个原有变量在第 j 个因子上的负荷。如果把变量 x_i 看成 k 维因子空间中的一个变量，则 a_{ij} 表示 x_i 在坐标轴 f_j 上的投影，相当于多元线性回归模型中的标准化回归系数；ε 称为特殊因子，表示原有变量不能被因子解释的部分，其均值为 0，相当于多元线性回归模型中的残差。

（三）因子分析法的实施步骤

根据本项目研究需要，因子分析的具体实施步骤如下。

（1）对所搜集到各评价指标的原始数据进行标准化处理（即无量纲化），以减少评价指标的不同量纲对评价结果的影响，使指标具有可比性，并求出标准化后的指标间的相关系数矩阵。

（2）计算相关系数矩阵的特征值，并根据特征根大于 1 的原则，找出主因子及其贡献率。

（3）计算因子载荷矩阵。

（4）计算主因子得分。主因子是原始变量某类性质的抽象表示，其数值无法直接观测，但在实际的统计分析中，我们希望用具体数值来描述主因子作为一个综合指标在个体上水平的差异，就需要利用公共因子和原始变量的关系，估计出不同公共因子的得分。常用的估计因子得分的方法有：回归法、巴特莱特法和汤姆森法。由于各个指标数值均进行了标准化处理，被比较对象的平均水平为 0。如果大于 0，表示高出平均水平，如果小于 0 则表示低于平均水平。

（5）计算综合得分。综合得分由每个主因子的得分加权求和得出，其中权数由各个主因子的贡献率在累计贡献率中所占的比例确定。

虽然因子分析的计算过程比较复杂，但是通过运用 SPSS 统计软件中的因子分析（FACTOR）模块可以十分方便地完成上述运算，为我们的实际分析提供了有力的运算支持。

第二节　山西省科技创新发展的纵向趋势分析

本节将对山西省科技创新体系建设情况进行纵向的趋势分析。考虑到数据的时效性和可得性，拟以 2007～2011 年山西省科技创新评价体系中各指标的原始数据为基础，对山西省在这 5 年中科技创新体系的发展趋势进行评价，以期为山西省科技创新系统的构建及其未来发展战略的制订提供有价值的借鉴。

一 研究样本的选取

本研究报告以山西省为研究对象，通过全国科技进步统计监测报告、中国科技统计数据和国家统计局网站等数据收集渠道，选取了山西省 2007～2011 年科技创新评价体系的各项指标的原始数据，为山西省科技创新发展的趋势分析提供数据基础。各指标的原始数据，详见附录 1。

首先将科技创新系统指标评价体系进行编码，见表 6-1。

表 6-1 基于资源型经济转型的科技创新系统指标评价体系编码表

一级指标	二级指标	三级指标	单位
科技创新基础指标（X_1）	科技人力资源（X_{11}）	万人专业技术人员数（X_{111}）	（人/万人）
		万人大专以上学历人数（X_{112}）	（人/万人）
	科技物质条件（X_{12}）	每名 R&D 活动人员新增仪器设备费（X_{121}）	（万元/人）
		科研综合技术服务新增固定资产占全社会新增固定资产的比重（X_{122}）	（%）
	科技基础设施（X_{13}）	百户居民计算机拥有量（X_{131}）	（台/百户）
		万人国际互联网络用户数（X_{132}）	（户/万人）
		百人固定电话和移动电话用户数（X_{133}）	（户/百人）
	科技意识（X_{14}）	万名就业人员专利申请量（X_{141}）	（项/万人）
		科研与综合技术服务业平均工资与全社会平均工资比例系数（X_{142}）	（%）
		万人吸纳技术成果的金额（X_{143}）	（万元/万人）
科技创新投入指标（X_2）	人力投入（X_{21}）	万人 R&D 研究人员数（X_{211}）	（人/万人）
		企业 R&D 研究人员占全社会 R&D 研究人员的比重（X_{212}）	（%）
	财力投入（X_{22}）	R&D 经费支出（X_{221}）	（亿元）
		R&D 经费支出占 GDP 的比重（X_{222}）	（%）
		地方财政科技拨款占地方财政支出的比重（X_{223}）	（%）
		企业 R&D 经费支出占产品销售收入的比重（X_{224}）	（%）
		企业技术引进和消化吸收经费支出占产品销售收入的比重（X_{225}）	（%）
科技创新产出指标（X_3）	科技活动直接产出（X_{31}）	万名 R&D 活动人员科技论文数（X_{311}）	（篇/万人）
		获国家科技成果奖系数（X_{312}）	（项当量/万人）
		万名就业人员发明专利拥有量（X_{313}）	（项/万人）
	科技成果市场化（X_{32}）	万人技术成果成交额（X_{321}）	（万元/万人）
		万名 R&D 活动人员向国外转让专利使用费和特许费（X_{322}）	（万美元/万人）
	科技成果产业化（x_{33}）	高技术产业增加值占工业增加值的比重（X_{331}）	（%）
		知识密集型服务业增加值占生产总值的比重（X_{332}）	（%）
		高技术产品出口额占商品出口额的比重（X_{333}）	（%）
		新产品销售收入占主营业务收入的比重（X_{334}）	（%）

续表

一级指标	二级指标	三级指标	单位
科技创新效益指标（X_4）	经济效益（X_{41}）	人均 GDP（X_{411}）	（万元）
		劳动生产率（X_{412}）	（万元/人）
		资本生产率（X_{413}）	（万元/万元）
		综合能耗产出率（X_{414}）	（元/千克标准煤）
	高新技术产业化效益（X_{42}）	高技术产业劳动生产率（X_{421}）	（万元/人）
		高技术产业增加值率（X_{422}）	（%）
		知识密集型服务业劳动生产率（X_{423}）	（万元/人）
	环境效益（X_{43}）	环境质量指数（X_{431}）	（%）
		环境污染治理指数（X_{432}）	（%）

二 原始数据处理

在山西省 2007～2011 年连续 5 年的科技创新发展趋势分析中，由于评价指标比较多，并且各指标的单位、评价内容及数量级都不一样，需要对相关原始数据进行标准化处理，以消除变量间在数量级上或量纲上的不同而产生的影响。

指标的标准化处理是为了消除由于变量间在数量级或量纲上的差异对评价结果的影响，以使每个变量的平均值为 0，方差为 1。进行标准化的公式为

$$X_{ij}^{*}\frac{x_{ij}-\overline{x}_j}{\sigma_j}\quad (i=1,\ 2,\ \cdots,\ p)$$

其中，

$$\overline{x}_j=\frac{1}{n}\sum_{i=1}^{n}x_{ij},\qquad \sigma_j=\sqrt{\frac{1}{n-1}\sum_{i=1}^{n}(x_{ij}-\overline{x}_j)^2}$$

运用 SPSS15.0 统计软件可以直接利用描述性统计过程得到标准化的数据，详见附录 2。

三 数据的因子分析及评价结果

（一）科技创新基础分析

从 2007～2011 年山西省科技创新系统指标评价标准化数据（附录 2）中，选取一级指标中全国科技创新基础指标的标准化数据，运用 SPSS15.0 统计软件进行因子分析，经整理得到的分析结果，如表 6-2～表 6-4 所示。

首先，运用主成分分析法进行初始因子分析。通过对科技创新基础指标中 10 个因子的原始数据进行主成分分析，提炼出特征根大于 1 的 2 个主因子及其有关参数，这 2 个因子占总方差的比例为 94.309%，可以概括原始数据的绝大部分信息，因此，采用主成分分析法选定两个主因子是比较理想的，详见表 6-2。

表 6-2 2007～2011 年山西省科技创新基础指标数据的全部解释方差表

因子序号	初始特征根			因子提取结果		
	方差	方差贡献率/%	方差累计所占比重/%	方差	方差贡献率/%	方差累计所占比重/%
1	7.388	73.879	73.879	7.388	73.879	73.879
2	2.043	20.431	94.309	2.043	20.431	94.309
3	0.357	3.569	97.878			
4	0.212	2.122	100.000			
5	9.396×10^{-16}	9.396×10^{-15}	100.000			
6	2.324×10^{-16}	2.324×10^{-15}	100.000			
7	9.584×10^{-17}	9.584×10^{-16}	100.000			
8	2.075×10^{-17}	2.075×10^{-16}	100.000			
9	-1.516×10^{-16}	-1.516×10^{-15}	100.000			
10	-1.964×10^{-16}	-1.964×10^{-15}	100.000			

通过 SPSS 软件也得出了因子载荷分析的结果，表 6-3 显示了 2 个主因子与科技创新基础指标变量间的载荷矩阵，即因子载荷矩阵。

表 6-3 2007～2011 年山西省科技创新基础指标数据的因子载荷矩阵

二级指标	三级指标	主因子	
		1	2
科技人力资源	万人专业技术人员数	0.863	0.491
	万人大专以上学历人数	0.934	−0.234
科技物质条件	每名 R&D 活动人员新增仪器设备费	−0.880	0.242
	科研综合技术服务新增固定资产占全社会新增固定资产的比重	0.479	−0.780
科技基础设施	百户居民计算机拥有量	0.999	−0.005
	万人国际互联网络用户数	0.996	0.066
	百人固定电话和移动电话用户数	0.964	0.245
科技意识	万名就业人员专利申请量	0.987	0.041
	科研和综合技术服务业平均工资与全社会平均工资比例系数	−0.635	0.707
	万人吸纳技术成果金额	0.687	0.717

在表 6-3 所示的因子载荷矩阵中，显示出各变量与主因子之间的载荷系数。由此可以得到山西省科技创新基础指标数据的各主因子得分表达式如下

$$F_1=0.863X_{111}+0.934X_{112}-0.880X_{121}+0.479X_{122}+0.999X_{131}+0.996X_{132}+0.964X_{133}+0.987X_{141}-0.635X_{142}+0.687X_{143}$$

$$F_2=0.491X_{111}-0.234X_{112}+0.242X_{121}-0.780X_{122}-0.005X_{131}+0.066X_{132}+0.245X_{133}+0.041X_{141}+0.707X_{142}+0.717X_{143}$$

将附录 2 中的山西省 2007～2011 年科技创新基础部分的标准化数据代入以上各主因子的表达式，即可计算出山西省在上述 5 年中每年的 2 个主因子得分，如表 6-4 所示。

表 6-4　2007～2011 年山西省科技创新基础指标数据的主因子得分

年份	F_1	F_2
2007	−8.928 8	−2.059 4
2008	−5.220 7	1.170 0
2009	−0.040 7	1.182 1
2010	4.780 8	2.049 6
2011	9.409 4	−2.342 3

虽然，通过主成分分析提取出科技创新基础的 2 个主因子，但是单独使用某一个主因子并不能对山西省 2007～2011 年连续 5 年的科技创新基础做出评价，因此，还需要对提取出的 2 个主因子进行综合统计，本研究将按主因子对应的方差贡献率为权数进行计算综合因子得分，详见表 6-5。

表 6-5　2007～2011 年山西省科技创新基础指标数据的主因子权数

	λ_1	λ_2	合计
权数	7.388	2.043	9.43
权重	0.78	0.22	1

由表 6-5 可以得到山西省 2007～2011 年连续 5 年的科技创新基础评价的具体公式为

$$F=0.78F_1+0.22F_2$$

将表 6-4 中主因子 F_1、F_2得分分别代入上式，得到山西省 2007～2011 年连续 5 年的科技创新基础部分的综合评价得分，见表 6-6 和图 6-1。

表 6-6　2007～2011 年山西省科技创新基础的评价得分及排名

年份	F	排名
2007	−7.417 6	5
2008	−3.814 7	4
2009	0.228 3	3
2010	4.179 9	2
2011	6.824 0	1

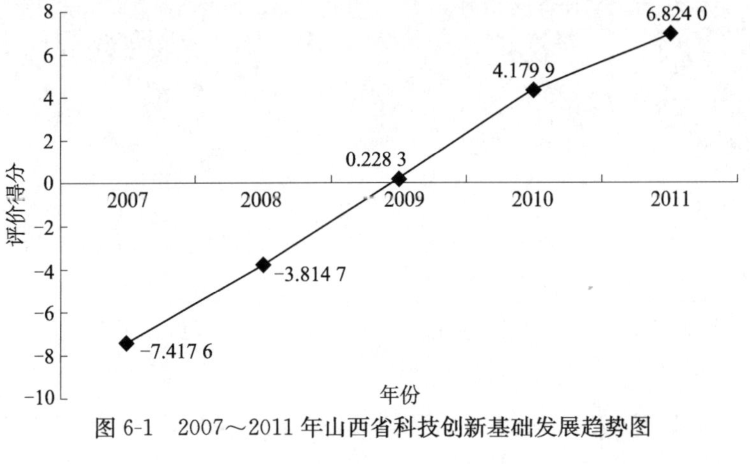

图 6-1　2007～2011 年山西省科技创新基础发展趋势图

从图 6-1 可以看出，2007～2011 年山西省科技创新基础建设呈现逐年上升态势，评价得分从 2009 年开始由负转正，至 2011 年已得到了较大发展。同时，山西省科技创新基础每年增幅较大，2008 年、2009 年、2010 年、2011 年环比分别增长 48.6%、106%、173.1%、63.3%，5 年的年均增长率为 97.8%。由此可见，山西省在这 5 年间不断加强科技创新基础建设，为科技创新体系提供了基础保障。

据统计数据显示，山西省高学历人才数量正在稳步增长。这一事实也从一定程度上印证了山西省科技创新基础建设的不断发展。具体的，2010 年，山西省本科及以上学历的研发人员达到 3.17 万人，比 2009 年增长 19.92%，在全省研发人员中所占份额由 2009 年的 40.57%提高到 47.28%。其中，具有博士学历的有 0.24 万人，占本科及以上学历的 7.63%，比 2009 年增长 5.54%；具有硕士学历的有 0.83 万人，占 26.06%，增长 9.91%；具有本科学历的有 2.1 万人，占 66.3%，增长 26.43%。[①] 此外，近年来，山西省通过盘活存量资源、做大增量资源、合理配置资源，全省科技基础条件明显改善。至 2011 年年底，全省省级以上重点实验室 28 个，省级以上工程技术（研究）中心达 53 家，省级以上国际科技合作基地 24 个，省级以上企业技术中心 160 家。现代农业产业技术体系建设步伐加快，在玉米、小麦、谷子、食用菌等 17 个领域搭建创新平台（姚琦等，2012）。

总体来说，山西省科技创新基础建设处于快速发展中，为山西省科技创新能力的提升打下了坚实基础。

（二）科技创新投入分析

从 2007～2011 年山西省科技创新系统指标评价标准化数据（附录 2）中，选取一级指标中全国科技创新投入指标的标准化数据，运用 SPSS15.0 统计软件进行因子分析，经整理得到的分析结果，如表 6-7～表 6-9 所示。

表 6-7　2007～2011 年山西省科技创新投入指标数据的全部解释方差表

因子序号	初始特征根			因子提取结果		
	方差	方差贡献率/%	方差累计所占比重/%	方差	方差贡献率/%	方差累计所占比重/%
1	3.864	55.197	55.197	3.864	55.197	55.197
2	1.580	22.569	77.766	1.580	22.569	77.766
3	1.426	20.375	98.141	1.426	20.375	98.141
4	0.130	1.859	100.000			
5	1.878×10^{-16}	2.683×10^{-15}	100.000			

① 根据山西统计信息网（http：//www.stats-sx.gov.cn）相关数据整理。

续表

因子序号	初始特征根			因子提取结果		
	方差	方差贡献率/%	方差累计所占比重/%	方差	方差贡献率/%	方差累计所占比重/%
6	9.351×10^{-17}	1.336×10^{-15}	100.000			
7	-1.042×10^{-16}	-1.489×10^{-15}	100.000			

表 6-7 可看出，通过主成分分析法对科技创新基础指标中 7 个因子的原始数据进行初始因子分析，提炼出特征根大于 1 的 3 个主因子及其有关参数。这 3 个主因子占总方差的比重为 98.141%，可以概括原始数据的绝大部分信息，因此，采用主成分分析选取 3 个主因子进行评价是科学合理的（表 6-8）。

表 6-8　2007～2011 年山西省科技创新投入指标数据的因子载荷矩阵

二级指标	三级指标	主因子		
		1	2	3
人力投入	万人 R&D 研究人员数	−0.974	0.192	−0.110
	企业 R&D 研究人员占全社会 R&D 研究人员的比重	−0.555	0.444	0.701
财力投入	R&D 经费支出	0.769	0.413	0.448
	R&D 经费支出占 GDP 的比重	0.834	0.510	−0.208
	地方财政科技拨款占地方财政支出的比重	−0.457	0.866	−0.059
	企业 R&D 经费支出占产品销售收入的比重	0.860	0.297	−0.408
	企业技术引进和消化吸收经费支出占产品销售收入的比重	0.610	−0.276	0.713

在表 6-8 所示的因子载荷矩阵中，显示出各变量与主因子之间的载荷系数。由此可以得到山西省科技创新投入指标数据的各主因子表达式如下

$$F_1=-0.974X_{211}-0.555X_{212}+0.769X_{221}+0.834X_{222}-0.457X_{223}+0.860X_{224}+0.610X_{225}$$

$$F_2=0.192X_{211}+0.444X_{212}+0.413X_{221}+0.510X_{222}+0.866X_{223}+0.297X_{224}-0.276X_{225}$$

$$F_3=-0.110X_{211}+0.701X_{212}+0.448X_{221}-0.208X_{222}-0.059X_{223}-0.408X_{224}+0.713X_{225}$$

将附录 2 中的山西省 2007～2011 年科技创新投入部分的标准化数据代入以上各主因子的表达式中，即可计算出山西省在上述 5 年中每年的 3 个主因子得分，如表 6-9 所示。

表 6-9　2007～2011 年山西省科技创新投入指标数据的主因子得分

年份	F_1	F_2	F_3
2007	−2.031 4	−2.702 2	−0.376 6
2008	−3.977 2	0.434 4	−0.060 0
2009	−2.853 1	0.098 5	−0.270 1
2010	3.679 6	−0.371 2	−1.727 1
2011	5.177 6	2.541 5	2.433 3

通过主成分分析提取出3个主因子。为对山西省2007～2011年连续5年的科技创新投入作出综合性评价，进一步按照各主因子的方差贡献率为权数进行综合评价，详见表6-10。

表6-10　2007～2011年山西省科技创新投入指标数据的主因子权数

	λ_1	λ_2	λ_3	合计
权数	3.864	1.580	1.426	6.87
权重	0.56	0.23	0.21	1

由表6-10可得，山西省2007～2011年连续5年的科技创新基础评价的计算公式为：

$$F=0.56F_1+0.23F_2+0.21F_3$$

将表6-9中主因子F_1、F_2、F_3得分分别代入上式，得到山西省2007～2011年连续5年的科技创新投入部分的综合评价得分，见表6-11。

表6-11　2007～2011年山西省科技创新投入的评价得分及排名

年份	F	排名
2007	−1.838 2	4
2008	−2.140 0	5
2009	−1.631 8	3
2010	1.612 5	2
2011	3.995 0	1

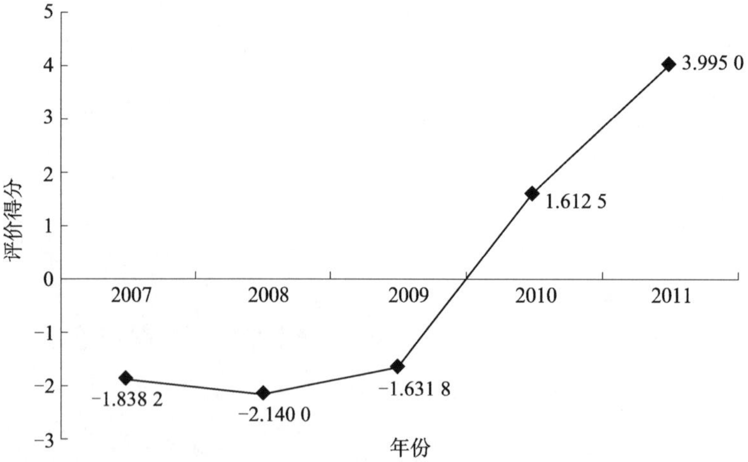

图6-2　2007～2011年山西省的科技创新投入趋势图

从图6-2可以看出，在2007～2011年，山西省的科技创新投入在2007～2009年投入基本持平，其中2008年略有所下降，环比下降16.4%，从2009年起则呈现出较快发展的势头，2010年、2011年环比增长率分别为198.8%、

147.8%。从总体上，在这5年期间，山西省科技创新投入年平均增长率为96.7%。

在这5年期间，山西省加大科技创新投入有目共睹。其中，人力投入方面，2010年全省研发人员共计6.7万人，比上年增加0.19万人，增长率为2.88%。山西省R&D资源清查结果表明，2009年全省共有各类研究开发机构628个。机构中专门从事研发活动的人员达到1.8万人，是2000年的1.7倍。此外，高等院校研发人员数量明显增长。2010年，全省高等院校共有研发人员1.27万人，比上年增长11.75%；政府所属研究机构研发人员0.64万人，增长5.78%；各类企业研发人员4.6万人，增长0.64%。高等院校净增研发人员0.13万人，对全省增量的贡献为71.04%。2011年9月，山西省颁布了《山西省中长期人才发展规划纲要（2010—2020年）》，实施海外高层次人才引进工程（“百人计划”）、“333人才工程”、高端创新型人才引进和培养工程、新兴产业领军人才培养和引进工程、高技能人才开发工程等，引进培养了一批高层次领军人才，带动了科技人才队伍进一步壮大，激发了科技人员的积极性和创造性。2011年，全省R&D人员折合全时当量4.74万人年，比2006年增加22.2%。①

在财力投入方面，近年来，山西省政府通过积极的财政政策、项目扶持等政策在推进科技创新投入方面起到重要作用。山西省R&D资源清查结果显示，2009年，山西省用于研发活动的政府资金为13.7亿元，是2000年的3.8倍，年平均增长15.8%。其中，以科技项目资助为基本组织方式着力开展研发活动。据统计，全省10万元及以上研发项目中，政府设立的项目超过4000个，占46.5%，提高了7.2%。此外，在财政科技投入引导下，山西省研发经费投入呈现快速增长态势。2000年以来，年均增长率为26.3%。2009年研发经费支出达到80.9亿元，其增长速度比全国平均水平高出3%。2010年山西省研发经费投入持续增长，投入总额达到89.9亿元，比上年增长11.2%。其中，2010年，省级企业技术中心户均科技活动经费支出额达8582万元，户均拥有的科技活动人员数为345人，已成为山西省科技创新的核心力量。2011年，全省R&D投入达113.39亿元，是2006年的3.12倍。

总之，山西省科技创新投入朝积极的方向发展，并取得了很大进展。山西省深入实施科技兴省战略，通过加强人才开发与培养和财政上的投入，积极推动了科技创新重大举措的落实，打造了一批科技创新平台，实施了一批重大科技专项，引进了一批科技领军人才，形成了一批科技创新团队，取得了一批重大科技成果，为山西省以科技创新驱动资源型经济转型发展提供了

① 根据山西统计信息网（http://www.stats-sx.gov.cn）相关数据整理。

坚实的保障。

（三）科技创新产出分析

从2007～2011年山西省科技创新系统指标评价标准化数据（附录2）中，选取一级指标中全国科技创新产出指标的标准化数据，运用SPSS15.0统计软件进行因子分析，经整理得到的分析结果，如表6-12～表6-14所示。

表6-12　2007～2011年山西省科技创新产出指标数据的全部解释方差表

因子序号	初始特征根			因子提取结果		
	方差	方差贡献率/%	方差累计所占比重/%	方差	方差贡献率/%	方差累计所占比重/%
1	5.094	56.596	56.596	5.094	56.596	56.596
2	2.307	25.632	82.228	2.307	25.632	82.228
3	1.207	13.409	95.638	1.207	13.409	95.638
4	0.393	4.362	100.000			
5	8.948×10^{-17}	9.942×10^{-16}	100.000			
6	-2.899×10^{-17}	-3.221×10^{-16}	100.000			
7	-7.045×10^{-17}	-7.828×10^{-16}	100.000			
8	-1.936×10^{-16}	-2.151×10^{-15}	100.000			
9	-1.436×10^{-15}	-1.595×10^{-14}	100.000			

从表6-12可看出，经过对科技创新基础指标中9个因子的原始数据进行主成分分析，提炼出特征根大于1的3个主因子及其有关参数，这3个主成分占总方差的比重为95.638%，可以概括原始数据的绝大部分信息，采用主成分分析法进行初始因子分析评价是科学合理的，故选定3个主因子（表6-13）。

表6-13　2007～2011年山西省科技创新产出指标数据的因子载荷矩阵

二级指标	三级指标	主因子		
		1	2	3
科技活动直接产出	万名R&D活动人员科技论文数	0.776	−0.268	0.567
	获国家科技成果奖系数	0.820	−0.484	0.136
	万名就业人员发明专利拥有量	0.915	0.306	−0.228
科技成果市场化	万人技术成果成交额	0.755	0.649	−0.031
	万名R&D活动人员向国外转让专利使用费和特许费	0.386	−0.795	0.179
科技成果产业化	高技术产业增加值占工业增加值的比重	0.062	0.559	0.825
	知识密集型服务业增加值占生产总值的比重	0.894	−0.370	−0.254
	高技术产品出口额占商品出口额的比重	0.701	0.636	−0.165
	新产品销售收入占主营业务收入的比重	−0.984	0.008	0.098

在表6-13所示的因子载荷矩阵中，显示出各变量与主因子之间的载荷系数。由此可以得到山西省科技创新产出指标数据的各主因子得分计算公式

$$F_1=0.776X_{311}+0.820X_{312}+0.915X_{313}+0.755X_{321}+0.368X_{322}+0.062X_{331}$$

$+0.894X_{332}+0.701X_{333}-0.984\ X_{334}$

$F_2=-0.268X_{311}-0.484X_{312}+0.306X_{313}+0.649X_{321}-0.795X_{322}+0.559X_{331}-0.37X_{332}+0.636X_{333}+0.008\ X_{334}$

$F_3=0.567\ X_{311}+0.136\ X_{312}-0.228\ X_{313}-0.031\ X_{321}+0.179\ X_{322}+0.825\ X_{331}-0.254X_{332}-0.165\ X_{333}+0.098\ X_{334}$

将附录 2 中的山西省 2007～2011 年科技创新产出部分的标准化数据代入以上各主成分的表达式，即可计算出山西省在上述 5 年中每年的 3 个主因子得分，如表 6-14 所示。

表 6-14　2007～2011 年山西省科技创新产出指标数据的主因子得分

年份	F_1	F_2	F_3
2007	−4.437 8	−2.102 4	−1.319 4
2008	−1.456 5	−1.633 2	1.947 4
2009	−1.961 6	0.905 3	−0.338 7
2010	−0.933 1	3.580 2	0.116 4
2011	8.788 9	−0.749 9	−0.405 7

通过上述主成分分析提取出 3 个主因子。现根据各因子的方差贡献率为权数，对山西省 2007～2011 年连续 5 年的科技创新投入做出综合评价，详见表 6-15。

表 6-15　2007～2011 年山西省科技创新产出指标数据的主因子权数

	λ_1	λ_2	λ_3	合计
权数	5.094	2.307	1.207	8.608
权重	0.59	0.27	0.14	1

由表 6-15 可以得到山西省 2007～2011 年连续 5 年的科技创新产出评价的具体计算公式

$$F=0.59F_1+0.27F_2+0.14F_3$$

将表 6-14 中主因子 F_1、F_2、F_3得分分别代入上式，得到山西省 2007～2011 年连续 5 年的科技创新产出评价得分，见表 6-16。其发展趋势，如图 6-3 所示。

表 6-16　2007～2011 年山西省科技创新产出的评价得分及排名

年份	F	排名
2007	−3.370 7	5
2008	−1.027 7	4
2009	−0.960 3	3
2010	0.432 4	2
2011	4.926 2	1

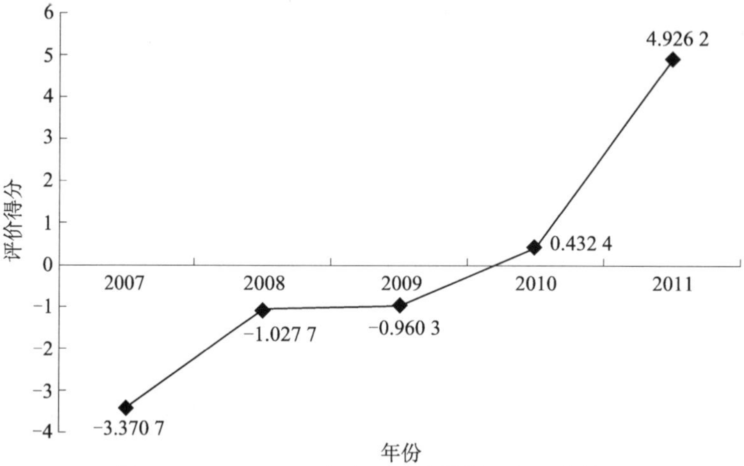

图 6-3　2007～2011 年山西省科技创新产出趋势图

从图 6-3 可以看出，2007～2011 年山西省科技创新产出情况从总体上呈现大幅增长态势。其中，从 2007 年到 2008 年的增幅为 69.5%，2008 年与 2009 年基本持平，此后，2009～2011 年呈现大幅增长，2010 年、2011 年环比分别增长 145%、1039.3%。2007～2011 年连续 5 年平均增长率为 315.1%。

从各个因子得分来看，会有这么大的增幅主要来源于 F_1 的贡献，尤其在 2010 年后的大幅增长中突出。2010～2011 年 F_1 得分从−0.9331 增长至 8.7889。从表 6-13 可以看出，在 F_1 的载荷系数中，新产品销售收入占主营业务收入的比重和万名就业人员发明专利的拥有量这两个指标起到了十分重要的作用，载荷系数都超过了 0.9。这说明山西省在新产品收入和发明专利的拥有量上取得大幅增长。

总体上，近年来，山西省先后出台并实施《山西省高新技术产业化项目管理办法》、《山西省高新技术产业发展条例》、《关于加快培育和发展战略性新兴产业的意见》等政策措施，并大力实施工业新型化“五个一工程”，打造农业现代化“三大板块”，推进创新能力建设“双百工程”和科技体制机制五大创新，并以转型发展重点领域关键技术攻关为突破口，加速了重大成果推广及产业化进程，进一步增强了对山西资源型经济转型发展的支撑引领作用。近年来，重点实施了煤层气抽采、现代煤化工、低碳与循环经济和高端装备制造关键技术及示范等一批重大科技专项，突破了一批涉及全局性、战略性的重大关键技术和重大战略产品，形成了一批标志性科技成果。同时，山西省着力以创新载体培育为重点搭建产学研合作平台，以企业技术中心建设作为提高企业创新能力的重要抓手，在管理体系、制度建设等方面做了大量富有成效的工作，初步形成了一整套切合企业实际、符合技术中心建设规律、适应技术中心发展需求的工作机制，有力推动了全省企业技术创新水平的提升。同时，鼓励高校科研院所与企业联合共建科技创新载体，促进了产学研的深度融合和协同创新。

另据统计，2009年山西省内申请的各类专利总数达6822件，是2000年的4.6倍，2000年以来的平均增长速度为18.6%；其中技术含量较高的发明专利2422件，是2000年的7.2倍，年平均增长速度达24.5%。[①] 2010年全省专利申请量呈现快速上升的势头，专利授权总量突破两万件。[②]在2011年，专利申请量从2006年的2824件猛增到12 774件，增长了3.5倍，授权量达4974件。此外，在2011年，山西省获国家科学技术奖14项，获奖数量创历史新高，远超“十一五”期间年均7项的水平，SCI、EI、ISTP收录的论文达到2329篇。在2012年，共获得国家科学技术奖9项，包括一项特等奖；争取国家科技项目资金7亿元以上，比2011年增长40%；技术合同成交总额124亿元，比2011年增长52%；全省年专利申请量再创新高，达到16 786件，比2011年增长31%。技术交易额和年专利申请量提前3年完成“十二五”科技发展规划目标[③]。在新产品的生产和销售方面，2009年全省规模以上工业企业完成新产品产值756.9亿元，实现新产品销售收入629.6亿元，分别为2000年的12.4倍和10.8倍；新产品产值、新产品销售收入占全部工业的比重分别达到8.2%和6.9%。[④]

综上所述，通过上述科技创新工作的大力推进，山西省传统产业科技含量稳步提升，高新技术产业迅速发展，专利申请量大幅增长，新产品产值不断增加，科技创新支撑、引领经济社会发展的作用显著提升。

(四) 科技创新效益分析

从2007～2011年山西省科技创新系统指标评价标准化数据（附录2）中，选取一级指标中全国科技创新产出指标的标准化数据，运用SPSS15.0统计软件进行因子分析，经整理得到的分析结果，如表6-17～表6-19所示。

表6-17　2007～2011年山西省科技创新效益指标数据的全部解释方差表

因子序号	初始特征根			因子提取结果		
	方差	方差贡献率/%	方差累计所占比重/%	方差	方差贡献率/%	方差累计所占比重/%
1	6.536	72.621	72.621	6.536	72.621	72.621
2	1.764	19.600	92.221	1.764	19.600	92.221
3	0.565	6.278	98.499			
4	0.135	1.501	100.000			

---

① 根据山西统计信息网（http://www.stats-sx.gov.cn）相关数据整理。

② 山西省人民政府网站（http://www.shanxigov.cn），山西加大扶持自主创新政策力度，专利突破两万件，2010-5-19。

③ 侯津刚，科技创新结硕果“创新型山西”展新路，黄河新闻网（http://www.sxgov.cn），2013-02-27。

④ 根据山西统计信息网（http://www.stats-sx.gov.cn）相关数据整理。

续表

因子序号	初始特征根			因子提取结果		
	方差	方差贡献率/%	方差累计所占比重/%	方差	方差贡献率/%	方差累计所占比重/%
5	3.069×10^{-16}	3.410×10^{-15}	100.000			
6	2.014×10^{-16}	2.238×10^{-15}	100.000			
7	1.207×10^{-17}	1.341×10^{-16}	100.000			
8	-2.302×10^{-16}	-2.558×10^{-15}	100.000			
9	-4.734×10^{-16}	-5.260×10^{-15}	100.000			

从表 6-17 可以看出，通过主成分分析法对科技创新效益指标中 9 个因子的原始数据进行初始因子分析，提炼出特征根大于 1 的 2 个主成分及其有关参数。这 2 个主成分占总方差的比重为 92.221%，可以概括原始数据的绝大部分信息，因此，采用主成分分析提取上述 2 个主因子是科学合理的（表 6-18）。

表 6-18　2007～2011 年山西省科技创新效益指标数据的因子载荷矩阵

二级指标	三级指标	主因子	
		1	2
经济效益	人均 GDP	0.974	0.144
	劳动生产率	0.951	0.301
	资本生产率	−0.988	0.094
	综合能耗产出率	0.971	0.142
高新技术产业化效益	高技术产业劳动生产率	−0.414	0.799
	高技术产业增加值率	−0.271	0.878
	知识密集型服务业劳动生产率	0.926	−0.255
环境效益	环境质量指数	0.955	−0.002
	环境污染治理指数	0.866	0.387

在表 6-18 所示的因子载荷矩阵中，显示出各变量与主因子之间的载荷系数。由此可以得到山西省 2007～2011 年科技创新效益指标数据的各主因子得分表达式如下

$$F_1=0.974X_{411}+0.951X_{412}-0.988X_{413}+0.971X_{414}-0.414X_{421}-0.271X_{422}+0.926X_{423}+0.955X_{431}+0.866X_{432}$$

$$F_2=0.144X_{411}+0.301X_{412}+0.094X_{413}+0.142X_{414}+0.799X_{421}+0.878X_{422}-0.255X_{423}-0.002X_{431}+0.387X_{432}$$

将附录 2 中的山西省 2007～2011 年科技创新产出部分的标准化数据代入以上各主因子的表达式中，即可计算出山西省在上述 5 年中每年的 2 个主因子得分，如表 6-19 所示。

表 6-19　2007～2011 年山西省科技创新效益指标数据的主因子得分

年份	F_1	F_2
2007	−6.993 7	−2.425 0
2008	−3.747 5	0.990 0
2009	−1.761 1	1.797 3
2010	2.599 3	0.889 6
2011	9.903	−1.251 9

通过运用主成分分析法对山西省 2007～2011 年连续 5 年科技创新投入的原始数据进行初始因子分析，提炼出 2 个主成分。然后以各主因子的方差贡献率为权数对山西省 2007～2011 年连续 5 年的科技创新效益水平做出综合评价，详见表 6-20。

表 6-20　2007～2011 年山西省科技创新效益指标数据的主因子权数

	λ_1	λ_2	合计
权数	6.536	1.764	8.3
权重	0.79	0.21	1

由表 6-20 可得，山西省 2007～2011 年连续 5 年的科技创新效益评价的计算公式如下

$$F=0.79F_1+0.21F_2$$

将表 6-19 中主因子 F_1、F_2分别代入上式，得到山西省 2007～2011 年连续 5 年的科技创新效益的综合评价得分，见表 6-21。其发展趋势，如图 6-4 所示。

表 6-21　2007～2011 年山西省科技创新效益评价得分及排名

年份	F_1	排名
2007	−6.034 3	5
2008	−2.752 6	4
2009	−1.013 8	3
2010	2.240 3	2
2011	7.560 5	1

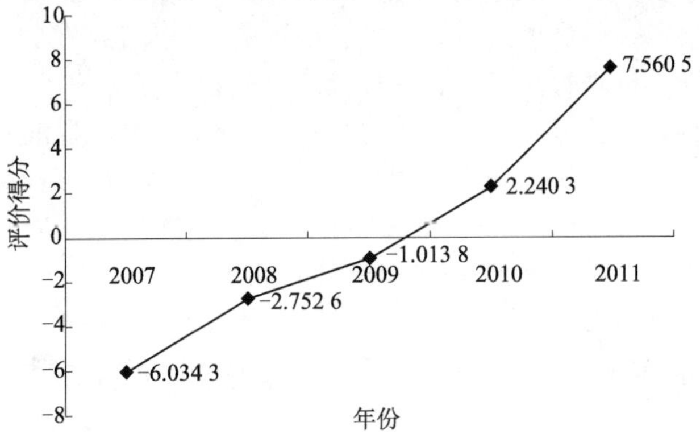

图 6-4　2007～2011 年山西省科技创新效益发展趋势图

从图 6-4 可以看出，2007～2011 年山西省科技创新效益从总体也呈现出明显增长趋势。2008 年、2009 年、2010 年、2011 年各年环比增长率分别为 54.4%、63.2%、321%、237.5%，在这 5 年期间，山西省科技创新效益平均年增长率为 169%。这说明，山西省通过不断推进科技创新，其科技创新效益已日益凸显，对其资源型经济转型发展起到了重要的支撑作用。

同时，从表 6-17 可看出，F_1的解释方差贡献率达到 72.621%，对山西省科技创新效益的评价起着重要作用。并且，在这些科技创新效益指标中的大部分指标的 F_1的载荷系数都大于 0.9，只有部分指标的载荷系数得分较低，说明大部分指标对山西省科技创新效益的贡献是明显的。此外，也可以看到，山西省环境效益的贡献最为突出。山西省资源型经济转型发展，不仅要摆脱对以煤为主的自然资源的依赖，还要依靠科技创新实现经济转型、绿色转型。近年来，山西省着力以科技创新推动经济发展方式转变和绿色转型，初见成效。主要表现在以下几个方面。

第一，建立相关政策法规，保障山西绿色转型发展。山西省在坚持科学发展观和构建和谐社会的重大战略思想指导下，加快建设资源节约型和环境友好型社会，推出一系列政策法规，为绿色转型发展提供保障，如《山西省循环经济发展总体规划（2006～2010 年)》、《山西省固定资产项目节能评估和审查暂行办法》、《山西省加快推进社会领域节能工作实施方案》、《山西省节能减排综合性工作方案》、《山西省人民政府办公厅关于进一步推进重点城市环境综合整治加快环境改善步伐的通知》、《山西省人民政府办公厅关于全省各级行政机关积极参与全民节能行动的通知》、《山西省人民政府关于加快发展循环经济的实施意见》等，并明确将“加大节能减排的力度，努力推动生态环境改善”作为工作重点之一。

第二，大力实施科技兴省战略，积极推动产业结构优化升级。山西省通过改造传统产业，提高传统优势行业的技术水平和产业集中度，延伸产业链，增加产品附加值，使产业结构得到优化升级，具体体现在以下几个方面。一是，大力发展低碳技术，积极改造传统产业。山西省在发展洁净煤技术、煤层气开发利用、燃醇动力技术、煤气化多联产技术、生物质能源技术、高效低污染燃煤发电技术等方面取得显著成绩；大力推广矿井瓦斯抽放利用技术，抓紧低渗透煤层气开发利用技术研究和工业化开发示范；积极关注、适时推进有井地下煤气化技术工业化应用。二是，山西省利用全球金融危机下的市场倒逼机制，为先进产能和新型产业提供充分的发展空间。2009 年，全省钢铁行业淘汰落后产能 600 万吨，电力行业关停小火电机组 52 万千瓦，水泥行业淘汰落后产能 200 万吨，电石及铁合金行业淘汰落后产能 15 万吨①。同时，把培育高新技术产

① 山西省人民政府 2009 年《政府工作报告》。

业作为产业结构调整的重要手段，重点培育煤化工、材料、装备制造和旅游四大新型支柱产业。三是，发展低能耗、低污染产业。近年来，山西省通过大力发展现代服务业、高新技术产业、旅游文化、信息产业和环保产业等新支柱产业，着力推进信息化和高技术产业化进程，努力提高低能耗低污染产业在国民经济中的比重。四是，加大产业集中度治理。此外，山西省在近年来通过大力实施大公司、大集团发展战略和科技兴煤战略，加快建设晋北、晋中、晋东三大煤炭基地，努力向集团化、洁净化、新型化发展。

第三，以科技创新推动循环经济发展，实现生产过程从“三高”到“三低”转变。山西省积极促进传统产业技术创新，提高能源利用效率。山西省委、省政府把“以发展循环经济为主要途径，着力推进传统产业改造提升”作为全省推进的“四大攻坚”任务之一，将明确指导思想，制订出总体规划，着力从两个领域入手，发展两类循环，构建两大体系，以四个层面为推进作为发展策略和实现途径。此外，还发布了循环经济发展的纲领性文件，进一步制定了配套政策，创新了考核办法。

第四，以科技创新推进技术节能，降低生产过程能源消耗。山西省加大节能专项资金投入，推进技术节能。把培育高新技术产业作为产业结构调整的重要手段，重点培育煤化工、材料、装备制造和旅游四大新型支柱产业。推广应用高效节能照明产品，国家将山西省列为全国半导体照明推广唯一的示范试点省。2009 年，争取国家支持山西省节能技术改造项目共 19 项，获得中央财政节能奖励资金约 2 亿元。

综上所述，山西省通过以科技创新大力推动资源型经济转型发展，已使得科技创新效益显著增加，为其资源型经济转型发展提供了重要支撑。

(五) 科技创新综合分析

为了对山西省科技创新发展趋势做出总体评价，现以 2007～2011 年山西省科技创新评价指标标准化数据（附录 2）为基础，整合科技创新基础、科技创新投入、科技创新产出、科技创新效益四个方面，对山西省科技创新发展现状进行综合分析。运用 SPSS15.0 统计软件进行因子分析，经整理得到的分析结果，如表 6-22～表 6-24 所示。

同样，首先对科技创新评价体系中的 35 个指标的原始数据进行主成分分析，根据主成分的特征根必须大于 1 的原则，提炼出 4 个主因子，这些主因子对方差解释的累计比重达到 100%，可以概括原始数据的全部信息（表 6-22），因此，采用主成分分析提取 4 个主因子对山西省科技创新发展趋势进行综合评价是科学合理的（表 6-23）。

表 6-22　2007～2011 年山西省科技创新综合指标数据的全部解释方差表

因子序号	初始特征根			因子提取结果		
	方差	方差贡献率/%	方差累计所占比重/%	方差	方差贡献率/%	方差累计所占比重/%
1	21.447	61.276	61.276	21.447	61.276	61.276
2	7.449	21.283	82.560	7.449	21.283	82.560
3	4.545	12.985	95.545	4.545	12.985	95.545
4	1.559	4.455	100.000	1.559	4.455	100.000
5	1.145×10^{-15}	3.270×10^{-15}	100.000			
6	7.050×10^{-16}	2.014×10^{-15}	100.000			
7	5.369×10^{-16}	1.534×10^{-15}	100.000			
8	5.136×10^{-16}	1.467×10^{-15}	100.000			
9	4.684×10^{-16}	1.338×10^{-15}	100.000			
10	3.926×10^{-16}	1.122×10^{-15}	100.000			
11	3.614×10^{-16}	1.033×10^{-15}	100.000			
12	2.689×10^{-16}	7.683×10^{-16}	100.000			
13	2.361×10^{-16}	6.746×10^{-16}	100.000			
14	2.191×10^{-16}	6.259×10^{-16}	100.000			
15	1.998×10^{-16}	5.709×10^{-16}	100.000			
16	1.248×10^{-16}	3.566×10^{-16}	100.000			
17	8.639×10^{-17}	2.468×10^{-16}	100.000			
18	4.888×10^{-17}	1.397×10^{-16}	100.000			
19	2.669×10^{-17}	7.627×10^{-17}	100.000			
20	-3.441×10^{-17}	-9.831×10^{-17}	100.000			
21	-4.333×10^{-17}	-1.238×10^{-16}	100.000			
22	-7.319×10^{-17}	-2.091×10^{-16}	100.000			
23	-1.192×10^{-16}	-3.407×10^{-16}	100.000			
24	-1.588×10^{-16}	-4.537×10^{-16}	100.000			
25	-1.704×10^{-16}	-4.870×10^{-16}	100.000			
26	-2.405×10^{-16}	-6.872×10^{-16}	100.000			
27	-2.773×10^{-16}	-7.923×10^{-16}	100.000			
28	-3.313×10^{-16}	-9.467×10^{-16}	100.000			
29	-3.806×10^{-16}	-1.087×10^{-15}	100.000			
30	-4.008×10^{-16}	-1.145×10^{-15}	100.000			
31	-4.437×10^{-16}	-1.268×10^{-15}	100.000			
32	-4.983×10^{-16}	-1.424×10^{-15}	100.000			
33	-5.961×10^{-16}	-1.703×10^{-15}	100.000			
34	-6.669×10^{-16}	-1.905×10^{-15}	100.000			
35	-9.235×10^{-16}	-2.639×10^{-15}	100.000			

表 6-23　2007～2011 年山西省科技创新综合指标数据的因子载荷矩阵

二级指标	三级指标	主因子			
		1	2	3	4
科技人力资源	万人专业技术人员数	0.769	0.611	0.143	−0.122
	万人大专以上学历人数	0.977	−0.125	0.148	0.084
科技物质条件	每名 R&D 活动人员新增仪器设备费	−0.932	0.095	0.246	−0.250
	科研综合技术服务新增固定资产占全社会新增固定资产的比重	0.0571	−0.714	0.206	−0.349
科技基础设施	百户居民计算机拥有量	0.985	0.144	0.049	−0.082
	万人国际互联网络用户数	0.965	0.233	−0.046	−0.113
	百人固定电话和移动电话用户数	0.913	0.377	0.136	−0.079
科技意识	万名就业人员专利申请量	0.952	0.223	−0.122	−0.168
	科研和综合技术服务业平均工资与全社会平均工资比例系数	−0.707	0.531	0.388	0.258
	万人吸纳技术成果金额	0.558	0.814	0.119	−0.106
人力投入	万人 R&D 研究人员数	−0.804	0.115	0.547	−0.203
	企业 R&D 研究人员占全社会 R&D 研究人员的比重	−0.017	−0.242	0.932	−0.269
财力投入	R&D 经费支出	0.984	0.078	0.085	−0.135
	R&D 经费支出占 GDP 的比重	0.769	0.590	−0.199	0.145
	地方财政科技拨款占地方财政支出的比重	−0.156	0.558	0.807	0.117
	企业 R&D 经费支出占产品销售收入的比重	0.629	0.571	−0.437	0.295
	企业技术引进和消化吸收经费支出占产品销售收入的比重	0.727	−0.658	−0.075	0.178
科技活动直接产出	万名 R&D 活动人员科技论文数	0.556	−0.230	0.709	0.368
	获国家科技成果奖系数	0.524	−0.570	0.633	−0.027
	万名就业人员发明专利拥有量	0.977	−0.177	−0.120	−0.022
科技成果市场化	万人技术成果成交额	0.951	0.281	−0.027	−0.123
	万名 R&D 活动人员向国外转让专利使用费和特许费	0.030	−0.784	0.255	0.566
科技成果产业化	高技术产业增加值占工业增加值的比重	0.240	0.776	0.322	0.487
	知识密集型服务业增加值占生产总值的比重	0.673	−0.714	0.183	−0.056
	高技术产品出口额占商品出口额的比重	0.921	0.168	−0.341	0.081
	新产品销售收入占主营业务收入的比重	−0.889	0.354	−0.265	0.119
经济效益	人均 GDP	0.982	0.100	0.032	−0.156
	劳动生产率	0.959	0.228	0.148	−0.084
	资本生产率	−0.985	0.094	0.030	−0.139
	综合能耗产出率	0.985	0.151	−0.046	−0.076
高新技术产业化效益	高技术产业劳动生产率	−0.366	0.875	0.003	−0.317
	高技术产业增加值率	−0.277	0.642	0.711	0.074
	知识密集型服务业劳动生产率	0.901	−0.404	0.151	−0.052
环境效益	环境质量指数	0.967	0.083	−0.147	0.192
	环境污染治理指数	0.850	0.155	0.503	0.022

在表 6-23 所示的因子载荷矩阵中，显示出 4 个主因子与科技创新指标变量间的载荷系数。由此可以得到山西省科技创新综合指标数据的各主因子表达式

如下

$$F_1=0.769X_{111}+0.977X_{112}-0.932X_{121}+0.571X_{122}+0.985X_{131}+0.965X_{132}+0.913X_{133}+0.952X_{141}-0.707X_{142}+0.558X_{143}-0.804X_{211}-0.017X_{212}+0.984X_{221}+0.769X_{222}-0.156X_{223}+0.629X_{224}+0.727X_{225}+0.556X_{311}+0.524X_{312}+0.977X_{313}+0.951X_{321}+0.30X_{322}+0.24X_{331}+0.673X_{332}+0.921X_{333}-0.889X_{334}+0.982X_{411}+0.959X_{412}-0.985X_{413}+0.985X_{414}-0.366X_{421}-0.277X_{422}+0.901X_{423}+0.976X_{431}+0.85X_{432}$$

$$F_2=0.611X_{111}-0.125X_{112}+0.095X_{121}-0.714X_{122}+0.144X_{131}+0.233X_{132}+0.377X_{133}+0.223X_{141}+0.531X_{142}+0.814X_{143}+0.115X_{211}-0.242X_{212}+0.078X_{221}+0.59X_{222}+0.558X_{223}+0.571X_{224}-0.658X_{225}-0.23X_{311}-0.57X_{312}-0.177X_{313}+0.281X_{321}-0.784X_{322}+0.776X_{331}-0.714X_{332}+0.168X_{333}+0.354X_{334}+0.1X_{411}+0.228X_{412}+0.094X_{413}+0.151X_{414}+0.875X_{421}+0.642X_{422}-0.404X_{423}+0.083X_{431}+0.155X_{432}$$

$$F_3=0.143X_{111}+0.148X_{112}+0.246X_{121}+0.206X_{122}+0.049X_{131}-0.046X_{132}+0.136X_{133}-0.122X_{141}+0.388X_{142}+0.119X_{143}+0.547X_{211}+0.932X_{212}+0.085X_{221}-0.199X_{222}+0.807X_{223}-0.437X_{224}-0.075X_{225}+0.709X_{311}+0.633X_{312}-0.12X_{313}-0.027X_{321}+0.255X_{322}+0.322X_{331}+0.183X_{332}-0.341X_{333}-0.265X_{334}+0.032X_{411}+0.148X_{412}+0.03X_{413}-0.046X_{414}+0.003X_{421}+0.711X_{422}+0.151X_{423}-0.147X_{431}+0.503X_{432}$$

$$F_4=-0.122X_{111}+0.084X_{112}-0.25X_{121}-0.349X_{122}-0.082X_{131}-0.113X_{132}-0.079X_{133}-0.168X_{141}+0.258X_{142}-0.106X_{143}-0.203X_{211}-0.269X_{212}-0.135X_{221}+0.145X_{222}+0.117X_{223}+0.295X_{224}+0.178X_{225}+0.368X_{311}-0.027X_{312}-0.022X_{313}-0.123X_{321}+0.566X_{322}+0.487X_{331}-0.056X_{332}+0.081X_{333}+0.119X_{334}-0.156X_{411}-0.084X_{412}-0.139X_{413}-0.076X_{414}-0.317X_{421}+0.074X_{422}-0.052X_{423}+0.192X_{431}+0.022X_{432}$$

将附录 2 中的山西省 2007～2011 年科技创新指标体系的标准化数据代入以上各主因子的表达式，可分别计算出山西省在上述 5 年中每年的 4 个主因子得分，见表 6-24。

表 6-24　2007～2011 年山西省科技创新综合指标数据的主因子得分

年份	F_1	F_2	F_3	F_4
2007	−22.868 9	−7.683 8	−4.495 6	−0.144 2
2008	−13.632 2	1.337 4	5.527 6	1.758 5
2009	−5.581 7	4.683 8	2.564 3	−2.428 5
2010	10.653 6	9.132 4	−4.867 7	0.843 6
2011	31.430 1	−7.469 8	1.271 4	−0.029 4

通过上述主成分分析提取出 4 个主因子，现以各主因子的方差贡献率为权数对山西省 2007～2011 年连续 5 年的科技创新发展趋势做出总体评价，详见表 6-25。

表 6-25　2007～2011 年山西省科技创新综合指标数据的主因子权数

	λ_1	λ_2	λ_3	λ_4	合计
权数	21.447	7.449	4.545	1.559	35.03
权重	0.612 25	0.212 65	0.129 75	0.044 5	1

由表 6-25 可以得到山西省 2007～2011 年连续 5 年的科技创新综合评价的具体公式为

$$F=0.612\ 25F_1+0.212\ 65F_2+0.129\ 75F_3+0.044\ 5F_4$$

将表 6-24 中主因子 F_1、F_2分别代入上式，得到山西省 2007～2011 年连续 5 年的科技创新综合评价得分，见表 6-26。其发展趋势，如图 6-5。

表 6-26　2007～2011 年山西省科技创新综合评价结果及排名

年份	F	排名
2007	−16.225 2	5
2008	−7.266 5	4
2009	−2.196 7	3
2010	7.870 7	2
2011	17.818 3	1

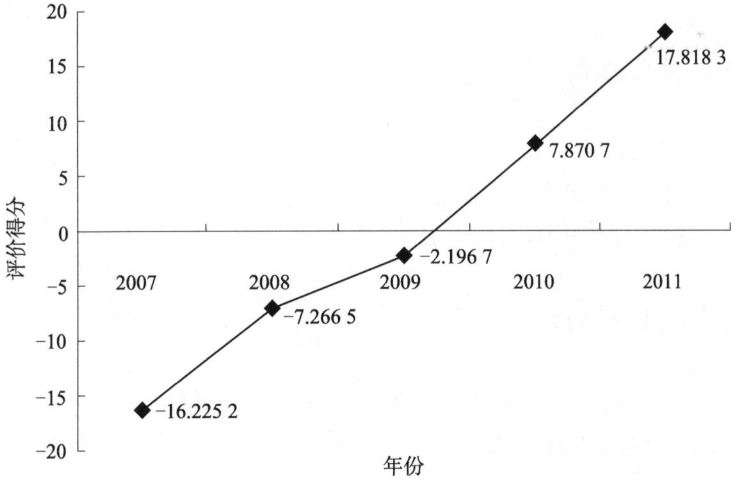

图 6-5　2007～2011 年山西省科技创新总体发展趋势图

从图 6-5 可以看出，2007～2011 年山西省科技创新综合能力逐年呈现较大幅度的稳步提升。2008 年、2009 年、2010 年、2011 年各年环比增长率分别为 55.2%、69.8%、458.3%、126.4%，5 年期间平均增长率为 177.4%。由此可见，科技创新对山西省资源型经济转型发展的推动作用已日益显现。

综上纵向趋势分析，可以看出，山西省通过大力实施科技兴省战略，以加快转变经济发展方式为主线，积极推动科技创新重大举措的落实，在科技创新基础、科技创新投入、科技创新产出和科技创新效益等方面都取得了长足发展。从总体上看，山西省科技创新能力明显提升，科技创新在支撑资源型经济转型发展中发挥了重要的驱动作用。

山西省科技事业正处于快速发展期，正处于可能取得跨越发展的突破期。实现转型跨越发展，再造一个新山西，重要的推动力就在于科技创新。为此，山西省要紧密围绕转型综合配套改革试验区建设，加大科技创新工作力度，创造山西科技跨越式发展新模式，实现科技与经济社会的深度融合，着力提高科技支撑引领的能力，为山西省转型发展做出重要贡献。

第三节　山西省科技创新发展的横向比较分析

本节旨在对山西省科技创新体系的建设发展现状进行横向比较分析。基于各评价指标数据的时效性和可得性，本节拟以 2011 年山西省及全国其他省区科技创新发展的原始数据为基础，对山西省目前在全国各省区科技创新发展中的水平进行评价，为山西省进一步构建基于资源型经济转型的科技创新体系及其发展战略制订提供有益的政策参考。

一 研究样本的选取

本研究报告选取了我国 31 个省区为研究样本，各指标的原始数据来源于 2011 年全国科技进步统计监测报告、中国科技统计数据和国家统计局网站，详见附录 3。评价指标体系编码，如表 6-1 所示。

二 原始数据处理

以 2011 年我国 31 个省区科技创新评价指标的原始数据为基础，对山西省科技创新发展水平进行比较分析。涉及的评价指标较多，且各指标的单位、评价内容及数量级都不一样，因此，仍需对相关原始数据进行标准化处理，将指标原始值转化为评价值，以统一多个指标进行比较，消除由于变量间在数量级或量纲上的差异对评价结果产生的影响。运用 SPSS15.0 统计软件得到标准化的数据，详见附录 4。

三 数据的因子分析及评价结果

(一) 科技创新基础分析

从 2011 年全国 31 个省区科技创新系统指标评价标准化数据（附录 4）中，选取一级指标中全国科技创新基础指标的标准化数据，运用 SPSS15.0 统计软件进行因子分析，经整理得到的分析结果，如表 6-27～表 6-29 所示。

首先，运用主成分分析法进行初始因子分析。通过对科技创新基础指标中 10 个因子的原始数据进行主成分分析，提炼出特征根大于 1 的 2 个主因子及其有关参数，这 2 个主因子占总方差的比重为 80.836%，可以概括原始数据的绝大部分信息，因此，采用主成分分析选取 2 个主因子进行科技创新基础评价是比较理想的。具体结果详见表 6-27。

表 6-27 全国科技创新基础指标数据的全部解释方差表

成分	初始特征值			因子提取结果		
	方差	方差贡献率/%	方差累计所占比重/%	方差	方差贡献率/%	方差累计所占比重/%
1	6.888	68.875	68.875	6.888	68.875	68.875
2	1.196	11.961	80.836	1.196	11.961	80.836
3	0.888	8.877	89.714			
4	0.415	4.154	93.868			
5	0.301	3.011	96.879			
6	0.160	1.598	98.476			
7	0.062	0.616	99.092			
8	0.042	0.424	99.517			
9	0.028	0.281	99.797			
10	0.020	0.203	100.000			

通过 SPSS 软件也可得到因子载荷分析的结果，表 6-28 显示了 2 个主因子与科技创新基础指标变量间的载荷矩阵，即因子载荷矩阵。

表 6-28 全国科技创新基础指标数据的因子载荷矩阵

二级指标	三级指标	主因子	
		1	2
科技人力资源	万人专业技术人员数（X_{111}）	0.874	0.401
	万人大专以上学历人数（X_{112}）	0.946	0.202
科技物质条件	每名 R&D 活动人员新增仪器设备费（X_{121}）	0.525	0.190
	科研综合技术服务新增固定资产占全社会新增固定资产的比重（X_{122}）	0.632	0.655
科技基础设施	百户居民计算机拥有量（X_{131}）	0.908	−0.295
	万人国际互联网络用户数（X_{132}）	0.884	−0.315
	百人固定电话和移动电话用户数（X_{133}）	0.896	−0.283

续表

二级指标	三级指标	主因子	
		1	2
科技意识	万名就业人员专利申请量（X_{141}）	0.840	−0.381
	科研与综合技术服务业平均工资与全社会平均工资比例系数（X_{142}）	0.769	−0.225
	万人吸纳技术成果金额（X_{143}）	0.922	0.258

在表 6-28 所示的因子载荷矩阵中，显示出主因子的载荷系数，即各科技创新基础指标变量与各主因子之间的相关系数。由此可得，各主因子得分的计算公式如下

$$F_1=0.874X_{111}+0.946X_{112}+0.525X_{121}+0.632X_{122}+0.908X_{131}+0.884X_{132}+0.896X_{133}+0.840X_{141}+0.769X_{142}+0.922X_{143}$$

$$F_2=0.401X_{111}+0.202X_{112}+0.190X_{121}+0.655X_{122}-0.295X_{131}-0.315X_{132}-0.283X_{133}-0.381X_{141}-0.225X_{142}+0.258X_{143}$$

将附录 4 中科技创新基础指标的标准化数据代入上式各主因子得分的计算公式，可算出全国 31 个省区科技创新基础指标上的 2 个主因子得分，如表 6-29 所示。

表 6-29　全国科技创新基础指标数据的主因子得分

地区	F_1	F_2
北京	25.854 5	3.813 8
天津	10.801 4	−1.308 8
河北	−2.056 1	0.328 6
山西	−2.493 9	0.158 1
内蒙古	−1.320 8	0.400 0
辽宁	2.433 3	−0.716 9
吉林	−1.933 1	0.193 6
黑龙江	−0.548 1	1.371 8
上海	15.956 5	−2.199 1
江苏	4.383 6	−1.281 0
浙江	3.738 3	−2.566 1
安徽	−4.072 0	0.652 0
福建	1.400 2	−1.355 8
江西	−5.090 9	1.148 9
山东	−0.122 1	−0.017 7
河南	−5.309 4	0.106 5
湖北	−1.458 6	0.008 5
湖南	−5.096 6	0.028 7
广东	5.339 7	−1.869 3
广西	−4.792 1	0.483 1
海南	−3.981 1	−0.508 6
重庆	−0.370 6	−0.324 3
四川	−2.942 1	−0.137 1

续表

地区	F_1	F_2
贵州	−6.961 4	0.338 3
云南	−6.037 2	0.351 3
西藏	−5.615 9	−0.339 7
陕西	0.987 3	0.826 7
甘肃	−4.134 5	1.226 2
青海	−1.368 3	0.565 3
宁夏	−3.532 5	0.099 9
新疆	−1.657 6	0.522 9

虽然，通过上述主成分分析提取出反映科技创新基础的 2 个主因子，但是单独使用某一个主成分仍不能对各省区的科技创新基础发展水平做出综合评价。为此，本研究将以主因子对应的方差贡献率为权数（表 6-30）进行综合因子得分的计算。

表 6-30　全国科技创新基础指标数据的主因子权数

	λ_1	λ_2	合计
权数	6.888	1.196	8.084
权重	0.85	0.15	1

由表 6-30 可得，全国 31 个省区科技创新基础评价的计算表达式为

$$F=0.85F_1+0.15F_2$$

将表 6-29 中主因子得分 F_1、F_2 分别代入上式，得到全国 31 个省区科技创新基础的总体评价得分，详见表 6-31。

表 6-31　全国科技创新基础评价结果及排名

排名	地区	F
1	北京	22.548 4
2	上海	13.233 2
3	天津	8.984 9
4	广东	4.258 3
5	江苏	3.533 9
6	浙江	2.792 7
7	辽宁	1.960 8
8	福建	0.986 8
9	陕西	0.963 2
10	山东	−0.106 4
11	黑龙江	−0.260 1
12	重庆	−0.363 6
13	内蒙古	−1.062 7
14	青海	−1.078 2
15	湖北	−1.238 6
16	新疆	−1.330 5
17	吉林	−1.614 1

续表

排名	地区	F
18	河北	−1.698 4
19	山西	−2.096 1
20	四川	−2.521 4
21	宁夏	−2.987 7
22	甘肃	−3.330 4
23	安徽	−3.363 4
24	海南	−3.460 2
25	广西	−4.000 8
26	江西	−4.154 9
27	湖南	−4.327 8
28	河南	−4.497 0
29	西藏	−4.824 5
30	云南	−5.078 9
31	贵州	−5.866 4

从表 6-31 可看出，在科技创新基础方面，山西省在全国排名第 19 位，在统计的 31 个省区中处于中下游。山西省科技创新基础得分为负，为−2.0961，与排位前 5 位的省份在得分上差距较大。其中，北京为 22.5484 分、上海为 13.2332 分，天津为 8.9849 分，广东为 4.2583 分；江苏为 3.5339 分。这说明山西省的科技创新基础还比较薄弱，与全国发达省区之间还存在不小的差距。

从具体指标来看，第一个主因子 F_1 的权重较大，所占比重为 85%，在科技创新基础方面的综合评价中起着重要作用。此外，表 6-29 中山西省第一主成分 F_1 得分仅为−2.4939，在全国 31 个省区中位列第 19 位。在 F_1 的载荷系数中，万人大专以上学历人数、万人吸纳技术成果金额和百户居民计算机拥有量的系数分别为 0.946、0.922 和 0.908。这些指标与其他指标相比数值较大，它们对科技创新基础综合得分起到了相对重要的作用，山西省得分较低与这几项指标有紧密关系。

表 6-28 整体上看，在科技人力资源、科技基础设施和科技意识方面，各三级指标的载荷系数都比较大，它们对科技创新基础综合得分起着重要的作用。因此，在科技创新基础建设上要缩小与全国发达省区之间的差距，就必须在人力资源开发、科技基础设施建设和创新意识培养方面得到加强。

其中，最为重要的是，要在资源型经济转型发展中培育并加强科技创新意识。科技创新观念的落后，是造成山西科技创新基础薄弱的重要原因之一。山西作为全国重要的能源和原材料供应基地，长期以来依赖于以煤炭为主的传统粗放式增长模式，由此形成了过于依赖煤炭等自然资源的思维方式和心态，从而导致依靠科技创新促进山西资源型经济转型发展的思想意识还很薄弱。因此，最为重要的是解决好理念问题，以“理念创新”推动“科技创新”，必须牢固树立科学技术是第一生产力、山西省资源型经济转型的第一推动力的思想观念，进一步强化科技创新对促进资源型经济转型发展的重要性的认识，加快转变经济发展方式的观念更新，摆脱资源索取观念，强调科技创新的驱动作用，不断强化科技创新意识，从粗放式增长模式中解放出来，将科技创新提高到战略层面，引领山西省走上以科技创新驱动的可持续发展之路。

(二) 科技创新投入分析

从2011年全国31个省区科技创新系统指标评价标准化数据（附录4）中，选取一级指标中全国科技创新投入指标的标准化数据，运用SPSS15.0统计软件进行因子分析，经整理得到的分析结果，如表6-32～表6-34所示。

表6-32　全国科技创新投入指标数据的全部解释方差表

因子序号	初始特征根			因子提取结果		
	方差	方差贡献率/%	方差累计所占比重/%	方差	方差贡献率/%	方差累计所占比重/%
1	3.760	53.708	53.708	3.760	53.708	53.708
2	1.511	21.587	75.296	1.511	21.587	75.296
3	1.001	14.304	89.600	1.001	14.304	89.600
4	0.370	5.287	94.887			
5	0.203	2.899	97.785			
6	0.140	2.007	99.792			
7	0.015	0.208	100.000			

从表6-32可看出，通过采用主成分分析法对科技创新投入指标中7个因子的原始数据进行初始因子分析，提取出特征根大于1的3个主因子及其有关参数，这3个主因子占总方差的比重为89.600%，可以概括原始数据的绝大部分信息，因此，采用主成分分析取选出3个主因子对科技创新投入进行评价是比较理想的。

表6-33　全国科技创新投入指标数据的因子载荷矩阵

二级指标	三级指标	主因子		
		1	2	3
人力投入	万人R&D研究人员数	0.907	−0.345	0.020
	企业R&D研究人员占全社会R&D研究人员的比重	0.087	0.946	0.012
财力投入	R&D经费支出	0.848	0.234	−0.235
	R&D经费支出占GDP的比重	0.939	−0.240	−0.003
	地方财政科技拨款占地方财政支出的比重	0.931	−0.152	−0.008
	企业R&D经费支出占产品销售收入的比重	0.649	0.598	−0.012
	企业技术引进和消化吸收经费支出占产品销售收入的比重	0.203	0.058	0.972

在表 6-33 所示的因子载荷矩阵中，显示出主因子的载荷系数，即各科技创新投入指标变量与 3 个主因子之间的相关系数。由此可以得到各主因子得分的计算表达式如下

$$F_1=0.907X_{211}+0.087X_{212}+0.848X_{221}+0.939X_{222}+0.931X_{223}+0.649X_{224}+0.203X_{225}$$

$$F_2=-0.345X_{211}+0.946X_{212}+0.234X_{221}-0.240X_{222}-0.152X_{223}+0.598X_{224}+0.058X_{225}$$

$$F_3=-0.02X_{211}+0.012X_{212}-0.235X_{221}-0.003X_{222}-0.008X_{223}-0.012X_{224}+0.972X_{225}$$

将附录 4 中科技创新投入指标的标准化数据代入上式各主因子得分的计算公式，可计算出全国 31 个省区在科技创新投入方面的 3 个主因子得分，详见表 6-34。

表 6-34　全国科技创新投入指标数据的主因子得分

地区	F_1	F_2	F_3
北京	12.902 0	−4.128 2	−0.567 0
天津	3.842 8	−0.390 3	0.675 8
河北	−1.885 6	0.754 1	0.764 1
山西	−1.612 8	0.784 1	0.622 1
内蒙古	−2.602 5	0.545 5	−0.29 2
辽宁	1.052 9	0.641 7	−0.622 2
吉林	−2.159 5	−0.580 9	−0.706 1
黑龙江	−0.329 6	1.229 2	0.287 9
上海	7.421 9	−1.245 0	1.894 0
江苏	4.538 2	1.420 3	−0.944 8
浙江	3.286 7	0.485 7	−0.294 2
安徽	−0.097 5	0.415 7	−0.370 3
福建	−0.103 7	0.958 8	0.210 7
江西	−1.719 4	0.710 5	−0.219 5
山东	2.630 6	1.931 7	−0.778 2
河南	−1.375 9	1.374 8	−0.688 1
湖北	0.436 9	0.571 9	−0.078 4
湖南	0.245 1	1.389 3	0.489 8
广东	5.002 5	2.891 6	−0.921 9
广西	−2.605 8	−0.840 6	−0.732 3
海南	−4.147 1	−2.243 3	−0.619 5
重庆	−0.312 0	1.218 1	0.791 5
四川	−1.209 3	−0.574 3	−0.313 2
贵州	−2.053 0	0.848 5	−0.391 0
云南	−3.338 5	−1.288 0	0.021 1
西藏	−5.239 0	−3.586 8	−0.874 7
陕西	0.487 6	−0.373 7	−0.64 2

续表

地区	F_1	F_2	F_3
甘肃	−1.832 8	−0.105 8	4.036 8
青海	−3.116 6	−1.250 1	0.469 8
宁夏	−2.799 6	−1.051 0	0.518 0
新疆	−3.309 6	−0.516 7	−0.778 5

虽然上述对全国科技创新投入指标数据的主成分分析，提取出 3 个主因子，但是单独使用某一个主因子仍不能对各省区的科技创新投入做出综合性评价。为此，本书将以主因子对应的方差贡献率为权数进行综合评价，详见表 6-35。

表 6-35　全国科技创新投入指标数据的主因子权数

	λ_1	λ_2	λ_3	合计
权数	3.760	1.511	1.001	6.272
权重	0.60	0.24	0.16	1

由表 6-35 可以得到计算我国各省区科技创新投入综合评价的具体公式为

$$F=0.60F_1+0.24F_2+0.16F_3$$

将表 6-34 中主因子得分 F_1、F_2、F_3分别代入上式，得到全国各省区科技创新投入的综合评价得分，详见表 6-36。

表 6-36　全国科技创新投入评价结果及排名

排名	地区	F
1	北京	6.659 7
2	上海	4.457 4
3	广东	3.548 0
4	江苏	2.912 6
5	天津	2.320 1
6	浙江	2.041 5
7	山东	1.917 4
8	辽宁	0.686 2
9	湖南	0.558 9
10	湖北	0.386 8
11	重庆	0.227 0
12	福建	0.201 6
13	黑龙江	0.143 3
14	陕西	0.100 1
15	安徽	−0.018 0
16	甘肃	−0.479 2
17	河南	−0.605 9
18	山西	−0.680 0
19	河北	−0.828 1
20	江西	−0.896 3
21	四川	−0.913 5

续表

排名	地区	F
22	贵州	−1.090 7
23	内蒙古	−1.477 3
24	吉林	−1.548 1
25	宁夏	−1.849 1
26	广西	−1.882 4
27	青海	−2.094 8
28	新疆	−2.234 3
29	云南	−2.308 9
30	海南	−3.125 8
31	西藏	−4.144 1

从科技创新投入的综合评价结果来看，山西省在全国排名第 18 位，在统计的 31 个省区中处于中下游。山西省科技创新投入得分为负，为−0.6800，与北京（6.6597）、上海（4.4574）、广东（3.5480）、江苏（2.9126）、天津（2.3201）还有较大差距，这说明山西省在科技创新投入上亟待加强。

从具体指标来看，第一个主因子 F_1 的权重较大，占到了 60%，对科技创新投入的综合评价有重要影响作用。表 6-36 中山西省第一主因子 F_1 仅为−1.6128，在全国 31 个省区中位列第 18 位。在 F_1 的载荷系数中，R&D 经费支出占 GDP 的比重、地方财政科技拨款占地方财政支出的比重和万人 R&D 研究人员数的载荷系数分别为 0.939、0.931 和 0.907，与其他指标比较，数值较大，它们对科技创新投入的综合评分有重要影响作用，山西省综合评价较低主要与这几个指标得分有关。

此外，万人 R&D 研究人员数、R&D 经费占 GDP 的比重和地方财政科技拨款占地方财政支出的比重是反映地区科技经费投入的主要指标。其中，万人 R&D 研究人员数属于人力投入指标，R&D 经费支出占 GDP 的比重和地方财政科技拨款占地方财政支出的比重属于财力投入指标。因此，山西科技创新发展需要高度重视人力资源投入和财政投入。

虽然，近年来，山西省在科技创新上取得了很大进展，但是，投入力度仍需加强。在人力资源投入方面，科技人才特别是高层次科技人才严重缺乏，高层次创新领军人才和团队数量严重不足。2011 年，全省 R&D 人员折合全时当量 4.74 万人年，在全国排在第 18 位。研究开发领军人才、技术骨干及复合型人才缺乏；我省仅拥有 5 位两院院士，占全国 1497 位（中国科学院院士 723 位，中国工程院院士 774 位）的 0.3%；博士生导师、国家有突出贡献的中青年专家等高层次创新人才严重匮乏。在财政科技投入上，2011 年，山西省 R&D 投入 113.4 亿元，仅占全国的 1.32%；全省 R&D/GDP 为 1.02%，明显低于全国

1.83%的水平（姚琦等，2012）。财政科技投入力度不强的根本原因在于：一是，山西在财政科技投入上的稳定增长机制尚未形成，科技投入总量和R&D投入强度与发达地区相比尚存在较大差距；二是，由于监督评估机制不完善，多元化的科技投入机制尚处于初级发展阶段。

因此，一方面，山西省要从培育科技创新人才方面实现根本性突破。科技人才是新知识的创造者、新技术的发明者和新学科的创建者，是经济社会发展最宝贵的资源。要加大科技人力资源投入和建设，善于识才、聚才、用才、容才，努力培养造就一支梯次合理、素质优良、新老衔接、数量充足，能够适应山西资源型经济转型发展需要的富于创新精神的人才队伍。另一方面，山西省在加大财政科技投入，在建立财政投入稳定增长机制的同时，还需引导支持各类企业增加科技投入，鼓励社会力量投资科技创新事业、从事科技创新活动。集中人力财力，以事关转型发展的重点领域的共性关键技术难题为突破，为山西资源型经济转型提供坚实的保障。

（三）科技创新产出分析

在2011年全国31个省区科技创新系统指标评价标准化数据（附录4）中选取一级指标中全国科技创新产出指标的标准化数据，运用SPSS15.0统计软件进行主成分分析，经整理得到的分析结果，如表6-37～表6-39所示。

表6-37 全国科技创新产出指标数据的全部解释方差表

因子序号	初始特征根			因子提取结果		
	方差	方差贡献率/%	方差累计所占比重/%	方差	方差贡献率/%	方差累计所占比重/%
1	4.772	53.025	53.025	4.772	53.025	53.025
2	1.810	20.112	73.137	1.810	20.112	73.137
3	0.821	9.122	82.259			
4	0.575	6.384	88.642			
5	0.423	4.705	93.347			
6	0.328	3.643	96.990			
7	0.152	1.689	98.680			
8	0.088	0.978	99.657			
9	0.031	0.343	100.000			

表6-37可看出，通过主成分分析对科技创新产出指标中9个因子的原始数据进行初始因子分析，提炼出特征根大于1的2个主成分及其有关参数。这2个主成分占总方差的比重为73.137%，可以概括原始数据的大部分信息，因此，采用主成分分析选取2个主因子对全国各省区的科技创新产出进行评价是比较理想的。

表 6-38　全国科技创新产出指标数据的因子载荷矩阵

二级指标	三级指标	主因子	
		1	2
科技活动直接产出	万名 R&D 活动人员科技论文数	−0.006	0.719
	获国家科技成果奖系数	0.523	0.710
	万名就业人员发明专利拥有量	0.961	0.050
科技成果市场化	万人技术成果成交额	0.873	0.331
	万名 R&D 活动人员向国外转让专利使用费和特许费	0.817	0.008
科技成果产业化	高技术产业增加值占工业增加值的比重	0.778	−0.439
	知识密集型服务业增加值占生产总值的比重	0.944	0.182
	高技术产品出口额占商品出口额的比重	0.654	−0.526
	新产品销售收入占主营业务收入的比重	0.472	−0.418

在表 6-38 所示的因子载荷矩阵中，显示出主因子的载荷系数，即科技创新产出各指标变量与这 2 个主因子之间的相关系数。由此可以得出科技创新产出的各主因子得分计算公式。

$$F_1=-0.006X_{311}+0.523X_{312}+0.961X_{313}+0.873X_{321}+0.817X_{322}+0.778X_{331}+0.944X_{332}+0.654X_{333}+0.472X_{334}$$

$$F_2=0.719X_{311}+0.710X_{312}+0.050X_{313}+0.331X_{321}+0.008X_{322}-0.439X_{331}+0.182X_{332}-0.526X_{333}-0.418X_{334}$$

将附录 4 中科技创新产出指标的标准化数据代入上式各主因子的表达式，可以计算出全国 31 个省区分别在科技创新产出方面的 2 个主因子得分，如表 6-39 所示。

表 6-39　全国科技创新产出指标数据的主成分得分

地区	F_1	F_2
北京	19.346 0	3.901 1
天津	4.436 0	−2.235 1
河北	−3.021 3	0.028 9
山西	−2.640 0	0.084 1
内蒙古	−3.823 4	−0.647 2
辽宁	−1.215 0	0.436 0
吉林	−1.334 0	−0.447 9
黑龙江	−2.501 4	1.083 9
上海	12.447 3	−1.005 9
江苏	2.295 6	−3.418 9
浙江	0.005 9	−1.719 1
安徽	−2.853 8	−0.902 4
福建	2.079 2	−2.060 4
江西	−1.357 0	−1.259 5
山东	−1.189 7	−1.316 8
河南	−3.086 4	0.048 7
湖北	0.222 9	−0.123 7

续表

地区	F_1	F_2
湖南	−1.317 8	−0.357 1
广东	3.819 7	−3.807 1
广西	−2.085 9	0.196 8
海南	−1.708 1	2.163 4
重庆	0.268 7	−0.436 8
四川	−0.258 6	−0.134 2
贵州	−1.799 4	−0.047 0
云南	−2.676 7	1.764 3
西藏	−2.346 6	−0.564 3
陕西	0.032 6	0.586 6
甘肃	−2.882 8	1.603 2
青海	−2.101 4	2.804 6
宁夏	−2.179 5	2.003 7
新疆	−2.575 4	3.778 1

通过上述主成分分析提取出 2 个主因子，现将以各主因子的方差贡献率为权数对全国 31 个省区的科技创新产出进行综合评价，详见表 6-40。

表 6-40　全国科技创新产出指标数据的公因子权数

	λ_1	λ_2	合计
权数	4.772	1.810	6.582
权重	0.73	0.27	1

由表 6-40 可以得到计算我国各省区科技创新产出综合评价的具体计算公式为

$$F=0.73F_1+0.27F_2$$

将表 6-39 中主因子 F_1、F_2分别代入上式，得到全国各省区科技创新产出的综合评价得分，详见表 6-41。

表 6-41　全国科技创新产出评价结果及排名

排名	地区	F
1	北京	15.175 9
2	上海	8.814 9
3	天津	2.634 8
4	广东	1.760 4
5	福建	0.961 5
6	江苏	0.752 7
7	陕西	0.182 2
8	湖北	0.129 3
9	重庆	0.078 2
10	四川	−0.225 0
11	浙江	−0.459 8

续表

排名	地区	F
12	海南	−0.662 8
13	辽宁	−0.769 2
14	青海	−0.776 8
15	新疆	−0.859 9
16	宁夏	−1.05
17	湖南	−1.058 4
18	吉林	−1.094 7
19	山东	−1.224 0
20	贵州	−1.326 2
21	江西	−1.330 7
22	广西	−1.469 6
23	云南	−1.477 6
24	黑龙江	−1.533 4
25	甘肃	−1.671 6
26	西藏	−1.865 4
27	山西	−1.904 4
28	河北	−2.197 7
29	河南	−2.239 9
30	安徽	−2.326 9
31	内蒙古	−2.965 8

从科技创新产出的综合评价结果来看，山西省在全国排名第 27 位，倒数第 5 位，科技创新产出得分为负，为－1.9044，与北京（15.1759）、上海（8.8149）、天津（2.6348）、广东（1.7604）、福建（0.9615）等发达地区有非常大的差距，这说明我省亟待通过加强科技创新转化与应用，提高科技创新产出绩效，快马加鞭缩小与全国发达省区的差距。

从具体指标来看，第一主因子 F_1 的权重较大，占到 73%，对科技创新产出的综合评价有重要影响作用。从表 6-39 可看出，山西省在 F_1 的得分仅为－2.6400，排在第 25 位，名次靠后。在 F_1 的载荷系数中，万名就业人员发明专利拥有量和知识密集型服务业增加值占生产总值比重的系数分别为 0.961 和 0.944，与其他指标比较，数值较大，这说明，这两个指标对科技创新产出得分起到了相对重要的作用，山西省得分较低主要与这几个指标得分有关。从表 6-38 中全国科技创新产出的主因子 F_1 的因子载荷来看，相对于科技成果直接产出指标，科技成果市场化和产业化中各项指标的载荷系数都比较大，说明科技创新成果的市场化及产业化在提升区域科技创新产出绩效方面具有十分重要的作用。

总之，虽然近年来，山西省各级政府高度重视科技成果的市场化和产业化，并取得了快速发展，但是，山西省在这些方面的发展还处于较低水平。其中，重要的原因体现以下两个方面。

第一，以市场为导向的产学研合作机制尚未真正形成，难以推动科技创新成果的市场化发展。科技创新的核心是要将科技成果转化为科技产品，最终转化为现实生产力，为企业创造价值，为社会创造财富。然而，虽然山西省科技成果不少，但是真正转化为产品优势的并不多，而通过产业化形成生产能力并有规模经济效益的则更少。其根本原因在于，当地企业技术研究得不到扶持，企业、学校和研究机构缺乏有效的协作，产学研合作机制尚未真正形成，导致科研与市场脱节，高校、科研院所的科技优势不能转化为经济发展优势，技术成果很难市场化。

第二，作为科技创新先导的高新技术产业发展落后，难以带动科技创新成果的产业化发展。与我国其他发展省区相比，山西省高新技术产业在发展上仍然存在很大差距。据统计，在 2005～2009 年，山西省每年的高技术产业产值均在中部 6 省中最低，且与其他省区存在较大差距。据统计，2009 年，湖北省的高技术产业产值达到 1103 亿元，山西仅为 197 亿元，只占湖北省的 17.9%。安徽省的产值在中部省区中居第 5 位，而山西的产值还不到安徽省的一半，仅占到安徽的 42.3%。同时，山西省高技术产业增加值历年来在中部地区最低，高新技术产业所创造的产值在区域经济活动中所占份额较小，对山西经济增长的贡献有限。例如，2008 年，山西高新技术产业产值占地区 GDP 的比重为 2.73%，在中部地区最低。此外，高新技术产业基地建设滞后。在由部委认定和推动建设的产业化基地中，以科技部的“火炬计划特色产业基地”最为典型。中部地区现共有国家级火炬计划特色产业基地 31 家，其中湖南省 8 家，湖北省 9 家，江西省 2 家，安徽省 6 家，河南省 6 家，唯独山西省没有国家级特色产业基地。目前，山西经认定的高新技术企业在中部最少，缺乏有竞争力的龙头企业，基地建设缺乏微观基础。目前山西仅有 2 个高新技术产业化类基地，一是由商务部、科技部认定的太原高新区国家科技兴贸创新基地（新材料）和科技部认定的山西软件园“国家火炬计划软件产业基地”（高雷虹、原梅生，2010）。产业化指数的排序中，山西省连续几年排在全国倒数几位。例如，在 2010 年和 2011 年，山西省高新技术产业化指数分别排在全国第 31 位和第 30 位；2010 年，全省高技术产品进出口额在全国排在第 21 位（姚琦等，2012）。上述统计数据在某种程度上反映出山西省高新技术产业发展的严重不足。

第三，企业的主体地位尚未凸显，难以全面推动山西省科技创新成果的产业化发展。企业是市场主体，也是科技创新的主体，其科技创新的意识和能力决定着科技成果产业化的发展水平。从目前来看，山西省企业的科技创新主体地位还没有确立，技术进步并非企业发展的重要推动力量。山西省在传统粗放式经济增长的发展模式下，许多企业仍然存在技术创新内生动力不足、创新水平低、科技研发活动投入严重不足、技术进步缓慢等问题，从而直接制约了山西资源型经济转型发展。山西省 R&D 资源清查结果显示，2009 年，全省只有 220 家工业企业建立了科技机构，覆盖面仅为 5.5%。此外，据统计，2009 年，山西省有研发活动的规模以上工业企业数仅占 6.5%，在全国 31 个省区中排名第 23 位，在中部 6 省中位列第 5 位。虽然 2000 年以来山西省工业企业研发经费投入规模实现较快扩张，但投入强度仍处于较低水平。在国际上一般认为，只有研发投入强度达到 5%以上的企业才具有足够的市场竞争力，一些国际大企业的研发投入强度甚至达到了 10%～15%的水平。然而，2009 年山西省有研发活动的规模以上工业企业研发投入强度仅为 1.6%。占山西省规模以上工业企业研发投入 81%的大型工业企业，只有近 3%的企业的研发投入水平超过 5%，企业的技术创新活动普遍维持在对一些相对低端技术的研发上。①

综上所述，山西省亟须推动科技创新与经济建设的紧密结合，进一步强化科技创新对加快经济发展方式转变的支撑作用；强化企业在科技创新中的主体地位，加快建立以企业为主体、以市场为导向、以高新产业发展为突破、产学研紧密结合的科技创新系统，大力促进创新科技成果的转化与应用，提升科技创新对资源型经济转型的贡献率，着力推动山西省资源型经济转型发展。

(四) 科技创新效益分析

在 2011 年全国 31 个省区科技创新系统指标评价标准化数据（附录 2）中选取一级指标中全国科技创新效益指标的标准化数据，运用 SPSS15.0 统计软件进行主成分分析，经整理得到的分析结果如表 6-42～表 6-44 所示。

表 6-42　全国科技创新效益指标数据的全部解释方差表

因子序号	初始特征根			因子提取结果		
	方差	方差贡献率/%	方差累计所占比重/%	方差	方差贡献率/%	方差累计所占比重/%
1	4.353	48.367	48.367	4.353	48.367	48.367
2	1.426	15.846	64.213	1.426	15.846	64.213
3	1.050	11.667	75.880	1.050	11.667	75.880
4	0.953	10.584	86.464			
5	0.550	6.107	92.570			
6	0.333	3.698	96.269			
7	0.158	1.758	98.027			
8	0.137	1.525	99.552			
9	0.040	0.448	100.000			

表 6-42 可看出，经过对科技创新效益指标中 9 个因子的原始数据进行主成分分析，提取出特征根大于 1 的 3 个主因子及其有关参数，这 3 个主因子占总方差的比重为 75.880%，可以概括原始数据的大部分信息，因此，采用主成分分析选取 3

① 根据山西统计信息网（http：//www.stats-sx.gov.cn）相关数据整理。

个主因子对全国各省区科技创新效益进行评价是比较理想的（表 6-43）。

表 6-43　全国科技创新效益指标数据的因子载荷矩阵

二级指标	三级指标	主因子		
		1	2	3
经济效益	人均 GDP	0.903	0.009	−0.365
	劳动生产率	0.839	0.121	−0.401
	资本生产率	0.649	0.196	0.414
	综合能耗产出率	0.818	−0.154	0.194
高新技术产业化效益	高技术产业劳动生产率	0.264	0.771	−0.312
	高技术产业增加值率	−0.813	0.275	−0.071
	知识密集型服务业劳动生产率	0.882	0.060	0.057
环境效益	环境质量指数	0.078	0.710	0.565
	环境污染治理指数	0.480	−0.415	0.350

在表 6-43 所示的因子载荷矩阵中，显示出主因子的载荷系数，即科技创新效益指标变量与 3 个主因子之间的相关系数。由此可以得到科技创新效益的各主因子得分的计算表达式

$$F_1=0.903X_{411}+0.839X_{412}+0.649X_{413}+0.818X_{414}+0.264X_{421}-0.813X_{422}+0.882X_{423}+0.078X_{431}+0.480X_{432}$$

$$F_2=0.009X_{411}+0.121X_{412}+0.196X_{413}-0.154X_{414}+0.771X_{421}+0.257X_{422}+0.060X_{423}+0.710X_{431}-0.415X_{432}$$

$$F_3=-0.365X_{411}-0.401X_{412}+0.414X_{413}+0.194X_{414}-0.312X_{421}-0.071X_{422}+0.057X_{423}+0.565X_{431}+0.350X_{432}$$

将附录 4 中科技创新效益指标的标准化数据代入上式各主因子得分公式，可以计算出全国 31 个省区科技创新效益方面的 3 个主因子得分，详见表 6-44。

表 6-44　全国科技创新效益指标数据的主因子得分

地区	F_1	F_2	F_3
北京	6.811 8	−1.059 9	−1.633 5
天津	8.452 1	1.225 1	−1.775 5
河北	−0.974 5	−0.822 8	0.261 4
山西	−2.873 5	−1.816 4	0.403 4
内蒙古	−0.792 7	1.684 9	−1.112 2
辽宁	1.237 7	0.459 7	−0.152 7
吉林	−1.217 7	1.680 1	−0.428 8
黑龙江	−0.927 8	−0.182 9	0.135 2
上海	11.253 2	0.680 3	−0.798 7
江苏	5.649 3	−1.415 8	−0.361 1
浙江	5.060 9	−1.385 6	0.415 4
安徽	−0.796 5	−1.226 8	0.950 1
福建	4.494 8	0.804 4	1.365 4

续表

地区	F_1	F_2	F_3
江西	−2.409 4	0.042 4	0.740 8
山东	2.748 2	0.760 6	−0.515 1
河南	−1.509 5	−0.637 7	0.451 7
湖北	−1.216 7	0.048 3	−0.400 1
湖南	−0.338 8	0.004 4	1.329 7
广东	7.258 4	0.090 4	2.272 8
广西	−1.702 2	−0.045 7	1.510 6
海南	−1.300 2	1.815 8	0.798 3
重庆	−2.340 3	−0.848 9	−0.58
四川	−2.05 3	0.583 7	0.087 7
贵州	−4.317 8	0.494 7	0.906 8
云南	−2.006 8	1.474 7	1.382 1
西藏	−6.029 8	4.422 2	−1.106 2
陕西	−2.3 4	−1.31 4	−0.017 7
甘肃	−4.916 8	−2.943 5	−1.198 4
青海	−5.990 8	0.310 4	−1.358 4
宁夏	−3.216 6	−1.353 1	0.246 3
新疆	−3.659 0	−1.560 6	−1.793 1

通过上述主成分分析提取出 3 个主因子，现将以各主因子的方差贡献率为权数对各省区的科技创新效益水平做出总体评价，详见表 6-45。

表 6-45 全国科技创新效益指标数据的主因子权数

	λ_1	λ_2	λ_3	合计
权数	4.353	1.426	1.050	6.829
权重	0.64	0.21	0.15	1

由表 6-45 可以得到计算我国各省区科技创新效益综合评价的具体公式，为

$$F=0.64F_1+0.21F_2+0.15F_3$$

将表 6-44 中主因子 F_1、F_2、F_3分别代入上式，得到全国各省区科技创新效益的综合评价得分，详见表 6-46。

表 6-46 全国科技创新效益评价得分及排名

排名	地区	F
1	上海	7.225 1
2	天津	5.400 3
3	广东	5.005 3
4	北京	3.892 0
5	江苏	3.264 1
6	福建	3.250 4
7	浙江	3.010 3
8	山东	1.841 3

续表

排名	地区	F
9	辽宁	0.865 7
10	湖南	−0.016 5
11	内蒙古	−0.320 3
12	海南	−0.331 1
13	吉林	−0.490 8
14	黑龙江	−0.611 9
15	安徽	−0.624 9
16	河北	−0.757 3
17	云南	−0.767 4
18	湖北	−0.828 6
19	广西	−0.872 4
20	河南	−1.032 2
21	四川	−1.178 2
22	江西	−1.422 0
23	重庆	−1.763 1
24	陕西	−1.776 2
25	山西	−2.160 0
26	宁夏	−2.305 8
27	贵州	−2.523 5
28	新疆	−2.938 5
29	西藏	−3.096 4
30	甘肃	−3.944 7
31	青海	−3.944 7

从科技创新效益产出的综合评价结果来看，山西省在全国排名第 25 位，在 31 个省区中排在倒数第 7 位。具体的，山西省科技创新效益得分为负，为−2.1600，与上海（7.2251）、天津（5.4003）、广东（5.0053）、北京（3.8920）、江苏（3.2641）有非常大的差距，这说明我省迫切需要提高科技创新的效益，增进科技创新的附加价值，缩小与全国发达省份的差距。

从具体指标来看，第一个主因子 F_1 的权重较大，占到 64%，对科技创新效益的综合评价有重要作用。具体的，从表 6-44 中可看出，山西在 F_1 的得分仅为−2.8735，在全国排名第 25 位，与在全国科技创新效益的综合排名一致。在 F_1 的载荷系数中，人均 GDP 和知识密集型服务业劳动生产率的系数分别为 0.903 和 0.882，与其他指标比较，数值较大，对科技创新效益得分起到了相对重要的作用，山西省得分较低主要与这几个指标得分有关。在上述两个重要的指标中，人均 GDP 属于经济效益指标，知识密集型服务业劳动生产率属于高新技术产业化效益指标，并且经济效益指标和高新技术产业化效益中各个指标的载荷系数都比较大。山西省得分较低，说明山西省在科技创新促进经济发展和高新技术发展上与发达省区相比，仍有较大差距。

山西省科技创新效益仍处于较低水平，与其长期以来以煤炭为主资源型经济的刚性增长模式紧密相关。

首先，以煤为主的能源结构在短期内难以改变，从而构成了以科技创新驱动资源型经济转型发展的资源性障碍。山西省“富煤、缺油”的资源条件，决定了其能源结构以煤为主，能源消费几乎全部来自于煤炭。全省一次、二次能源生产总量的75%供应全国各地，全国煤炭出口量的60%来源于山西省；焦炭出口量占全国出口量的80%，占国际焦炭市场交易量的48%。在山西省占全国1/60的土地上，生产了全国1/4的煤、2/5的焦、1/17的火电[①]。对山西这个煤炭大省而言，独特的资源禀赋决定了它一方面必须承担为全国发展大局提供能源支撑的历史责任；另一方面它又是大气污染的主要污染源。随着全国与山西省经济的持续较快增长，对山西省能源供给将提出更高要求，特别是煤、焦的输出和电力的供给。

其次，山西发展过程中形成的重型产业结构，构成以科技创新实现资源型经济转型发展的结构性障碍。产业结构转变是工业化发展的主要特征，它不仅决定着区域经济的静态特征，也影响着未来区域经济的增长速度和发展模式。目前，山西省资源型产业专门化优势非常突出，这些产业大多针对科技需求不大、发展层次较低的行业。之所以如此，是因为资源型产业属于基础产业，也因为资金和劳动密集型产业，产业链延伸较短，后向联系和侧向联系都较弱，加上资源部门的繁荣对技术密集型产业的抑制性作用，制约了以科技创新促进高技术产业和新兴产业发展的驱动作用。多年来，尽管山西省各级政府十分重视科技创新推进经济结构调整工作，但是始终难以战胜市场这只“无形的手”。在市场对资源性产品的旺盛需求刺激下，资源型产业规模不断扩张，产业地位日益巩固和强化。

综上所述，山西省长期以来以煤炭为主的资源型经济的刚性增长模式，导致其资源型产业的高收益与工业经济的低效益形成了明显的反差，形成了资源丰富与经济发展的矛盾，同时也在一定程度上抑制了科技创新对山西省资源型经济转型的驱动力。因此，加快山西省科技进步和技术创新步伐，推进山西省经济增长由资源要素驱动向科技创新驱动转变，为实现资源型经济转型发展提供强有力的支撑和保障，已成为当前山西省经济发展面临的严峻挑战。

（五）科技创新综合分析

为了对山西省科技创新发展水平做出总体评价，现以2011年全国31个省区科技创新评价指标标准化数据（附录4）为基础，整合科技创新基础、科技创新投入、科技创新产出、科技创新效益四个方面对山西省科技创新发展水平进行综合分析。通过运用SPSS15.0统计软件进行因子分析，经整理得到的分析结果，如表6-47～表6-49所示。

同样，首先采用主成分分析法对科技创新评价体系中的35个指标的原始数

---

① 山西应对气候变化总体规划。

据进行初始因子分析。根据主成分的特征根必须大于 1 的原则，提炼出 6 个主因子。这些主因子对方差解释的累计比重达到 83.578％，可以概括原始数据的大部分信息（表 6-47），因此，采用主成分分析提出 6 个主因子进行科技创新发展水平的总体评价是较为理想的（表 6-48）。

表 6-47　全国科技创新综合指标数据的全部解释方差表

因子序号	初始特征根			因子提取结果		
	方差	方差贡献率/%	方差累计所占比重/%	方差	方差贡献率/%	方差累计所占比重/%
1	17.956	51.304	51.304	17.956	51.304	51.304
2	4.759	13.597	64.901	4.759	13.597	64.901
3	2.408	6.880	71.781	2.408	6.880	71.781
4	1.592	4.548	76.328	1.592	4.548	76.328
5	1.321	3.774	80.102	1.321	3.774	80.102
6	1.217	3.476	83.578	1.217	3.476	83.578
7	0.962	2.748	86.326			
8	0.840	2.400	88.726			
9	0.719	2.053	90.779			
10	0.591	1.688	92.467			
11	0.434	1.239	93.707			
12	0.392	1.120	94.827			
13	0.338	0.966	95.793			
14	0.286	0.817	96.610			
15	0.258	0.738	97.349			
16	0.237	0.677	98.025			
17	0.193	0.552	98.577			
18	0.134	0.383	98.960			
19	0.091	0.261	99.221			
20	0.085	0.242	99.463			
21	0.073	0.208	99.671			
22	0.033	0.095	99.766			
23	0.028	0.080	99.846			
24	0.019	0.054	99.900			
25	0.015	0.044	99.944			
26	0.010	0.028	99.972			
27	0.007	0.021	99.993			
28	0.001	0.004	99.997			
29	0.001	0.002	99.999			
30	0.000	0.001	100.000			
31	6.850×10^{-16}	1.957×10^{-15}	100.000			
32	2.683×10^{-16}	7.667×10^{-15}	100.000			
33	-2.858×10^{-16}	-8.165×10^{-15}	100.000			
34	-6.728×10^{-16}	-1.922×10^{-15}	100.000			
35	-9.274×10^{-16}	-2.650×10^{-15}	100.000			

表 6-48　全国科技创新综合指标数据的因子载荷矩阵

一级指标	二级指标	三级指标	主因子					
			1	2	3	4	5	6
科技创新基础指标	科技人力资源	万人专业技术人员数	0.805	−0.504	0.088	0.013	−0.156	−0.002
		万人大专以上学历人数	0.899	−0.377	0.002	−0.032	0.060	−0.013
	科技物质条件	每名R&D活动人员新增仪器设备费	0.513	−0.032	0.334	0.477	0.308	−0.219
		科研综合技术服务新增固定资产占全社会新增固定资产的比重	0.572	−0.506	0.274	0.085	−0.314	−0.146
	科技基础设施	百户居民计算机拥有量	0.944	0.137	−0.091	−0.132	0.098	0.138
		万人国际互联网络用户数	0.875	0.086	−0.116	−0.195	−0.064	−0.030
		百人固定电话和移动电话用户数	0.880	0.029	−0.147	−0.246	−0.068	−0.007
	科技意识	万名就业人员专利申请量	0.889	0.218	−0.055	−0.126	0.208	−0.052
		科研和综合技术服务业平均工资与全社会平均工资比例系数	0.765	0.129	−0.079	0.092	0.080	−0.439
		万人吸纳技术成果金额	0.876	−0.436	−0.042	0.026	0.039	0.023
科技创新投入指标	人力投入	万人R&D研究人员数	0.945	−0.270	0.047	0.066	−0.053	−0.035
		企业R&D研究人员占全社会R&D研究人员的比重	−0.058	0.687	0.498	−0.087	−0.182	−0.130
	财力投入	R&D经费支出	0.753	0.363	0.084	0.034	−0.354	−0.208
		R&D经费支出占GDP的比重	0.918	−0.200	0.186	0.159	−0.098	−0.076
		地方财政科技拨款占地方财政支出的比重	0.955	0.067	−0.050	−0.113	−0.105	0.131
		企业R&D经费支出占产品销售收入的比重	0.492	0.515	0.468	0.208	−0.079	0.075
		企业技术引进和消化吸收经费支出占产品销售收入的比重	0.206	−0.039	0.431	−0.486	0.572	0.064
科技创新产出指标	科技活动直接产出	万名R&D活动人员科技论文数	−0.164	−0.606	0.162	0.086	0.228	0.364
		获国家科技成果奖系数	0.408	−0.723	0.149	−0.030	−0.091	−0.048
		万名就业人员发明专利拥有量	0.939	−0.228	−0.068	−0.040	0.094	0.092
	科技成果市场化	万人技术成果成交额	0.783	−0.536	0.040	0.137	−0.172	0.060
		万名R&D活动人员向国外转让专利使用费和特许费	0.744	−0.136	−0.168	−0.131	0.079	0.347
	科技成果产业化	高技术产业增加值占工业增加值的比重	0.763	0.206	−0.289	0.225	−0.084	−0.058
		知识密集型服务业增加值占生产总值的比重	0.863	−0.374	−0.138	−0.059	−0.076	0.126
		高技术产品出口额占商品出口额的比重	0.731	0.374	0.059	0.105	0.150	−0.201
		新产品销售收入占主营业务收入的比重	0.521	0.356	0.250	0.288	0.178	0.265

续表

一级指标	二级指标	三级指标	主因子					
			1	2	3	4	5	6
科技创新效益指标	经济效益	人均 GDP	0.922	0.127	−0.095	−0.072	0.121	−0.102
		劳动生产率	0.790	0.182	−0.158	−0.142	0.369	−0.118
		资本生产率	0.411	0.586	−0.213	−0.127	−0.034	0.140
		综合能耗产出率	0.751	0.312	0.125	0.271	−0.119	0.268
	高新技术产业化效益	高技术产业劳动生产率	0.247	−0.043	−0.511	0.529	0.337	−0.153
		高技术产业增加值率	−0.748	−0.318	−0.050	0.313	0.219	−0.163
		知识密集型服务业劳动生产率	0.706	0.573	−0.230	−0.143	−0.013	−0.062
	环境效益	环境质量指数	−0.134	0.315	−0.679	0.302	−0.106	0.377
		环境污染治理指数	0.341	0.347	0.579	0.291	0.059	0.358

在表 6-48 所示的因子载荷矩阵中，显示出主因子的载荷系数，即科技创新评价指标各变量与 6 个主因子之间的相关系数。由此可以得出科技创新综合指标各主因子的计算公式

$$F_1=0.805X_{111}+0.899X_{112}+0.513X_{121}+0.572X_{122}+0.944X_{131}+0.875X_{132}+0.880X_{133}+0.889X_{141}+0.765X_{142}+0.876X_{143}+0.945X_{211}-0.058X_{212}+0.753X_{221}+0.918X_{222}+0.955X_{223}+0.492X_{224}+0.206X_{225}-0.164X_{311}+0.408X_{312}+0.939X_{313}+0.783X_{321}+0.744X_{322}+0.763X_{331}+0.863X_{332}+0.731X_{333}+0.521X_{334}+0.922X_{411}+0.790X_{412}+0.411X_{413}+0.751X_{414}+0.247X_{421}-0.748X_{422}+0.706X_{423}-0.134X_{431}+0.341X_{432}$$

$$F_2=-0.504X_{111}-0.377X_{112}-0.032X_{121}-0.506X_{122}+0.137X_{131}+0.086X_{132}+0.029X_{133}+0.218X_{141}+0.129X_{142}-0.436X_{143}-0.27X_{211}+0.687X_{212}+0.363X_{221}-0.2X_{222}+0.067X_{223}+0.515X_{224}-0.039X_{225}-0.606X_{311}-0.723X_{312}-0.228X_{313}-0.536X_{321}-0.136X_{322}+0.206X_{331}-0.374X_{332}+0.374X_{333}+0.356X_{334}+0.127X_{411}+0.182X_{412}+0.586X_{413}+0.312X_{414}-0.043X_{421}-0.318X_{422}+0.573X_{423}+0.315X_{431}+0.347X_{432}$$

$$F_3=0.088X_{111}+0.002X_{112}+0.334X_{121}+0.274X_{122}-0.091X_{131}-0.116X_{132}-0.147X_{133}-0.055X_{141}-0.079X_{142}-0.042X_{143}+0.047X_{211}+0.498X_{212}+0.084X_{221}+0.186X_{222}-0.05X_{223}+0.468X_{224}+0.431X_{225}+0.162X_{311}+0.149X_{312}-0.068X_{313}+0.04X_{321}-0.168X_{322}-0.289X_{331}-0.138X_{332}+0.059X_{333}+0.25X_{334}-0.095X_{411}-0.158X_{412}-0.213X_{413}+0.125X_{414}-0.511X_{421}-0.05X_{422}-0.23X_{423}-0.679X_{431}+0.579X_{432}$$

$$F_4=0.013X_{111}-0.032X_{112}+0.477X_{121}+0.085X_{122}-0.132X_{131}-0.195X_{132}-0.246X_{133}-0.126X_{141}+0.092X_{142}+0.026X_{143}+0.066X_{211}-0.087X_{212}+0.034X_{221}+0.159X_{222}-0.113X_{223}+0.208X_{224}-0.486X_{225}+0.086X_{311}-0.03X_{312}-0.04X_{313}+0.137X_{321}-0.131X_{322}+0.225X_{331}-0.059X_{332}+$$

$0.105X_{333}+0.288X_{334}-0.072X_{411}-0.142X_{412}-0.127X_{413}+0.271X_{414}+0.529X_{421}+0.313X_{422}-0.143X_{423}+0.302X_{431}+0.291X_{432}$

$F_5=-0.156X_{111}+0.06X_{112}+0.308X_{121}-0.314X_{122}+0.098X_{131}-0.064X_{132}-0.068X_{133}+0.208X_{141}+0.08X_{142}+0.039X_{143}-0.053X_{211}-0.182X_{212}-0.354X_{221}-0.098X_{222}-0.105X_{223}-0.079X_{224}+0.572X_{225}+0.228X_{311}-0.091X_{312}+0.094X_{313}-0.172X_{321}+0.079X_{322}-0.084X_{331}-0.076X_{332}+0.15X_{333}+0.178X_{334}+0.121X_{411}+0.369X_{412}-0.034X_{413}-0.119X_{414}+0.337X_{421}+0.219X_{422}-0.013X_{423}-0.106X_{431}+0.059X_{432}$

$F_6=-0.002X_{111}-0.013X_{112}-0.219X_{121}-0.146X_{122}+0.138X_{131}-0.03X_{132}-0.007X_{133}-0.052X_{141}-0.439X_{142}+0.023X_{143}-0.035X_{211}-0.13X_{212}-0.208X_{221}-0.076X_{222}+0.131X_{223}+0.075X_{224}+0.064X_{225}+0.364X_{311}-0.048X_{312}+0.092X_{313}+0.06X_{321}+0.347X_{322}-0.058X_{331}+0.126X_{332}-0.201X_{333}+0.265X_{334}-0.102X_{411}-0.118X_{412}+0.14X_{413}+0.268X_{414}-0.153X_{421}-0.163X_{422}-0.062X_{423}+0.377X_{431}+0.358X_{432}$

将附录 4 中的科技创新所有指标的标准化数据代入上式各主因子的计算公式，可分别计算出全国 31 个省区科技创新的 6 个主因子得分，如表 6-49 所示。

表 6-49 全国科技创新综合指标数据的主成分得分

地区	F_1	F_2	F_3	F_4	F_5	F_6
北京	62.471 4	−15.149 7	0.837 3	1.666 1	−2.283 2	0.343
天津	26.776 8	3.699 2	−0.754 1	1.154	3.625 6	−1.788
河北	−7.683	0.742 4	1.357 9	−0.940 7	0.270 4	−0.510 3
山西	−9.112 0	−0.168 2	1.971 6	−2.188 4	−0.520 3	−0.188 5
内蒙古	−7.957 5	0.169 7	−1.527 8	0.395 9	0.536 8	−0.905 3
辽宁	3.185 4	0.975 2	−0.344	−0.278 3	−0.305 3	−0.352
吉林	−6.149 1	−0.884 2	−1.993 7	1.015	−0.165 2	0.162 1
黑龙江	−4.557	−0.914 8	2.054 1	0.353 9	−0.493 7	−0.429 3
上海	45.319 7	1.822 5	−2.314 7	−2.804 1	2.990 6	1.779 1
江苏	16.451 6	7.038 9	0.661 3	−0.231 9	−1.148 6	−1.792 1
浙江	11.707 2	5.866 5	−0.352	−2.100 8	−1.285 5	0.581 6
安徽	−7.549 3	2.189 1	1.870 6	0.632 2	−0.722 2	0.824 6
福建	6.941 6	5.680 6	−1.943 1	−0.781 0	−0.073 2	1.734 3
江西	−10.131 5	1.021 1	1.145 3	2.473 5	−0.054 7	0.218
山东	3.655 9	4.500 9	0.904 6	1.263 6	−0.457 9	−1.262 5
河南	−11.008 3	1.711 1	1.068 2	0.211 6	−0.977 7	−0.022 0
湖北	−1.925 7	0.168 6	1.304 8	1.111 9	0.495 5	−0.849 5
湖南	−6.882 1	2.943 5	1.507 9	0.329 8	−0.093 7	1.761 2
广东	19.657 1	10.854 4	−0.965 7	−0.689 7	−2.609 6	−0.624 7
广西	−11.009	−0.003 5	−0.428 0	1.073 1	−0.536 4	1.546 5
海南	−11.053 8	−3.175 1	−3.421 4	1.589 5	0.873 3	2.585 2
重庆	−2.294 2	0.545 7	3.521 8	2.316 6	2.037 4	0.282 3

续表

地区	F_1	F_2	F_3	F_4	F_5	F_6
四川	−6.086 5	−0.252 1	−0.312 7	2.046	0.752 2	−1.184 3
贵州	−14.904 3	0.212 5	−0.430 1	0.356 8	−0.765 2	1.487 0
云南	−13.946 2	−1.809 5	−1.833 9	0.845 3	0.315 2	1.235 8
西藏	−17.592 9	−3.824 1	−8.686 4	−0.524 9	0.000 1	−2.197 4
陕西	−0.570 5	−2.454 3	2.337 7	1.369 5	−0.215	−0.758 8
甘肃	−12.63	−4.594 4	5.003 9	−3.362 5	2.153 3	−0.399 8
青海	−11.497 6	−7.036 7	−0.781 3	−1.230 8	0.001 3	−1.564 5
宁夏	−11.110 1	−3.582 9	0.142 8	−2.413 7	−0.403 8	0.833 8
新疆	−10.428 7	−6.379 9	0.466 9	−2.660 1	−0.984 0	−0.581 7

通过上述主成分分析提取出 6 个主因子，现以各主因子的方差贡献率为权数对全国 31 个省区的科技创新发展水平做出综合性评价，详见表 6-50。

表 6-50 全国科技创新综合指标数据的公因子权数

	λ_1	λ_2	λ_3	λ_4	λ_5	λ_6	合计
权数	17.956	4.759	2.408	1.592	1.132	1.217	29.064
权重	0.62	0.17	0.08	0.05	0.04	0.04	1

由表 6-50 可以得到计算我国各省区科技创新发展水平总体评价的计算公式

$$F=0.62F_1+0.17F_2+0.08F_3+0.05F_4+0.04F_5+0.04F_6$$

然后，将表 6-49 中主因子 F_1、F_2、F_3、F_4、F_5、F_6 分别代入上式，得到全国各省区科技创新发展水平的综合评价得分，详见表 6-51。

表 6-51 全国科技创新综合评价结果及排名

排名	地区	F
1	北京	36.229 5
2	上海	28.273 5
3	天津	17.301 3
4	广东	13.791 5
5	江苏	11.320 3
6	浙江	8.094 4
7	福建	5.141 5
8	山东	3.098 5
9	辽宁	2.073 0
10	陕西	−0.554 4
11	重庆	−0.839 3
12	湖北	−1.019 5
13	黑龙江	−2.835 7
14	湖南	−3.562 7
15	四川	−3.756 5
16	吉林	−4.071 6
17	安徽	−4.123 1
18	河北	−4.585 2

续表

排名	地区	F
19	内蒙古	−5.022
20	山西	−5.658 1
21	江西	−5.886 1
22	河南	−6.478 2
23	广西	−6.766 4
24	海南	−7.449
25	宁夏	−7.589 4
26	新疆	−7.708 7
27	甘肃	−8.309 3
28	青海	−8.511 3
29	云南	−8.996 7
30	贵州	−9.192 2
31	西藏	−12.366 7

从全国各省区科技创新综合评价结果来看，山西省在全国位列第 20 位，具体的，山西省科技创新综合评分为－5.6581，不仅远远落后于北京(36.2295)、上海（28.2735)、天津（17.3013)、广东（13.7915)、江苏（11.3203）等发达省区，而且也明显低于全国平均水平（0.0013)。因此，山西省亟待提升科技创新能力，使科技创新真正成为促进山西资源型经济转型发展的强大驱动力。

具体到主成分和指标上来说，主成分 F_1 在整个 F 中占的权重较大，为 62％，而山西在 F_1上的得分仅为－9.1120，仅仅高于江西、河南、广西、贵州、云南、甘肃、宁夏、青海和新疆等中西部落后省区，远远落后于我国发达省区。在主因子 F_1的载荷系数中，百户居民计算机拥有量、万人 R&D 研究人员数、R&D 经费支出占 GDP 的比重、地方财政科技拨款占地方财政支出的比重、万名就业人员发明专利拥有量、人均 GDP 这些指标的载荷系数较大，对最后总得分有突出的贡献，山西省得分较低说明该省在上述指标得分上落后于发达省区。其中，百户居民计算机拥有量来源于基础部分的科技基础设施；万人 R&D 研究人员数来源于人力投入，R&D 经费支出占 GDP 的比重和地方财政科技拨款占地方财政支出的比重来源于财力投入部分；万名就业人员发明专利拥有量来源于科技活动直接产出部分，人均 GDP 来源于经济效益部分。这就说明山西省与全国其他省区的科技创新发展水平相比，在科技创新投入、科技创新基础、科技创新产出、科技创新效益等方面亟待进一步发展。从表 6-48 中的重要指标 F_1 值可看出，科技基础设施、科技人力资源、科技意识、科技成果市场化等方面的 F_1的载荷系数总体上较大，说明这些指标对科技创新发展有着重要的影响。这进一步说明，在山西省资源型经济转型发展中，应重点在强化科技创新意识、加强科技基础设施建设、增加科技人力资源投入、促进科技成果转化上有所突破，以强力推动科技创新。

通过对山西科技创新发展的横向比较分析，我们可以看出，该省在科技创新基础、投入、产出和效益方面与发达地区有很大的差距，科技创新发展在全国还很落后，科技创新水平还很低，未来还有很长的路要走。山西亟待构建适应区域经济发展特点的科技创新政策体系，不断增强科技创新意识，夯实科技创新基础；加大科技创新人力和财力投入；调整科技创新产出结构，促进科技成果转化；加大对高新技术产业的扶持力度，不断增强科技创新效益，以科技创新为强力推动器，使山西省真正走上科技创新促进经济发展的可持续发展之路，最终实现资源型经济转型的战略目标。

综上所述，对山西省资源型经济转型科技创新发展现状的横向比较分析和纵向趋势分析，我们可以看出，山西省近 5 年来在科技创新基础、投入、产出和效益等方面都取得了长足发展，科技创新能力得到了显著提升。但是，与此同时，我们也应清醒地认识到，山西省的科技创新水平，无论是与全国发达地区相比，还是与全省转型跨越发展的最高要求相比，都还存在很大的差距和不足。从总体上，山西省科技创新能力的发展还仅处于初级阶段，这也正是资源型经济发展过程中增长结构仍然不合理、内涵式发展仍然不足的重要原因所在。

然而，对山西这样的能源基地和老工业基地、资源型省份和欠发达地区来说，要实现从资源依赖型向创新驱动型转变，任务更为艰巨、更为紧迫。因此，山西省应增强科技创新工作对促进山西省资源型经济转型发展的使命感与紧迫感，坚持将创新驱动发展作为面向未来的一项重大战略，把科技创新作为经济发展的内生动力，着力增强发展的全面性、协调性、可持续性，着力实现从资源依赖型向创新驱动型的转变；亟须以科技创新系统为基础，全面构建科学合理、切实可行、富有活力的科技创新政策体系，以提出具有可操作性的促进山西省资源型经济转型的科技创新战略实施的政策建议。

第七章 促进山西省资源型经济转型的科技创新系统构建的政策体系

区域科技创新是一个涵盖组织、制度、主体、客体、环境等诸多要素的复杂系统，因此，提升山西省区域科技创新能力不能“头痛医头，脚痛医脚”，而需要在把握其问题本质的基础上，以观念创新为灵魂、以体制机制创新为基础、以科技创新为核心、以产业创新为条件、以发展环境创新为支撑，努力构建促进山西省资源型经济转型的科技创新政策体系。从区域创新系统的运行机制可知，虽然区域创新系统内各要素之间存在着自组织作用机制，但这不是一种无条件的作用，而是一种在外界条件影响下的自组织作用。而且，由于系统内各要素所拥有的知识、信息和资源在数量和质量上参差不齐，即相对系统宏观平衡量而言存在涨落，这就为区域创新系统政策的制定和执行提供了必要性和可行性。

通过科技创新政策的制定和执行，使科技创新系统内政府、企业、高校、科研机构和中介服务机构等创新主体要素拥有的知识和信息量交互流动。同时，在科技创新政策的作用下，系统内部各要素与外界环境产生交互作用。从系统论的角度来看，区域科技创新系统是由创新主体、创新驱动力、创新支撑体系和创新环境四大部分构成的。从这四个层面来进行科技创新政策体系的构建，可使之形成一个完整的有机系统，对区域创新系统内各个环节和要素进行有效协调，有利于在最短的时间内推动科技创新系统有序发展。

第一节　培育各类创新主体，完善资源型地区科技创新体系

构筑促进山西省资源型经济转型的科技创新系统的政策体系要关注四类主体要素：政府、企业、高校与科研机构、中介机构。在这个基于资源型经济转型的科技创新系统中，这四类主体相互融合、相互影响，在整个科技创新体系中积极地发挥着各自的作用。

一　充分发挥政府科技创新引导功能

1. *构建宏观科技政策管理体系，促进山西省科技创新的长远发展*

完善政府的宏观调控功能，发挥其规划和引导作用，形成高效的资源型经

济宏观科技管理体系。政府需进一步制订科技发展的长远战略，出台具体的技术政策，向高科技产业化方向发展；通过政策和经费支持等，引导、鼓励和推进产学研合作，组织协调科技创新各个环节的关系；大力实施财税等优惠政策，不断促进科技成果的转移和扩散；通过推动企业、金融制度的创新，为科技创新主体提供完善的激励政策，提高创新人员的积极性。

2. 制定财政税收政策体系，推进山西省科技成果转化

山西省税制改革，需进一步研究制定鼓励、引导科技成果转化的优惠政策。保持对新产品、中间试验和“四技”（技术开发、技术转让、技术咨询、技术服务）活动的优惠政策，继续执行以税还贷、税前还贷的政策。改进增值税对高技术产品的征收办法，完善科研设施的快速折旧制度。这些都需要立法保障，通过税收优惠政策激起企业科技创新的积极性，同时增强企业科技投入的能力。制定《山西省试验研究增长额的征收扣除法》，规定企业研究费用超过前期增长额可享受一定比例的税收减免。改进科研资产加速折旧制度，缩短企业固定资产折旧的期限，鼓励采用新技术、新设备。

3. 建立政府采购法律制度，支持山西省转型发展

利用政府采购法律制度推动科技创新和高科技发展是大多数国家采取的一种有效措施。完善有利于科技创新的政府采购法律制度，通过法律明确规定，当政府采购者进行采购时，将企业的科技创新工作和成果等作为采购对象的选择标准之一。这就意味着，同一行业的企业在政府采购竞争时，科技创新工作和成果优良的企业拥有竞争优势，更容易占领市场，而科技创新工作和成果不良的企业则失去竞争能力。

4. 完善科技创新风险投资的进入和退出机制，为山西省转型发展提供资金保障

应积极探索开发资本市场和产权交易市场，为科技创新风险投资提供通畅的融资渠道，如优先支持高新技术企业在国内外证券市场上市融资。要积极建立和发展高新技术企业产权交易市场，培育适合高科技产业发展的技术交易市场，尽快形成区域合理分工和功能互补的技术产权交易体系。同时，利用股票市场、场外交易和即将设立的资本二板市场等渠道，充分发挥国有资产经营公司和上市公司“壳”资源作用，不断加大资产运作力度，大力促进高科技企业产权交易和转让，使高科技企业进入创业板市场。

5. 设立科技创新的综合协调部门，协同促进山西省资源型经济转型发展

科技创新涉及多个环节和部门，需要组织管理的集成、技术与资金的集成、政策的集成。通过设立具有行政管理职能的科技创新办公室，集中各个方面的力量，协同作战，有效组织协调各方面的人力、物力和财力，对科技创新政策的制定和执行中出现的问题进行协调、监督和反馈，使问题及时得到解决，才

能有效减少政策制定和执行中的摩擦，缩短政策制定的时间。

二 大力培育科技创新型企业主体

1. 加大对科技型中小企业的扶持力度，培育高新技术产业化的主力军

实施“山西省科技新星成长计划”，加快制定科技型中小企业成长路线图，注重典型引路，重点扶持和发展一批技术水平高、发展潜力大、市场前景好的科技型中小企业，逐渐形成科技“新星”铺天盖地、快速发展的新局面。为科技型中小企业创造良好环境，不断加大科技创新基金投入力度，对为科技型中小企业提供创业孵化服务的科技企业孵化器、大学科技园实施税收优惠的政策，对投资于科技型中小企业的风险投资机构实施税收优惠的政策。积极鼓励科技型中小企业竞争国家各类科技计划项目，大力支持民营科技企业创新创业活动。鼓励和扶持中小企业依托大型企业进行配套式或补缺式发展，紧跟大企业的创新步伐并带动自身创新。

2. 积极发展风险投资，促进高新技术产业的孵化发展

制定《山西省风险投资管理条例》，通过立法规范风险投资行为，保障风险投资机构在资金筹集、项目选择和所有者权益转让等方面的利益；利用个人投资、银行信贷、保险公司等渠道，积极拓宽风险投资的资金来源；通过建立多层次资本市场，不断完善担保体系等渠道，积极开辟多元化的风险投资退出渠道；完善专业化、多元化的风险投资服务体系，建议创立山西省创业风险投资行业协会；通过实施“走出去、引进来”战略，不断扩大与国际同业组织之间的交往。借鉴符合国际惯例的运作机制和先进的管理经验，招引著名创业风险投资机构入驻山西，鼓励与发展省内风险投资和国际风险投资的合作。积极打造高成长性项目的展示平台；积极设立平行投资基金或“政府＋企业＋民间资本＋海外资本”的合作基金；加快建立“山西省创业风险投资会所”，积极打造创业风险投资机构和山西本土高新技术企业有效对接的平台。

3. 加快山西省特色园区建设，促进形成创新型产业集聚

明确建设园区要求，加快规划和建立按产品链（群）、技术链细分后的专业园区，系统规划产业集聚，逐步形成布局合理、分工明确、相互联动、协同发展的格局。大力落实基础配套设施和土地等要素供应的优惠政策，加快提高产业集中度和企业协作配套水平，最终将特色鲜明、集聚发展的园区建设与新兴产业基地建设融为一体。抓好高新技术产业化项目和自主创新产业化项目建设，不断促进高新技术产业化和新兴产业集群化，努力成为高端科技成果转化和产业集聚基地。规划建设一批科技创新园区，建设山西省工业技术研究院，启动

建立太（原）榆（次）科技创新城，打造以科技为动力的经济增长。

4. 加大对企业自主创新的支持力度，为企业自主创新提供发展契机

政府应加强政策扶持力度，鼓励并引导科技型企业通过软件著作权、专利权、商标权等知识产权产品来进行质押贷款；倡导社会资金大力支持企业创新活动；鼓励企业开设重点实验室、技术中心、工程技术研究中心等重点研发机构；扶持大中型企业和条件好的民营企业联合建立企业技术中心和工程（研究）技术中心，逐步形成一批省级、国家级中心，大力支持规模以上企业和有条件的民营科技企业设立博士后科研工作站，快速攻克自主核心技术；引导企业与高等院校、科研机构建立各种科技创新联合组织，将应用型科研院所引入大型企业内部。山西省科技计划和重大工程项目要向企业开放，在市场应用前景较好的领域，建立企业牵头组织、高等院校和科研机构共同参与的有效机制。

三 促进高校与科研机构科技创新与成果推广应用

1. 教学与科研并重，形成“教学、科研、推广”三结合的体制

借鉴国外研究型高等院校对创新的扶持经验。教学与科研并重，在从事教学工作的同时，选择从事有优势、有特色的基础研究和应用基础研究。有些研究人员既可以从事教学，又可以从事科研推广工作。设立山西煤炭试验站，与高校、科研机构，以及以应用研究为主的科学试验机构合作。逐步建立由一个大学牵头，多个科研、教育、专业技术和知识产权商业开发领域的机构联合构建大学研究中心，既搞教学工作，又承担煤炭领域的科研任务，为推动山西省资源型经济转型发展提供有利的条件。

2. 发挥高校对科技创新系统的推动作用，加速提高科研产业化水平

通过合作办学、产学研结合等方式，强化高校对科技创新系统的推动作用，加速提高科研产业化综合水平。引导山西大学、太原理工大学等高等院校不断增强新技术、新工艺的自主研发创新能力，成为科技工业园区新技术、新工艺之“源”和国外先进技术消化吸收并转为实用的基地。培养高素质创新型人才，为科技工业园区技术创新提供人力支持和人才储备。加强高水平国际化科技合作，参与国际科研计划和学术组织，探索与国外著名高校、公司、科研团队开展科研合作的途径。推动高等院校成立技术转让中介机构。促进专利申请工作，采用多种方式推进高校科学技术成果的推广应用。高校要着力探索适应产学研合作和为产业创新服务的管理运营模式，组建一批创新科研团队和创新服务团队。

3. 充分发挥山西省科研院所的创新与服务支撑作用，形成自主创新的科研动力源

促进企业相关负责人与科研院所负责人及专家学者的相互交流，鼓励科研

院所聘请科技企业的技术专家担任兼职教授、研究生导师、学科带头人等职位，鼓励科研院所的研究人员兼任企业技术顾问，参与企业的技术研发和技术创新项目的实施。推进高等院校积极参与大型、特大型企业的自主创新项目，将学校的科研优势与企业的资金优势相结合，促进核心技术自主知识产权的突破。支持科研院所与大型企业共建联合实验室、研发中心、成果转化基地、人才培养培训机构等，鼓励科研院所面向企业开放重点实验室等科研基础设施，促进高校科技资源流向企业。鼓励高校与科研院所通过技术转让、联合研究、投资等方式与企业建立产学研一体的高新区和建设大学科技园，努力实现自主创新成果的转化与推广应用。

四 搭建科技创新中介服务平台

1. 搭建创新金融服务平台，形成山西省转型发展的助推器

改善科技型企业的信贷服务和融资氛围。鼓励银行提高对科技型企业贷款的比重，创建省级科技创业投融资联盟，引入创业投资，拓展科技金融服务范围。设立科技型中小企业技术创新基金，吸引社会资金投入科技创新工作，充分发挥本地民间资本优势。利用好税收等优惠政策，大胆发展科技创业风险投资，建立创业风险投资与自主创新的联动机制，对重大风险资本投资发展的科技产业项目给予更加优惠的政策，使风险投资成为山西转型发展的“助推器”。

2. 搭建公共科技信息服务平台，促进山西省科技创新信息的资源共享

打造山西省网上技术交易市场，加快科技成果库、技术需求库等信息资源共享和技术交易平台建设。加强与国内外著名技术转移机构的交流沟通，采用合作、设点等多种形式，构建畅通的技术引进信息与交易平台。加强科技资源、信息配置网络建设力度，强化科技预算的执行监督，促进企业合理有效地利用各类科研实验基地、大型科学仪器设备、自然科技资源、科学数据信息、科技文献和科技信息。探索资源整合共享政策和管理办法，加快科技网络环境建设，更好地为科技创新活动提供网络化、集成化、方便快捷的科技服务。

3. 搭建创新型技术转化平台，促进山西省科技创新生产力的转化

加快搭建科技企业孵化平台建设，鼓励和扶持高等院校、科研院所、大型企业及全社会力量根据山西省同业集聚趋势和人才资源分布状况，创办独具特色的专业科技孵化器。加快专利成果转化服务平台建设，持续发展技术交易市场和技术产权交易、技术评估咨询管理、科技成果推广应用等中介服务机构。优化整合财政资源，加大财政资金在技术转化并实用的投入，重点支持国家战

略性重大科研项目、竞争前沿技术、共性技术的研究，推进重大科技基础设施面向社会开放共享。重点扶持一批面向产业和服务社会的成果转化机构。

4. 搭建产业科研服务平台，形成山西省资源型经济转型的整体创新优势

依托大中型龙头企业，在优势产业和技术领域，重点构建国家级和省级的科技研究中心，形成山西省行业共性技术开发平台和重大科技成果转化应用服务平台。启动大型科学仪器设施共享平台规划，以支柱产业（如煤炭产业）和优势领域为重点，广泛收集省内企业、高校、科研院所的大型科学仪器设施信息，建库发布，提高科学仪器设施的使用率，降低自主创新成本。依托高新技术企业、民营科技企业，启动省级和国家级工程技术研究中心建设，构建创新梯队，形成整体创新优势和竞争力。

五 加快产学研协同创新联盟建设步伐

1. 充分发挥企业主导作用，构建产学研科技创新优势

鼓励企业特别是大中型企业与高校、科研院所共建重点科研实验室、行业工程科技中心、企业技术中心、中试基地，重点支持创建产学研战略联盟试点，形成一批“优势互补、利益共享、风险共担、协同发展”的产学研战略联盟机构。鼓励企业与高校、科研院所通过投资共建股份制企业、控股科研机构等多种形式联合运营发展，进行科研攻关和新技术产品开发。优先落实和重点支持由大中型企业牵头、产学研联合协同承担的产业共性技术、关键技术研发项目。尽快把大学、科研机构的科技资源优势转化为企业的科技创新优势。

2. 加强高校与相关行业协同创新，推动山西省产学研一体化发展

综合性大学学科门类较为完整，在许多前沿学科方向上，已汇聚了创新队伍，搭建了先进平台，取得了丰硕成果。根据“整合、共享、完善、提高”的原则，借鉴学习国内外先进经验，联合国内外高校、政府部门、相关行业企业，以实质性协同为基础，以文化和科技融合为主导方向，以科技成果推广、转化应用为重点，探索科技资源高效共享机制。采用与相关行业、企业合作的形式，整合研究资源和平台，共建科技创新及研发基地。对于一些企业集中度较高的行业，如煤炭、铁道等行业，要确立以企业为重心的协同创新模式。针对虽有一定规模，但集中度相对不太高的行业，如钢铁行业，高校就需要在协同创新体系中的共性关键技术研发方面发挥更大的作用。

3. 建立健全产学研管理机制，推动山西省资源型经济转型

成立推动科技成果转化的行政性政策服务机构，重点制订产学研合作项目，为科技成果转化应用项目中企业与高校、科研机构合作搭建桥梁，提供相关信

息咨询服务；为科技成果转化产学研合作提供政策支持，以加强政府部门在产学研一体化中的组织协调作用。建立产学研合作机制，在企业与高校、科研院所内部建立与之相适应的管理模式和创新机制，为科学技术和市场需求结合、技术和资本结合、人员和项目结合提供先进的体制和机制保障。建立产学研绩效评估机制，将科技成果转化、产学研合作成效等纳入对高校、科研院所领导和领导班子业绩考核的重要指标。建立产学研投入机制，利用风险投资和贷款担保资金对产学研合作项目给予优先支持，对重大科技成果转化项目予以专项资金和优惠政策资助。建立产学研激励机制，对有突出成就的科研人员和科研成果给予丰厚的报酬。鼓励和支持高等院校、科研机构的科研人员在日常工作的同时，兼职从事成果转化和产业化工作。

4. 制定完善的法规，推动山西省产学研合作基地建设

加快制订一系列促进产学研合作的相关优惠政策，如《促进山西省产学研合作基地建设办法》，推动建立高效的产学研合作基地，给予土地、资金、税收等方面的优惠扶持。创建高新技术产业孵化器、科技成果的中试基地，全力为山西省支柱产业的产学研合作基地服务，同时将高新技术工业开发区、大学科技园的建设与产学研合作基地的建设有效地结合起来。制定《山西省产学研专项资金管理办法》，由政府部门及经济、科技、财政、计划、金融有关部门联合设立专项资助基金，重点扶植和支持产学研合作项目。设立专项奖励基金，对取得巨大的社会和经济效益的产学研合作项目和有重大贡献的人员给予激励奖励；设立风险基金或专项贷款并给予贴息优惠，对那些技术含量高、市场前景好、有巨大潜在经济效益的合作项目进行投资。

第二节　着力提升创新驱动力，催生资源型地区创新内生增长机制

伴随经济体制改革的深入，山西省资源型经济的发展面临着山西产业结构单一、严重的资源浪费及生态环境的严重破坏等一系列问题，亟须通过转变经济结构来摆脱资源环境的制约，实现可持续发展。资源型经济转型发展以科技创新为重要支撑，只有通过科技创新才能把科学转化为经济生产力。然而面对山西省粗放式经济模式的强大阻力，科技创新的动力显然不足，严重阻碍了资源型经济的转型，研究资源型经济创新的根本驱动因素及创新动力机制是山西省转型发展的关键所在。没有完善的、长效的创新动力机制，经济发展就会稳步不前，山西省科技创新动力机制应主要包括四个方面：政府创新政策的规划引导机制、投入机制、激励机制和成果转化机制。

一 构建政府创新政策的规划引导机制

1. 构建政府对科技创新的决策规划机制

建立高层次的领导决策机构，负责制定省级科技创新发展的战略方针及促进科技创新的重大政策，加强引导、协调和监督检查科技创新工作的落实情况，组织协调重大科技创新项目，以及跨部门、跨地域的创新活动。协调各方面的人力、物力和财力，随时对科技创新政策的制定、执行中出现的问题予以协调、监督和反馈，使之能够及时得到解决，从而减少政策制定和执行过程中的摩擦，缩短政策制定的时间。各级政府和相关部门要将提升科技创新能力纳入指导性考核指标，将长期发展目标、工作任务逐年分解至年度计划中，纳入年度绩效考核，作为领导干部综合能力考核评价和国有大中型企业领导干部业绩考核的重要内容。切实转变政府职能，使政府把管理职能从繁杂项目管理和具体事务中解脱出来，将部分管理权限下放，能运用市场机制解决的下放给市场，真正使政府转变成为创新规则的制定者、创新环境营造者，各种创新主体的服务者、推动者和监督者。

2. 构建政府对科技创新的支持引导机制

政府支持企业科技创新通常有直接支持和间接支持两种方式。直接支持方式又有补贴和政府采购这两种主要的政策工具，由政府帮助企业完成科技创新活动。间接支持方式通常采用的政策工具一般有税收激励、科技支出、其他相关政策扶持等。政府直接投资是一种事前支持的方式，企业想要争取到政府资助的前提是需投入一定量的配套资金，使政府资金具有杠杆作用。间接支持则以事后奖励的方式为主，引导和鼓励企业加大科技创新投入。一般采用以下几种税收激励优惠政策：税收减让（从税基中扣除的数额）、税收折扣（从总收入中扣除的金额）、税收减免（从应纳税额中扣除的数额）、特别税率减免（降低某些收入的税率）、延期纳税（无息贷款）、加速折旧、设备的免税购置等。通过税收优惠的方式，引导企业开展科技创新活动。政府对企业科技创新的引导还表现在政府的产业政策方面，政府在制定产业政策时，要充分考虑到对企业科技创新的推动作用。因此，山西省在制定产业发展政策时，一方面要考虑如何使产业加速发展；另一方面要注重培养并支持本省企业的自主创新能力，并且应针对不同的产业制定相应的科技创新政策。

二 完善科技创新系统的投入机制

1. 逐步使企业和个人成为科技投资的主体

企业和个人逐步成为科技投资的主体，从而改变政府投资所占比重过大的局面。在市场经济条件下，政府投资只能起激励和引导作用，科技投入的主体应该是企业和个人。经济学研究指出，公共投资的不断增长对私人投资会产生两种影响：一种是刺激私人不断扩大投资；一种是当公共投资超过一定水平时，私人会减少投资，即公共投资将私人投资“挤出”。目前我国政府直接掌握过多的科技投资资源，既不利于科技创新竞争择优机制的形成，也不利于增加企业和个人的科技投入。应加大科技体制改革的力度，使企业和个人逐步成为科技投资的重要主体，政府投资则主要作用于基础性领域。

2. 引导更多的民间资本投入科技创新领域

进一步加大改革力度，鼓励更多的民间资本投入科技创新领域。近年来，民间资金更多地投入资本市场，而没有投入到实体经济和科技创新领域。应不断加快综合配套改革的步伐，健全要素市场，降低准入门槛，完善激励机制，刺激市场竞争，保护知识产权，引导和鼓励民间资本投入科技创新领域，快速形成多元投入的市场化科技创新机制，进而加大科技创新力度、提高科技创新绩效。

3. 加大对企业科技创新信贷支持力度

从研究开发到创新成果商业应用的各个环节应加大贷款支持的力度，如重点产业技术振兴贷款、创新产品出口信用贷款、海外销售贷款等。另外，要完善企业科技创新贷款优惠制度。贷款利息支出作为影响和制约投资活动的重要因素，将在相当大的程度上影响和制约企业科技创新活动。鉴于科技创新在社会经济发展中的重要地位，在利率政策的安排上，应该更多地采用差别利率，以低息、无息等利率优惠支持和激励企业的科技创新活动，特别是要加大对利用高新技术改造传统产业的优惠力度。最后，要创新货款担保方式。改革传统的信用抵押担保模式，重视人才资本，满足高科技企业的融资需求。

4. 发挥政府对山西省企业科技创新的资助作用

实践证明，政府科技投入的不同方式会对其他科技投入主体（尤其是企业）产生一定的影响（如“杠杆”效应和“挤出”效应）。研究者们也展开了这方面的研究，他们认为，政府对企业的投入会产生诱导作用、替代作用（“挤出”效应）和时滞效应。但政府直接资助和政府税收优惠的作用是相互替代的（而早期研究认为二者作用是互补的）。同时还发现，这种杠杆效应与政府对企业研发的资助率（即政府资助企业研发的金额与企业研发支出的比重）的关系呈倒U形曲线，即这种杠杆效应随着政府对企业研发的资助率增加而增加，但到一个临界点后，这种效应随着资助率的增加而减少，这个资助率继续增加，超过一定比重时，政府的资助将会对企业研发支出产生“挤出”效应。

三 建立科技创新系统的激励机制

1. 发挥知识产权的激励机制作用

一直以来，山西省在科研管理体系中都存在着成果管理与计划、转化等分离的现象。成果管理发挥的主要作用是总结和奖励，并不包含进一步的跟踪开发，总体来说是静止的状态；在专利方面，由于之前的专利意识不强等原因，对于专利的管理基本上沿袭了成果管理的思路，依然是静止的状态，导致很多已经获得的专利很少得到利用，处于闲置的状态。目前，这种静止的管理体系越来越无法起到其应有的激励作用，科研人员也越来越不关心奖励的力度。不过这并不意味着要忽视成果奖励制度或是专利奖励制度，而是应该转换一种思路，认真思考何时给予奖励、奖励给什么主体、奖励的方式等，努力使激励机制起到应有的作用。

因此，山西省应大力加强知识产权激励机制，知识产权激励机制是通过利用物质和精神等各种手段，来激发成果转化系统的活力和动力，是促进成果转化工作及其内在关系的总和，它的完善程度对成果转化影响极大。对于体系中的各个基本单元包括各类组织和个人，一个好的机制只有实施有效的激励，才能使各个基本单元能够最大限度地发挥积极性。

2. 发挥利益分配方式激励机制的作用

目前高校与科研机构的科研项目的主要受益者只是项目的主要负责人，而同样在项目中起到重要作用的其他成员却很少能得到与劳动相匹配的应得报酬，因此在一定程度上减弱了他们继续从事科技研发的积极性。采取何种激励方式能激发出高校从事科研的所有参与者的积极性，同样是激励机制中务必要思考的问题。

3. 发挥政府和企业在激励机制中的作用

在激励机制中，虽然对教师和科研人员来说，最直接进行激励的一方是高校本身，但是也可以让政府和企业参与其中。政府可以为从事科技成果转化工作的高校教师提供相应的政策引导和支持，通过这种方式将高校科技成果转化激励机制中存在的弊端去除掉。另外，如果企业和高校一起进行成果研发，企业可以为高校教师和科研工作者提供物质以外的各种便利，如让高校教师在企业挂职、允许研发团队中的科研成员到企业中实习等，这样可以更好地将高校科技成果转化与企业实际应用联系起来，双方互惠互利。

四 形成科技创新系统的成果转化机制

1. 建立科技成果转化宏观调控机制

制订有利于科技成果转化的政策和计划。实践证明，政府政策的规划将有效推动科技成果的转化。具体的措施有：政府及有关部门通过组织和落实一系列产学研合作的计划项目，制订一系列政策法规，进一步加大政府资助的研究成果向企业推广转化的力度。最终通过立法，加强政府及研究机构对推广转化的责任，将制约推广转化的不合理障碍去除，通过加速政府资助的技术成果的推广转化，提高经济的竞争力。

2. 建立成果转化投资机制

对于科技投入，风险投资起着重要的补充作用。科技成果转化已成为一项高风险、高投入、高收益且周期长的活动，这就决定了很难从常规的渠道中获得足够的资金支持。而对高校和科研机构来说，没有足够的资金实现自我转化；对金融机构来说，从安全性的角度考虑，大多数机构只愿意将资金借给那些有名气、实力雄厚的大公司；对企业来说，由于高风险的巨大压力，通常对很多高新技术成果望而却步，他们希望山西省通过有关政策或风险投资机构、金融机构的介入来共同承担风险。另外，政府对科技成果转化投入的资金也是十分有限的。因此，在科技成果的研究开发、中试、商品化和产业化活动中，风险投资资金的介入是技术成果成功转化的重要因素。

3. 建立企业参与机制

企业是科技成果转化的载体，缺少企业的参与，任何转化机制都不会取得成果。在科技成果转化中，企业可通过专利授权机制参与其中。获得授权的企业，在一定的期限内有权使用该专利开发产品。为了提高授权的成功率，往往在一项技术还没有正式获得专利之前，大学和科研机构的技术转移部门便开始组织“促销”工作，向某些相关的产业探询意向。通常的做法是向产业界发出一份不具机密性的摘要，如果企业感兴趣，则通常必须与该机构签署一份《保密协议》，以确保该项发明或技术的专利申请权益，然后才可以接触到相关的信息。如果接触信息后企业仍有兴趣，双方便可以用《意愿书》、《期权协议》或《授权协议》等方式来建立初步的契约授权关系，并以此为基础协商完整的授权协定。如果企业认为该成果离市场距离较远，还需要进一步的研究和发展，则企业和研究机构往往会在签署上述意向协议的同时，签署一份《研究协议》，让该研究项目继续在大学或研究机构内部进行，但企业也派人参与，有关资金、风险等也将协商分担。这种研究协议和一般的研究合同相比，目的更明确。而且，因为是在上一轮研究还未完全结束时就开始洽谈这样的协议，所以便于研究的持续性。

4. 建立科技成果转化中介机构

科技成果推广转化中介机构在科技创新和产业化中起到了桥梁和润滑剂的重要作用，主要有技术咨询、大学和研究机构的技术转移办公室、技术评估组织、技术测试与示范机构等。这些推广转化中介服务机构大部分需要政府部门、研究机构、协会、大学、咨询公司、风险投资公司的扶持。建立促进技术成果向企业界转移的中介机构。不断加强科技与工业界之间的联系，并向企业界大力推销科技成果，倡导高校或科研机构成立相应的科技成果转化中介机构，并为其提供风险资本金、资料、信息，对科研进行引导。这些机构不仅为高校教师、科技人员的成果寻找市场，而且有益于加强企业和科技人员之间的联系，或者协助科技人员确定合适的课题，或者帮助企业寻找解决各类技术难题的科技人员，提供不同方面的服务，在科技成果转化方面起着不可或缺的作用。

第三节　构建科技创新支撑体系，为资源型地区科技创新提供保障

如果没有良好的支撑体系，以科技创新推进资源型经济转型将会失去动力基础，甚至可能会将创新出来的技术因政策环境的不利而束之高阁，或最终仍停留在实验室，使之难以转化和应用。因此，山西省各级政府应为科技创新提供强有力的政策保障，为促进资源型经济转型提供重要前提。一是要加大政府的投入力度。二是要利用国家已颁发的优惠政策，研究制定符合山西省实际情况的且切实可行的科技扶持优惠政策。三是加快建立对科技创新成果、创新型人才，以及推广科技创新技术成效显著的企业和示范项目给予奖励或补贴，以激励科技人员加强新技术的研究开发，激励企业积极推广新技术应用的积极性。具体来讲，应从以下五个方面系统构建促进科技创新的支撑体系。

一　科技研究支撑体系

1. 加快制订培育企业自主创新能力的科技政策规划

根据资源型企业通过自主创新，发展循环经济的现实需求和长远规划目标，加快建立发展循环经济的科学技术体系，制订推进循环经济发展的科技发展方向，建立适应新型工业化需求的循环经济运行机制，商讨确定发展循环经济的重大技术领域和项目领域，并把它们纳入到山西省的高科技发展规划和高技术

产业发展规划，构建起和谐的科学、经济、技术和政策环境。在循环经济中，将科学研究作为基础理论和发展方向，科技创新提供具体的实施办法，经济发展提供物质支撑，优惠政策保证发展战略的实施。要加强发展循环经济的宣传教育和人员培训，加强发展循环经济的文化基础建设，增强社会群体的资源意识、节约意识和环境意识，全力营造安全、友好、健康的生存环境和发展空间。

2. 构建培育企业自主创新能力的科技研究支撑体系

发展循环经济，建设节约型社会，必须要加强自主创新，设立循环经济技术创新鼓励基金，争取突破制约循环经济发展的替代技术、减量技术、防污技术、环保技术、再利用技术、清洁生产技术及废物回收处理技术、污染治理技术，重点加强对节能技术、节水技术、链接技术、新材料技术、生态技术等技术的研究开发，加强循环经济综合技术示范，加强企业技术创新的激励政策，加快促进技术进步和科技成果推广转化与应用，建立循环经济的技术支撑体系。

3. 建立培育企业科技创新能力的科技信息交换平台

充分整合循环型技术、循环型企业、废弃物的性质及来源等信息，规范信息的收集、合成和传输，建立循环经济推广中心，建立循环经济技术与信息的交换平台，加强中介服务，定期发布各行业、分类别的废弃物信息，以及其他各类循环经济市场信息，努力实现资源共享，为各行业、企业间实现废弃物、能量等交换提供技术和信息支持。培育自主创新能力是资源型企业提升发展的必然趋势，企业要加强科技自主创新能力，建立发展循环经济的科技创新体系，采用高新技术和生态技术改造传统产业，大力发展节能、环保、降耗、减污和清洁生产、资源再生产等新技术产业，实现可持续的生产和消费，走出具有山西特色的资源节约型、环境友好型社会的发展道路。

二 金融政策支撑体系

1. 鼓励探索科技创新的金融支持机制

为促进传统资源型产业的改造升级和高新技术产业的培育发展，一个可行的运行模式是，企业采用与创新基金和科技担保公司合作的方式，构成风险准备基金。由科技创新基金统一向银行申请贷款，为企业提供资金支持，通过集成科技资源，利用科技和金融相结合的平台，推动企业走向自主创新道路。或者可以通过科技贷款贴息的方式，解决“风险与收益不对称”的问题，适当地提高银行对资源型企业贷款利率上浮的比例，企业只需承担基本利息，政府资金负担上浮利息。

2. 积极推进科技金融工具创新

科技部门可以与金融部门联合，通过创新金融工具（如对重大科技专项资产实施证券化、发放可转换债券、票据贴现等低风险的业务）拓展多元化融资方式。这将既可以使银行降低风险且增加收益，又可以有效地弥补产业化的资金缺口，最终实现企业、金融、政府和社会多赢共利的目标。

3. 建立企业贷款担保制度

在高新技术产业的培育发展中，许多企业往往规模普遍较小，自有资金不足，对银行而言风险偏大，因此，往往难以获得贷款支持。为了扶持这些企业，政府可成立专门的担保公司，为企业提供担保。政府财政出资专门设立中小企业贷款的担保基金，为高新技术企业的融资提供担保服务，是企业创新金融支持制度的可行选择。设立贷款担保制度，可以有效减轻政府出资的压力，还可以充分有效地利用商业银行贷款和民间资金，建立多点投资环境，有利于提高对企业科技创新项目的选择和投资效率，从而形成“企业有所创新，银行有所借款，政府有所保证”的有效机制，以及较合理的贷款担保和开放的资金供应系统，在金融支持上促进高新技术产业的孵化与发展。

4. 建立科学的信用评级标准和体系

必须加大对社会信用体系建设的投入力度，打造“信用社会”，提升企业创新的诚信环境。有关部门要搭建完善的共享信息平台，积极建立企业信用记录体系和企业信用咨询机构，为银行提供企业全方位、多视角信用状况的有偿咨询，可以使相关金融机构共享信用信息资源，信用状况更加透明，降低了信息成本，风险定价成本也随之降低。同时，信用记录也增加了企业及其股东的违约成本，促使其主动增强对自身风险的约束。

三 财税政策支撑体系

1. 利用财税政策扶持替代和接续产业发展

支持山西转型的财税政策，重点在于扶持替代和接续产业发展。对于前者，政策体系的重点在于：设立资源型经济转型专项资金，对替代产业和接续产业中的重大项目实施补贴，对列入替代产业和接续产业重点支持目录的项目实施税收优惠。对于后者，政策体系的重点在于：①编制生态省建设重点项目年度投资计划，重点项目应涵盖经济、社会、资源利用及环境保护等多个领域，重点支持污染治理项目、土地、水资源建设的环境保护等，鼓励民间资本投入生态建设；②建立财政环保投资增长机制，建议在财政预算科目中单列环境保护支出项目，确保支出额度和比例的增长，提高山西省在环境保护方面的调控能力；③增加对生态行业的有效投资，增加对生态产品的改善性投资、修复性投资和保护性投资，支持生态农业发展；④改革现行资源税，通过几次大的调整，资源税在促进资源节约、提高开采回采率等方面取得了一定的效果，但是，整体而言，资源税仍然偏低，必须通过完善资源产品价格形成机制，完善资源税的征收；⑤开征生态税和环境税，具体包括对企业课征的污染税、对居民课征的污染税，探索大气污染（二氧化硫、二氧化碳）税的征收方式（梁红岩和张波，2010）。

2. 加强税收政策对企业科技创新的引导

要允许中小企业建立科技开发准备金、结构调整准备金并在税前列支。对科技创新项目收益再投资于科技创新项目的企业或个人给予所得税免税或退税优惠。对中小企业的科技创新项目贷款给予一定税收优惠、贷款贴息和信用担保。对中小企业进行节能减排、固定资产更新等实行设备投资抵免、加速折旧等税收优惠政策。对中小企业开展员工培训、信息化建设、技术引进及管理咨询活动给予财政补贴或税收抵免。进口税收政策的优惠要从对企业进口整机设备，逐渐转移到鼓励国内企业研制具有自主知识产权的产品和装备所需要的重要原材料和关键零部件上。

3. 对企业实行税收优惠政策

税收优惠政策的基本类型有三种：事前扶持型、事后奖励型、事前扶持与事后奖励相结合型。与财政支出面向研发机构和高校不同的是，税收优惠是面向企业的。要按照事前扶持与事后奖励相结合的原则给企业提供税收优惠政策。在事前扶持中，要引导企业更加关注固定资产的投资、环境保护的投入、无形资产的开发和研究费用的处理等方面的问题。引导其加大传统产业的设备和技术改造的力度，从而为科技创新增强后劲。事后奖励主要是对企业形成的利润给予税收减免，要引导和刺激它们把免交的部分税收继续投入到科技研发中。

四 信息平台支撑体系

1. 科技创新与信息化建设相结合，推动传统资源型产业的科技创新发展

利用信息技术对传统资源型产业进行改造升级，促进企业信息活动更加合理、畅通、高效。为了赢得企业竞争优势，保持产品技术上的领先地位，企业应加大信息化改造方面的投入，并且，可以依托高校来进行自主创新。山西省传统资源型企业可以依托山西大学、太原理工大学等高等院校或科研院所，不断总结积累生产工艺、技术经验，摸索出有自己特色的新产品、新工艺、新技术。资源型企业信息化实质是一种持续改进企业生存与发展的方式，它将引导

企业持续提升自身的核心业务能力，提升企业的科技化程度，以响应来自企业内外部环境的机会与挑战。

2. 大力发展信息技术，促进传统资源型产业的科技创新发展

信息技术通过信息要素的形成，优化生产素质，引导生产要素的合理配置，促进生产力系统运行的有序性和提高效率。企业资源配置的改善是通过管理水平的提高，以及经济和决策的作用，使生产要素在生产部门间分配结构得以改善，或者是原有的生产要素由生产效率低的部门向生产效率高的部门转移，或者是新增的生产要素更多的投向生产效率高的部门，使得整体的生产效率得以提高。通过实现资源生产的规模化、资源加工、转化程度的提高及能源利用率的提高等来直接提高资源部门的投入产出率，直接增加供给水平、减少物耗。资源型企业可以充分利用信息技术，开展电子商务，这样就可以缩短企业与消费者之间的距离，提高企业获取新技术、新工艺、新产品、新思路的效率，给消费者和企业提供更多的选择机会，使企业和供应商及客户建立起高效、快速的联系，以此来调整经营战略，提升产品的技术含量，不断向市场提供差别化的产品和服务，形成不易为竞争对手模仿的具有自己的独特技术的竞争力。

3. 以信息化平台实现产业关联，推进传统资源型产业的科技创新发展

借助信息化平台实现产业关联、高新技术改造传统产业，从而全面推进山西传统资源型企业的科技创新水平。在信息化的过程中，将重点以高新适用技术的进步与应用为着眼点，以其母体企业或关联产业实行优化升级为着力点，重视小环境的信息化建设，降低信息化成本，为资源型产业科技创新能力的培育构建网络平台，实现主体经济自主创新的战略目标，这就是以信息化建设促进资源型企业发展的关联模式。具体模式如下：重点选择煤炭工业、建材工业等资源型重型产业进行信息化建设，促进新材料和新能源技术的开发，并将其科研成果直接应用于母体企业与关联产业。通过信息化的建设，既提升优势产业的技术水平，又改造优势企业的生产方式，把信息化与高新技术化成果结合并固化。

五 创新型人才政策支撑体系

1. 致力于人才培养开发，完善人才资本结构

以服务转型跨越发展为发展目标，加快发展高等教育。要提高高校的人才培养、科学研究、社会服务的整体水平，紧紧围绕全省主导产业和新兴产业，整合各高校科研资源，科学调整专业设置，依托山西省八所具有较强科研力量的本科大学，着力打造 30 个以上技术优势、特色鲜明、对山西经济社会发展具

有重大支撑作用的重点专业，并争取其中一批学科能闯入国家重点学科行列，更好地提升山西省经济社会发展的能力和水平。鼓励和引导资金充足、潜力较大、科研力量雄厚的大型企业组建研发团队，与高校和科研院所共同投资建设实验室、研发中心、工程中心，联合培养高水平的人才和创新团队，实现企业的资源、资金优势与高校和科研院所的技术、人才优势之间的互补。加速培养适应煤化工、装备制造、新材料、新能源、生物技术、生态环保等新兴前沿产业的高精尖人才。

2. 创新人才选拔任用机制，促进科技创新人才发展活力

创新选人用人制度，拓展人才发展和提升空间。根据各级各类人才的不同特点，完善职位分类和职业标准，建立符合人才发展规律、注重业绩创造的社会化人才考核评价标准。深化党政人才的选拔任用制度改革，打破地域、身份和资历的局限，围绕德才兼备、以德为先的用人标准，规范党政领导干部公开选拔、竞争上岗制度，探索公推公选等竞争性选拔干部的方法。建立组织选拔、市场配置和依法管理相整合的国有企业领导干部人员选拔任用制度，完善国有资产出资人代表派出制度。加速深化事业单位人事制度改革，不断健全事业单位领导干部人员委任、聘任、选任等方式，全面推行事业单位向全社会公开招聘、竞争上岗和合同管理制度，全力打造一支在新形势下转型跨越发展上有激情、有能力、有思路、有作为的干部队伍和人才团队。

3. 健全人才评价发现机制，为科技创新人才营造人才成长环境

健全人才评价机制，科学客观地评价人才。健全以岗位职责为基础，以品德、能力、业绩为导向，科学化、社会化的人才评价综合机制。依据不同行业的特点，不同职位和职业的要求，建立分类分层的考核评价指标体系。建立健全符合科学发展观、政绩观要求、体现群众认可的党政人才考核评价机制，市场发展、投资人和社会认可的企业经营管理人才考核评价机制，社会群体和业内认可的专业技术人才考核评价机制，摸索高技能人才多元化评价机制。完善技能人才评价机制和考核规则，逐步形成岗位聘任评价和社会化评价相统一的科学规范化的人才评价体系。

4. 加大人才激励力度，激发科技创新人才的创业热情

健全人才分配激励机制，充分调动人才的主观积极性。以优劳优酬为原则用好人才，建立以工作业绩为核心、以贡献度为标尺、以体现人才价值为根本、以保障人才权益为基础的分配激励机制。以高水平创新型科技人才、新兴前沿产业创业型领军人才、重点行业急需紧缺人才为重点，逐步建立与发达区域和国际标准接轨的薪酬制度。完善科技人员分配激励政策，向科研关键岗位和优秀高端人才倾斜。对高层次、高技能人才，既可实行年薪制，还需建立产权激

励机制，探索科技、知识等要素在分配中权重的办法，鼓励有条件的企业对做出突出贡献的骨干技术人员实施股权激励政策，推动科研成果转化为企业的经济效益和人才的实际收入的共同提升，真正做到一流人才、一流贡献、一流酬薪。结合精神奖励与物质奖励，在继续开展“山西省科学技术进步奖”等活动的基础上，可增加“促进转型发展重大科研成果奖”、“产业创新突出成就奖”等奖项，对获得重大科技成果，创造重大经济效益，对转型跨越发展做出突出贡献的个人和团队给予重奖和荣誉奖励。对做出突出贡献的杰出人才，要打破条条框框的局限，在职称晋升、科研奖励、项目申报等方面予以积极的鼓励和支持。

5. 优先创新型人才资金投入，为创新人才的培养提供有力的资金保障

加大财政投入力度，保障重点人才项目地有序推进。各级政府要优先保证对人才发展的投入，确保教育、科技财政支出增长幅度高于经常性财政收入增长幅度，大幅度增加人力资本投资比重，提高投资收益。各级政府要设立人才发展专项资金，保障人才投入与科、教、文、卫等社会事业发展资金协同使用机制，加大对科研创新、团队攻关、高层次人才培养的财政资助力度，保障重大人才项目的顺利实施。在重大建设和科研项目经费中，应支出部分经费用于人才培训。加大税收优惠、财政贴息力度，扶持建立创业风险投资基金，支持各类人才自主创办科技型企业。强化对创业孵化器等基础设施投入，提高人才创业成功率。以专项财政补贴、经费资助等多种形式，加大对高校等高层级人才培养机构的激励力度，为人才培养和发展提供有力的财力支持。

第四节 积极营造科技创新环境，改善资源型地区科技创新条件

影响科技创新环境系统的环境要素有硬环境与软环境两个方面。硬环境主要表现在资源型经济转型区域所具备的基础设施上，软环境则包含了法制环境、社会文化环境和市场环境等多方面。

一 强化基础设施体系，加快科技创新步伐

1. 实行有序适度的基础设施投资策略，改善产业布局的硬件条件

加快山西省基础设施建设，把完善产业布局的硬件条件作为转型发展的重大战略任务（袁增伟等，2009）。要重点发展山西省基础设施建设、综合开发，用市场化的方式经营，强化山西省综合职能体系建设。积极发展农村地区中心城镇，建立高效的交通、通信、供电、供水等基础通道网络，尤其要解决好供水、供电、清洁能源供应（如天然气、煤层气等）等影响项目选址的产业发展必

要条件的问题。疏通好城市与区域间、城市与农村之间的扩散途径和渠道，加快村镇城市化和城乡一体化进程，有效提高城市化的质量和效益，保证区域经济增长和资源型经济转型发展。

2. 建设和完善知识基础设施体系，为企业提供集成创新资源服务

知识基础设施的提升能为高技术知识的生产、扩散和应用提供强有力支持，是创新活动的基础条件。建设知识基础设施是政府的重要职责之一。一是要建立由高等学院、科研机构和企业等知识机构与广大劳动者有密切联系的社会知识网络。通过知识网络来完善经济行为中的产、学、研的一体化整合，推动企业在创新和经济活动中获取、运用知识能力的提高和渠道的畅通。二是要完善信息基础设施，特别是技术合作网、产品营销网、人力资源网、因特网等。在这方面，政府要增加投入，积极协调，为企业获取信息，了解市场服务需求，服务企业创造性集成创新资源。

3. 建设和完善生产基础设施体系，为企业提供全方位的基础设施服务

建设和完善生产基础设施，是由高技术产业的规律性所决定的，主要凭借政府的投入来进行。一是要提高和完善基础设施规划，基础设施的供应不仅需要有量的充裕，而且还要有质的标准，要坚持科学、合理和适度超前的原则来规划。二是要建成基础设施融资机制，强化基础设施的投资力度。从实际出发，充分调动各方的积极性，采用 BOT 等各种行之有效的方法，建立基础设施建设资金的融资体系。三是在交通设施的建设上下工夫，要在沟通内外的交通要塞上下工夫，尤其是要建设沟通与机场、港口、大城市互联的高速公路网。四是要继续完善供水、供电、供热、排污、煤气等日常基础设施供应系统，有效为企业提供全方位的基础设施服务，还要加大生态环境的建设，为高技术产业服务。

4. 建设和完善工业技术配套服务体系，降低企业自身的成本

工业技术配套服务体系主要需要政府积极发挥组织协调作用，以形成资源共享的开放体系。例如，政府应有针对性地组织城市区域的大型企业为中小企业提供配套服务，配套服务不仅可以降低中小企业自身的成本，而且可以提高对周围区域、企业的辐射能力，推动改造传统产业和传统企业，最终可以逐步形成高新技术产业链，扩大产业规模。总之，创新活动主要需要政府构建相应的工业技术配套服务网络来推动。

二 创新文化环境，营造活力创新氛围

1. 深化科技创新内涵认识，从根本上转变发展理念

加大思想教育的力度，进一步深化对提升科技创新能力必要性与紧迫性的

认识，加快经济方式转型观念转变速度。进一步解放思想，开展“解放思想，科技创新促转型”的大讨论，坚决丢弃自以为是、自我满足、自我封闭的落后意识；坚决改变坐而论道、空泛谈论、眼高手低的工作习惯，勇于突破现实课题和棘手难题；坚决摒弃不敢担当、不敢拼闯、怕当出头鸟的保守思想，敢于走别人从没走过的路；坚决跳出安于求稳、小富即安、不富亦安的心理拘囿，从粗放式的增长模式中解放出来，从守成求稳的心态中突破出来，将自主创新提高到战略层面（王锋正，2007）。

2. 加大科技创新宣传力度，营造科技创新文化氛围

开展学习实践科学发展观活动，搞好自主创新的社会普及宣传工作，灵活运用各种宣传工具和手段，重点发挥媒体作用，通过电视、报纸、网络、杂志、广播等多种媒体渠道，推广自主创新方面的宣传和教育，提高民众、企业、高校、科研院所等群体对自主创新发展的认识和理解。组织宣导团定期到企业、高校、科研院所等单位进行有针对性的宣导。在全省范围内，大力营造“尊重个性、发扬特长、激励探索、提倡冒尖、鼓励合作、宽容失败”的创新文化氛围，大力倡导学术民主，坚持学术面前人人平等，保证公平竞争，提倡尊重有真才实学的创新人才，积极鼓励企业员工共同创新，加大对自主创新显著的单位和个人的表彰奖励力度，形成尊重知识、尊重人才、崇尚创新、支持创新的社会氛围。

3. 深入实施文化强省战略，推动山西省文化大发展、大繁荣

深入推动文化体制改革和文化创新。一手抓公益性文化事业、一手抓经营性文化产业，坚持将社会效益放在首位，实现经济效益和社会效益的有机统一。按照政企分开、政事独立、管办分离的原则，探索文化管理体制改革，建立起统一高效的文化管理体制，不断创新文化生产和传播方式，提升文化发展活力。大力发展文化事业，加大文化基础设施建设力度，全力实施“百县强基工程”和“千乡万村公益文化建设工程”，推进“文化惠民工程”，争取建成覆盖城乡、惠及人民的公共文化服务体系。

4. 加强资源节约和环境保护，推进生态文明建设

提高资源节约意识。加强规划能源和矿产资源地质勘察、保护、合理开发力度。完善节能目标责任考核和节能法规和标准，建立节能减排统计监测的考核制度，健全节能减排市场化机制和对企业的激励与约束作用，着力实施重点节能工程，淘汰落后产能，鼓励全民节能（钱伯章，2008）。推进循环经济试点建设。始终坚持以提高资源产出效率为目标，完善相关法规和支持政策，实施生产者责任延伸制度，在资源开采、生产消耗、废物产生、末端消费等环节，逐步健全覆盖全社会的资源循环利用体系。扎实推进生态建设，从源头上遏制生

态环境恶化趋势。完善生态补偿机制。加强保护和修复太行山、伏牛山、大别山，以及河流、湖泊等区域的生态功能，建设黄河生态涵养带和南水北调中线生态走廊。（夏青，2010）加快造林绿化进度，巩固天然林木保护和退耕还林成果，提高林木蓄积量，增加固碳能力。

三 改善市场环境，集聚科技创新要素

1. 建设以市场为核心的创新网络环境

企业主导型的科技创新网络主要指区域内产业链条上下游各环节之间协同联结而形成的创新合作网络，如两个以上的企业通过合资、战略结盟、分包等形式结成的市场交易网络、供应链网络、分包商网络等，以及企业在发展过程中形成的衍生企业与母体企业之间的创新网络等。产学研协同合作型创新网络，为美国硅谷的区域性创新和发展带来了源源不断的动力。这一成功经验非常值得山西省借鉴。高等学院、科研机构为企业提供高科技人才和先进的技术成果，并帮助企业培训和培育人才，以便适应快速变化的技术及市场环境。

2. 建立有利于激励机制运作的市场环境

适应知识资本化、创新个体化的发展趋势，努力构建“人本激励”、“资本激励”和“知本激励”三位合一的激励体系。政府要利用政策杠杆优先形成向知识、技术及管理倾斜的分配制度，引导和鼓励利用创新、自主创业致富、如利用技术能力入股、管理能力折股、期权奖励等手段，以鼓励科技人才、管理精英持续创新，并在公平竞争的环境中不断发展。

3. 建立有利于人才合理有序流动的市场环境

深入创新人才流动机制，大胆打破阻碍限制。建立健全政府宏观调控、市场环境公平竞争、中介机构提供服务、人才自主择业的人才流动机制。打破人才身份、单位、部门和所有限制条件，畅通人才流动渠道。着眼于战略型新兴产业对人才的需求，组织开展产业人才扶持计划，引导尖端人才向新兴产业集聚，并促进相关产业人才的集约化配置。强化轮岗交流力度，通过多岗位实习培养锻炼人才。健全人才交流和挂职锻炼制度，推进党政人才、企业经营管理精英、专业技术人才之间的交流互动。加大人才下乡力度，鼓励城市医生、教师、科技人员、文化和社会工作者投入新农村建设。完善党政人才、企业经营管理精英、专业技术人才交流和挂职锻炼制度，借助“山西人才工作网”、“三晋人才网”等信息平台，加快区域内人才信息网建设，加强人才信息平台合作，

建设与有形市场相互促进、补充的区域共享信息港。加快发展人事代理和劳务代理业务，深化户籍、人事档案管理制度改革，逐步健全社会化的人才档案公共管理服务系统。凡是涉及人才流动的各职能部门要简化手续，提高办事效率，严格实行“一个窗口”办理和限时服务。

4. 建立有利于科技创新政策传播的网络信息环境

由于科技创新是一个复杂的过程，科技创新所必需的信息是全方位的。在政府制定科技中长期发展规划时，应当了解国际和国内科技首次的需求信息和最新技术发展信息；在政策执行阶段，政府要第一时间了解各地方的执行情况、执行效果，以及社会公众对该项政策的反映等信息，以便及时对政策进行适当的修改和调整，同时科技创新政策的对象也应该及时了解国家政府部门的各项政策的出台、修改及其适用范围，以便及时了解国家的最新科技发展动态和自己可能享受到的优惠政策，随即调整自己的创新策略等。

建立科技创新政策信息网络，更有助于提高政策透明度。通过信息网络可以对各项政策、办事机构、办事程序、办事负责任等信息及时向公众做好宣传、解释工作，并求得全社会对政策执行全程实施公开监督，从而减少政策执行过程中可能带来的副作用。

5. 完善有利于保护自主知识产权的市场环境

探索并建立知识产权管理体制，逐步完善知识产权行政执法与司法保护机制。加强知识产权保护，综合运用法律、经济和行政等手段，加大知识产权保护力度，坚决打击各类侵犯知识产权行为，及时严肃处理知识产权侵权和纠纷案件。根据山西省的省情特点，定期编制并发布应当掌握自主知识产权的关键核心技术和重要产品目录，政府部门在经费和人员方面对列入目录的技术和产品研发予以重点支持。对开发目录中的企业在专利申请、标准制定、国际贸易与合作等方面予以支持，形成一批拥有自主知识产权、品牌影响力大和较强国际竞争力的优势企业。建立知识产权交易中心。建立健全知识产权人才评价体系。逐步建立知识产权预警机制，支持开展知识产权维权援助工作（贾丽红，2007）。

四 完善法制环境，加强科技创新的法律保障

1. 发挥税法对科技创新的引导作用

将税法的免征期推后，给企业留足资金。执行再投资退税制度，适当增加企业留利，当企业用留利再次投向科技开发、科技创新时，可全部或部分退

还其缴纳的企业所得税，以更好地鼓励企业科技创新。明确对企业科技创新和研发的支出提供税收减免的基数标准。对企业从事科技研发的人员，在计征个人所得税时，适当提高其工资薪金收入的个人所得税起征点（科研奖励收入免征个人所得税）。改变原先按照所有制性质给予税收优惠的做法，尤其要使民营科技企业公平同等地享受技术开发和创新的税收优惠，激发所有企业从事科技创新和研发的积极性。简化税收优惠流程，使高科技企业享受更多的税收优惠。

2. 构建促进科技创新的风险投资法律机制

加紧制定风险投资法。重点要对风险投资的基本原则、风险投资主体、风险投资融资渠道、风险投资退出机制等做出具体规定。营造良好的风险投资环境。风险投资发展的关键不仅要有资金来源，更要有能够获得收益的制度保障。为保护风险投资者的利益、降低风险投资者的风险、推动风险投资快速发展，政府应对风险投资给予政策倾斜，如税收优惠、财政补贴、政府出面担保、政府集中采购等。设立适应科技创新、科技研发和成果转化的风险投资基金，培养一支高素质的风险投资专业人才团队。

3. 营造有利于自主知识产权保护的法律环境

深化完善以专利、商标、版权为主的知识产权体系，全面提高知识产权的管理、创造、保护和实施水平。坚决打击侵犯知识产权的各类行为，营造尊重和保护知识产权的法治环境。建立对企业并购、技术交易等有关知识产权的重大经济活动审查制度，防止自主知识产权的流失。建立健全知识产权激励体系，完善专利资助政策，着重向自主发明专利、涉外专利和职务发明专利倾斜。

4. 建立健全法律法规运行保障体系

建立健全法律法规体系，并通过政府的行政和管理机构的有效运作，规范科技创新行为，保障科技创新者的利益。政府要构建科学系统的科技法律体系，将科技创新活动纳入法制化轨道，重视知识产权的法律建设，并制定相关保护知识产权的法律法规，使之逐步与国际接轨，如加强和完善知识专利制度建设。另外，政府还需完善科技创新的法制环境，使行政执法部门和协调服务机构功能互补，合力完善科技创新的法律保障。

主要参考文献

艾仁智．2005. 自组织理论与城市商业银行发展．金融研究，(6)：107～115.

安平．2001. 促进科技发展与经济增长的协调研究．山西科技，(5)：4～6.

白敏植．1998. 科技与经济协调发展理论与分析方法研究．长春：吉林工业大学博士论文．

常涛，韩牛牛．2012. 提升自主创新能力实现山西创新驱动发展//李志强，容和平．2012. 山西资源型经济转型发展报告（2012）．北京：社会科学文献出版社：217～235.

常涛，韩牛牛，齐孟阳．2013. 系统构建创新型人才工作机制优化山西人力资本结构//李志强，容和平．山西资源型经济转型发展报告（2013）．北京：社会科学文献出版社：225～236.

陈墀成，何郁冰．2003. 构建科技创新体系：跨越式发展的视角．集美大学学报（哲学社会科学版），6（3）：5～9.

陈广胜，许小忠，徐燕椿．2006. 区域创新体系的内涵特征与主要类型：文献综述．浙江社会科学，(3)：23～26.

陈淮．1991. 日本产业政策研究．北京：中国人民大学出版社．

陈金波．2008. 企业演化机制及其影响因素研究．北京：经济管理出版社．

陈黎，曾惠芬，黄智华．2012. 科技创新竞争力评价研究——以广州为例．科技管理研究，32（12）：12～15.

陈丽佳．2009. 广东区域农业科技创新能力研究．广东科技，(8)：103～108.

陈天荣．2009. 区域创新系统动力论：兼论浙江嘉兴“副中心”打造．北京：社会科学文献出版社．

陈学章．2007. 国外资源型城市转型的经验与启示．湖北师范学院学报（哲学社会科学版），27（3）：47～49.

陈作如．2010. 资源型城市转型发展中的科技创新战略——以河北迁安为例．贵州社会科学，(5)：88～92.

池仁勇，虞晓芬，李正卫．2004. 我国东西部地区技术创新效率差异及其原因分析．中国软科学，(8)：128～131.

春萍．2003. 工业区持续发展的成功经验．油化工技术经济，19（2）：47～51.

刁兆峰，张辅松．2009. 企业技术创新系统的耗散结构分析．江南大学学报（人文社会科学版），8（2）：79～83.

丁焕峰．2001. 论区域创新系统．科研管理，22（6）：1～8.

厄休拉·凡·匹茨．2007. 鲁尔：一部区域规划的简史．张晓军译．国际城市规划，22 (3)：16～22.
樊杰．1993. 我国煤矿城市产业结构转换问题研究．地理学报，(3)：218～226.
范柏乃．2004. 城市技术创新透视：区域技术创新研究的一个新视角．北京：机械工业出版社．
范柏乃，江蕾，罗佳明．2004. 中国经济增长与科技投入关系的实证研究．科研管理，25 (5)：104～109.
方创琳，余丹林．2000. 柴达木盆地资源开发与经济持续发展战略的理性思考．资源科学，22 (1)：55～59.
方琳瑜，宋伟，彭小宝．2008. 我国中小企业自主知识产权成长的自组织机制研究．科学学与科学技术管理，29 (9)：5～9.
方秀文．2001. 广东省区域科技创新能力综合分析与评价．中国科技论坛，(5)：25～30.
方旋，刘春仁，邹珊刚．2000. 对区域科技创新理论的探讨．华南理工大学学报（自然科学版），26 (9)：1～7.
方在农．2003. 区域科技创新的理论实践和政策研究．南京：东南大学出版社．
方在农．2004. 论江苏区域科技创新系统建设．江苏行政学院学报，(6)：50～53.
冯根尧. 2006. 区域创新体系的运行机制及构成要素分析．广西社会科学，(13)：40～43.
冯套柱，李小锋．2008. 基于因子分析的陕西省科技创新能力评价．技术与创新管理，29 (3)：221～224.
冯之浚．1999. 国家创新系统的理论与政策．北京：经济科学出版社．
高吉喜，粟忠飞．2012. 资源型城市转型报告．中国发展，12 (6)：9～13.
高雷虹，原梅生．2010. 山西高新技术产业基地发展的创新．中国国情国力，(6)：56～58.
葛竞天．2005. 从德国鲁尔工业区看老工业城市改造．学习与实践，(7)：33～35.
谷国峰，滕福星．2003. 区域科技创新运行机制与评价指标体系研究．东北大学学报（哲学社会科学版），(4)：33～35.
谷国锋，张秀英．2003. 系统动力学在区域创新系统研究中的应用．科学学与科学技术管理，24 (1)：10～13.
顾新．2001. 区域创新系统的内涵和特征．同济大学学报（社会科学版），12 (6)：32～37.
关越．2013. 资源诅咒、经济转型与政府职能转变．经济经纬，(1)：77～81.
官建成，何颖．2005. 基于 DEA 方法的区域创新系统的评价．科学学研究，23 (4)：265～272.
郭丕斌，张复明，聂锋，等．2004. 通过产业转型实现资源型城市的可持续发展——以太原市为例．科学管理研究，22 (2)：22～24.
郭文炯，白明英．1998. 山西能源基地工业可持续发展刍议．地域研究与开发，(s1)：20～25.

郭新力．2007. 技术创新能力与经济增长的区域创新性差异研究．科技进步与对策，24（3）：34～36.
韩凤芹，李成威，梁良从．2009. 资源型城市转型的国际经验及借鉴．经济研究参考，（71）：12～16.
韩刚．2009. 安徽省区域科技创新能力研究．中国发展，9（2）：82～85.
何燕子．2008. 基于农业科技园区的区域创新系统研究．长沙：湖南人民出版社．
贺艳，刘勇．2000. 关于资源性城市的可持续发展与再城市化问题．中国人口资源与环境，（3）：55～57.
洪名勇．2003. 科技创新能力与区域经济实力差异的实证研究．经济地理，23（5）：606～610.
侯卉，高惠风．2004. 论资源型城市转型对科技创新的需求．科技与社会，（5）：38～39.
胡琴．2003. 湖北省区域科技创新能力综合评价和研究．武汉理工大学学报（信息与管理工程版），（2）：94～97.
黄丽华，张丽兵．2005. 德国鲁尔区老工业基地改造过程中政府作用分析．哈尔滨工业大学学报（社会科学版），7（6）：93～96.
黄鲁成．2000. 关于区域创新系统研究内容的探讨．科研管理，21（2）：43～49.
黄鲁成．2003. 区域技术创新生态系统的生存机制．科学管理研究，21（2）：47～51.
黄鲁成．2003. 区域技术创新生态系统的稳定机制．研究与发展管理，15（4）：48～52.
黄乾．2004. 区域创新系统中的政府角色定位．区域经济，（12）：19～20.
贾丽红．2007. 外部性理论研究——中国环境规制与知识产权保护制度的分析．北京：人民出版社．
蒋兴华．2012. 区域科技创新能力评价体系构建及综合评价实证研究．科技管理研究，32（14）：64～68.
焦华富，韩世君，路建涛．1997. 德国鲁尔区工矿城市经济结构的转变．经济地理，17（2）：104～107.
井然哲．2007. 基于自组织协同论的企业集群系统发展机理研究．管理工程学报，21（2）：52～54.
景普秋，张复明．2007. 面向可持续发展的可耗竭资源管理．管理世界，（7）：156～157.
九州经济产业局．2005. 九州的经济概况（2004/1）．http：//www. kyushu. meti. go. jp/chinese/. jiuzhou. htm［2005-12-15］．
孔立．2005. 技术创新——资源型城市可持续发展之根本．中国西部科技，（7）：61～62.
雷家骕，洪军．2012. 技术创新管理．第 2 版．北京：机械工业出版社．
李兵，曹方．2012. 基于系统动力学城市创新系统运行机制研究．科技管理研究，32（1）：175～177.
李成军，王志宏．2005. 煤矿城市转型成本的支付．技术经济，（11）：38～39.

李刚，李红，王汉斌．2010．资源型经济地区科技进步贡献率测量适用模型研究．工业技术经济，29（1）：113～116．
李海婴，胡云涛，蒋锐．2002．构建三级四体系的国家科技创新系统．中国科技论坛，（2）：29～34．
李虹．2004．区域创新体系的构成及其动力机制分析．科学学与科学技术管理，25（2）：34～36．
李婧，白俊红，谭清美．2008．中国区域创新效率的实证分析．系统工程，26（12）：1～7．
李蕾蕾．2002．逆工业化与工业遗产旅游开发：德国鲁尔区的实践过程与开发模式．世界地理研究，11（3）：58～64．
李立．2010．中国资源枯竭型地区经济转型政策研究．武汉：中国地质大学博士学位论文．
李苗．2012．基于资源型经济转型的城市创新系统构建//李志强，容和平．2012．山西资源型经济转型发展报告（2012）．北京：社会科学文献出版社：203～216．
李锐，鞠晓峰，刘茂长．2010．基于自组织理论的技术创新系统演化机理及模型分析．运筹与管理，19（1）：145～151．
李晟晖．2003．矿业城市产业转型研究——以德国鲁尔区为例．中国人口资源与境，13（4）：94～97．
李守伟．2010．技术创新能力的数据包络分析与实证研究．科技进步与对策，27（1）：119～124．
李树人，谢承泮．2006．技术创新与资源型城市产业转型．科学学与科学技术管理，27（12）：163～164．
李晓丽．2007．基于钻石模型的区域科技创新评价指标体系研究．大众科技，（8）：34～35．
李新功．2007．社会资本理论与区域技术创新．北京：中国经济出版社．
李振华，赵黎明．2006．企业合作竞争系统自组织演化的动力学模型．天津大学学报，39（6）：293～297．
李正辉，徐维．2011．区域科技创新与经济增长：基于省级面板数据模型的实证分析．科技与经济，24（1）：20～24．
李宗璋，林学军．2002．科技创新能力综合评价方法探讨．科学管理研究，20（5）：8～11．
梁红岩，李婷．2012．资源型经济转型中的科技创新路径选择//李志强，容和平．2012．山西资源型经济转型发展报告（2012）．北京：社会科学文献出版社：185～202．
梁红岩，张波．2010．太原市区域创新系统构建及科技创新政策、法制环境的优化．科技创新与生产力，（10）：38～44．
梁亚红．1998．论煤炭城市经济持续发展的途径与对策——以平顶山市为例．河南大学学报（自然科学版），（4）：78～81．
林海，朱春峰，彭劲松．2011．粤港澳区域科技创新的系统动力学分析．科技进步与对策，28（17）：49～53．

林迎星 . 2002. 中国区域创新系统研究综述 . 科技管理研究，22（5）：1～4.
凌文昌，邓伟根 . 2004. 产业转型与中国经济增长 . 中国工业经济，（12）：20～24.
刘凤朝，潘雄锋，施定国 . 2006. 辽宁省经济——科技系统协调发展评价与分析 . 研究与发展管理，18（5）：94～98.
刘宏兵 . 2004. 对日本煤炭工业消亡的思考 . 经济问题，（12）：65～67.
刘洪，杨伟民 . 1992. 关于煤炭工业城市产业结构调整的几个问题 . 中国工业经济研究，（8）：48～52.
刘锦英 . 2008. 产业集群创新系统的构成及运行机制分析 . 商丘师范学院学报，（4）：70～72.
刘力钢，罗元文 . 2006. 资源型城市可持续发展战略 . 北京：经济管理出版社 .
刘玉劲，陈凡，邢怀滨 . 2004. 我国资源型城市产业转型的分析框架 . 东北大学学报（社会科学版），6（3）：184～187.
刘志峰，王娜 . 2010. 产业集群创新系统的构成、运行及优化研究 . 科技管理研究，30（7）：89～92.
柳卸林 . 1993. 技术创新经济学 . 北京：中国经济出版社 .
卢江勇，蒋和平 . 2008. 我国农业科技创新能力实证研究 . 新疆农垦经济，（6）：19～25.
卢山 . 2007. 连云港区域科技创新能力评价与对策研究 . 中国科技论坛，（11）：21～24.
鲁柏祥 . 2008. 基于知识的国家农业技术创新体系：宏观理论与微观实践 . 杭州：浙江大学出版社 .
马清裕 . 1981. 关于矿区城镇合理布局问题的探讨 . 城市规划，（4）：20～31.
毛荐其，俞国方 . 2005. 技术创新进化研究综述 . 科研管理，26（5）：35～40.
孟浩 . 2004. 基于产业集群的群簇区域创新体系——对区域创新体系内涵与结构的新探讨 . 天府新论，（5）：54～56.
孟夏 . 2001. 中国与 APEC 进程 . 国际经济合作，（9）：11～14.
南京农业大学课题组 . 2002. 关于区域科技合作创新体系构建的探讨 . 科技与经济，（6）：5～8.
庞娟 . 2006. 资源枯竭型城市产业转型的路径选择 . 生产力研究，（3）：147～149.
彭灿 . 2002. 面向可持续发展的区域创新系统：概念、功能与特性 . 中国科技论坛，（3）：76～80.
齐建珍，白翎 . 1987. 煤炭工业城市要综合发展——抚顺、阜新两市经济发展对比的启示 . 煤炭经济研究，（1）：9～11.
钱伯章 . 2008. 节能减排——可持续发展的必由之路 . 北京：科学出版社 .
钱勇 . 2005. 国外资源型城市产业转型的实践理论与启示 . 财经问题研究，（12）：24～29.
秦书生 . 2004. 技术创新系统复杂性与自组织 . 系统辩证学学报，12（2）：62～67.
邵帅，齐中英 . 2009. 资源输出型地区的技术创新与经济增长：对“资源诅咒”现象的解释 . 管理科学学报，12（6）：23～33.

邵云飞，谭劲松．2006．区域技术创新能力形成机理探析．管理科学学报，9（4）：1～11．

沈菊华．2005．我国区域科技创新能力评价体系的研究和应用．经济问题，（8）：27～29．

沈镭，程静．1998．论矿业城市经济发展中的优势转换战略．经济地理，（2）：41～45．

生延超．2010．技术创新联盟系统理论与实证研究．北京：经济科学出版社．

石丹．2008．金融创新系统．北京：中国财政经济出版社．

宋飏，肖超伟，王珺，等．2011．国外典型矿业城市空间可持续发展的借鉴与启示．世界地理研究，20（4）：76～83．

苏多杰．2012．青海科技创新能力研究．北京：中国经济出版社．

苏俊武．2001．论技术创新与我国经济增长方式转变的作用．经济管理，22（3）：102～103．

孙洪敏．2008．创新概论．太原：山西教育出版社．

孙敏霞．2008．福建省科技创新能力灰色综合评价研究．厦门：厦门大学出版社．

孙仁中．2006．日本循环经济的政策、经验与启示．现代日本经济，（1）：48～51．

唐炎钊．2004．区域科技创新能力的模糊综合评估模型及应用研究——2001 年广东省科技创新能力的综合分析．系统工程理论与实践，24（2）：37～43．

唐炎钊，方旋，邹珊刚．2001．区域科技创新能力的灰色综合评估——广东省科技创新能力的综合分析．科学学与科学技术管理，22（2）：69～74．

田霍卿．2000．资源型城市可持续发展的思考．北京：人民出版社．

王德平．2010．经济发展方式转变与科技创新研究．成都：西南财经大学博士论文．

王芳．2009．江苏省科技创新能力的评价及对策．经济研究，（7）：63～64．

王锋正．2007．资源型企业自主创新研究．北京：经济科学出版社．

王继明．2006．创新的耗散结构探析及其意义．系统科学学报，14（2）：108～112．

王稼琼，绳丽惠，陈鹏飞．1999．区域创新体系的功能与特征分析．中国软科学，（2）：53～55，63．

王里克，殷晓莉．2010．甘肃省科技创新能力及其绩效评估研究．北京：中国经济出版社．

王其藩．1988．系统动力学．北京：清华大学出版社．

王青云．2003．看资源型城市如何转型．发展，（8）：20～21．

王亚伟，韩珂．2012．基于改进模糊综合评价模型的区域科技创新能力评估——以河南省为例．科技进步与对策，29（13）：119～124．

王一鸣．2010．我国中长期经济增长趋势与加快转变经济发展方式．宏观经济研究，（12）：3～14．

王颖，孙斌栋．1997．资源型城市发展的实证研究——以辽宁省盘锦市为例．现代城市研究，（4）：15～19．

王章豹，徐枞巍．2005．高校科技创新能力综合评价原则、指标、模型与方法．中国科技论坛，（2）：30～32．

王子龙，谭清美．2003．区域创新体系（RIS）的网络结构．科技进步与对策，20（1）：

25～27.
魏心镇 . 1981. 矿产资源区域组合类型与地域工业综合体 . 地理学报，36（04）：358～368.
吴贵生，王毅 . 2009. 技术创新管理 . 第 2 版 . 北京：清华大学出版 .
吴前进 . 2008. 资源型城市经济转型理论与模式优化研究——以铜川市为例 . 北京：中国地质大学博士学位论文 .
夏青 . 2010. 面向可持续发展的资源型城市生态环境评价 . 北京：科学出版社 .
谢文秀，李乃珠，齐晓东 . 1997. 以改革促发展以调整促转变——阳泉市产业结构调整的实践及效果 . 中国改革，(3)：24～25.
熊彼特 . 1990. 经济发展理论 . 何恩译 . 北京：商务印书馆 .
熊彼特 . 2008. 财富增长论 . 李默编译 . 北京：华夏出版社 .
熊彼特 . 2008. 经济发展理论 . 孔伟艳，朱攀峰，娄季芳译 . 北京：北京出版社 .
徐凤君 . 2004. 关于建设区域科技创新体系的思考 . 科学管理研究，22（4）：13～23.
徐振斌 . 2004. 新型工业化与产业转型 . 经济研究参考，(17)：34～48.
杨大楷，冯体一 . 2008. 长江三角洲区域科技创新能力实证研究 . 上海财经大学学报，10（6）：80～90.
杨道远，王东玲 . 2005. 资源型城市的可持续发展问题研究 . 铁道运输与经济，(6)：77～81.
杨昊悦 . 2010. 创新型城市建设的关键路径探索——对苏州市的调研分析 . 城市建设，(24)：75～77.
杨剑，杨锋，王树恩 . 2010. 基于系统动力学的区域创新系统运行机制研究 . 科学管理研究，28（4）：1～6.
杨铭铎 . 2010. 现代餐饮企业创新——创新系统构建研究 . 北京：科学出版社 .
杨平 . 2009. 以技术创新促进我国资源型城市产业转型 . 产业与科技论坛，8（12）：70～73.
杨庆敏 . 2004. 关于资源枯竭型产业地区振兴的研究——日本煤炭产业枯竭地区的产业振兴政的启示 . 长春理工大学学报（社会科学版），17（1）：25～27.
杨艳萍 . 2007. 区域科技创新能力的主成分分析与评价——中原城市群科技创新能力的综合评价 . 技术经济，26（6）：15～19.
杨振凯 . 2006. 日本九州老工业基地改造政策分析 . 现代日本经济 .（6）：14～17.
姚建华，宋新宇 . 1998. 大陆桥上干旱区工矿资源型城市发展研究——镍都金昌的发展分析 . 干旱区资源与环境，(1)：89～94.
姚平，喻登科 . 2010. 煤炭城市的发展战略研究 . 中国软科学，(1)：78～86.
姚琦，王瑞萍，董建忠 . 2012. 山西资源型经济转型发展科技支撑研究 . 科技情报开发与经济，22（24）：94～96.
姚晓东，孙钰 . 2009. 城市科技创新能力的统计分析及其提升之管见 . 现代财经，2（29）：31～35.
叶金国 . 2006. 技术创新系统的自组织论 . 北京：中国社会科学出版社 .
伊・普里戈金，伊・斯唐热 . 1987. 从混沌到有序：人与自然的新对话. 曾庆宏，沈小峰译 . 上海：上海译文出版社 .

殷晓莉，王里克．2006. 区域科技创新能力评价研究．生产力研究，(6)：99～104.
于喜展，隋映辉．2009. 基于生命周期的资源产业转型与科技创新互动研究．内蒙古社会科学（汉文版)，30 (5)：105～109.
袁伟．2007. 技术创新视角下的资源型城市经济转型——基于枣庄市经济转型的案例分析．济南：山东大学硕士学位论文．
袁增伟，毕军，张玲．2009. 中部地区资源型城市产业转型与产业升级实证研究．北京：科学出版社
袁志彬，宋雅杰．2008. 中美资源型城市转型模式比较．高科技与产业化，(Z1)：110～113.
岳顺之．2012. 科技创新推动资源型城市经济新转型研究．北京：中国经济出版社．
昝国江，王瑞娟，安树伟．2007. 山西煤炭资源型城市产业转型科技支撑研究．山西师范大学学报（自然科学版)，21 (1)：118～122.
曾刚．1998. 德国鲁尔区的产业结构调整．地理教学，(1)：4～6.
曾荣平，岳玉珠．2007. 日本九州地区产业衰退与产业转型的启示．当代经济，(12)：106～107.
曾万涛．2008. 资源型城市可持续发展研究——以大同市为例．全国商情（经济理论研究)，(1)：12～14.
湛垦华，等．1982. 普利高津与耗散结构理论．西安：陕西科学技术出版社．
张淳，赵利新．2006. 新疆区域科技创新能力的评价．新疆农业科学，43 (S1)：19～24.
张复明．2002. 资源的优势陷阱和资源型经济转型的途径．中国人口、资源与环境，12 (4)：8～13.
张复明．2002. 资源型经济转型模式研究．经济研究参考，(81)：11～14.
张复明．2007. 资源型经济：理论解释、内在机制与应用研究．太原：山西大学博士学位论文．
张复明．2011. 资源型区域面临的发展难题及其破解思路．中国软科学，(6)：1～9.
张复明，景普秋．2006. 资源型经济及其转型研究述评．中国社会科学，(6)：78～87.
张浩，冯林．2004. 主成分分析在高校科技创新能力评价中的应用．武汉理工大学学报，26 (6)：157～161.
张红．1999. 从城市体系看甘肃省矿业城市的持续发展．兰州商学院学报，(4)：27～30.
张慧霞．1998. 对调整山西产业结构的战略思考．山西财经大学学报，(05)：10～13.
张慧霞，崔民选．1995. 借鉴鲁尔区经验促进山西能源基地建设．能源基地建设，(3)：22～24.
张克英，刁爱华．2008. 十二省市科技创新能力综合评价分析．中国市场，(10)：78～79.
张克英，黄瑞华，朱爱辉．2005. 多种综合评价方法在科技创新评价指标分析中的应用. 科技管理研究，25 (11)：8～10.
张利华，陈钢，李颖明．2007. 面向区域发展的区域创新服务平台构建研究．科学管理研究，25 (5)：51～54.

张岭，刘文智，袁旭梅．2012. 河北省科技创新绩效评价及建议．中国经贸导刊，(1)：59～60.

张米尔，孔令伟．2003. 资源型城市产业转型的模式选择．西安交通大学学报（社会科学版），23（1）：29～31，39.

张明，谢兴华，蒋兴华．2010. 区域技术创新系统研究及建设案例分析．科技管理研究，30（15）：13～15.

张仁开，杨耀武．2007. 我国科技进步与经济发展的协调性评价研究．世界科技研究与发展，29（1）：100～106.

张耀辉．2004. 技术创新与产业组织演变．北京：经济管理出版社．

张以诚．1999. 我国矿业城市现状和可持续发展对策．中国矿业大学学报，(01)：76～80.

张以诚．2005. 为了世界性难题的破解——国外矿业城市经济转型大扫描．资源与产业，7（6）：70～74.

张忠德．2009. 高新科技园区创新系统运行机制研究．科技管理研究，(6)：33～39.

赵峰，张春强．2010. 湖北省科技进步监测评价体系设计构想．科技管理研究，30（24）：42～44.

赵海云，李仲学，张以诚．2004. 矿业城市的可持续发展指标体系研究和可持续发展水平评价．中国矿业，13（12）：14～19，35.

赵黎明，李振华．2003. 城市创新系统的动力学机制研究．科学学研究，21（1）：97～100.

赵树宽，姜红．2004. 区域科技创新体系研究，21世纪中国工业的发展方向——中国新型工业化道路．北京：中国经济出版社．

赵树宽，姜红．2005. "东北制造"公共创新平台的构建研究．首届中国科技政策与管理学术研讨会．中国：北京．

赵玉香．2007. 战略转型——资源型地区经济发展的必由之路．改革与战略，(4)：42～44.

郑谦．2010. 资源型区域技术创新与产业转型的耦合机理．资源开发与市场，26（1）：37～40.

郑秋生．2005. 德国鲁尔区煤炭基地的成功改造对山西煤炭资源型城市可持续发展的借鉴意义．生产力研究，(4)：166～168.

郑雨苹，张良强，郑建锋．2010. 福建省区域科技创新能力实证评价与分析．科技管理研究，30（20）：59～63.

中国科技发展战略研究小组．2003. 中国区域创新能力报告（2002）．北京：经济管理出版社．

中国科技发展战略研究小组．2009. 中国区域创新能力报告（2008）．北京：科学出版社．

周海林．2000. 资源型城市可持续发展评价指标体系研究——以攀枝花为例．地域研究与开发，(1)：12～16.

周寄中．2011. 科学技术创新管理．第二版．北京：经济科学出版社．

周娟美．2007. 科技创新与资源型城市产业转型的互动关系．生产力研究，（10）：100～101.

周立，吴玉鸣．2006. 中国区域创新能力：因素分析与聚类研究——兼论区域创新能力综合评价的因素分析替代．中国软科学，（8）：96～103.

周叔莲，王伟光．2001. 科技创新与产业结构优化升级．管理世界，（5）：70～79.

朱关鑫，吴勤学．1990. 区域支柱产业的选择、优化和转换——兼论山西省产业结构的转换．中国工业经济研究，（4）：36～45.

朱佳佳．2003. 从德国鲁尔区的复苏看我国东北老工业基地的振兴．经济前沿，（11）：20～21.

朱孔来，王忠辉．2009. 山东区域创新能力的评价分析及提升对策．环渤海经济瞭望，（1）：47～51.

朱李鸣．2000. 区域经济与科技协调发展水平的评价指标体系研究．数量经济技术经济研究，17（8）：7～9.

朱学新，方健雯，张斌．2007. 我国科技创新和技术转化经济效果的实证分析．中国科技论坛，（7）：15～18.

朱玉春，黄增健．2008. 我国农业科技创新能力区域比较研究．商业研究，（9）：133～136.

庄卫民，龚仰军．2005. 产业技术创新．上海：东方出版中心．

Asheim B T，Isaksen A. 1997. Location，agglomeration and innovation：towards regional innovation systems in Norway? Europe Planning Studies，5（3）：299～330.

Asheim B T，Isaksen A. 2002. Regional innovation systems：the integration of local ‘Sticky’and global ‘Ubiquitous’knowledge. Journal of Technology Transfer，27（11）：77～86.

Autio E. 1998. Evaluation of RTD in regional systems of innovation. European Planning Studies，6（2）：131～140.

Bergek A，et al. 2008. Analyzing the functional dynamics of technological innovation systems：a scheme of analysis. Research Policy，37（3）：407～429.

Bradbury J H. 1988. Living with boom and cycles：New towns on the resource frontier in Canada. Resource Communities，CSIRO：3～19.

Bradbury J H，St-Martin I. 1983. Winding down in a quebec mining town：a case study of Schefferville. The Canadian Geographer，27（2）：128～144.

Bradbury J H. 1984. The impact of industrial cycles in the mining secter. International Journal of Urban and Regional Research，8（3）：311～331.

Brezis E S，Krugman P R，Tsiddon D. 1993. Leapfrogging in International Competition：a theory of cycles in national technological leadership. American Economic Review，83（5）：1211～1219.

Calia R C，Guerrini F M，Moura G L. 2007. Innovation networks：from technological development to business model reconfiguration. Technovation，27（8）：426～432.

Carlsson B. 1997. Technological Systems and Industrial Dynamics. Norell：Kluwer

Academic Publishers.

Charnes A，Cooper W W，Rhodes E. 1978. Measuring the efficiency of decision making units. European Journal of Operational Research，(2)：429～444.

Cooke P. 1997. Regional innovation systems：institutional and organizational dimensions. Research Policy，26 (25)：475～491.

Cooke P，Uranga M G，Etxebarria G. 1998. Regional systems of innovation：an evolutionary perspective. Environment and Planning，30 (9)：1563～1584.

Doloreux D. 2002. What we should know about regional systems of innovation? Technology in Society：an International Journal，24：243～263.

Doloreux D. 2003. Regional innovation systems in the periphery：the case of the Beauce in Québec (Canada) . International Journal of Innovation Management，7 (1)：67～94.

Dressler，F. 2007. Self-organization in Autonomous Sensor and Actuator Networks. Hoboken，New Jersey：John Wiley & Sons.

Edquist C，McKelvey M D. 2000. Systems of Innovation：Growth，Competitiveness and Employment an Elgar Reference Collection. Cheltenham：Northam-pton.

Eigen M，Schuster P. 2004. The Hypercycle. Berlin，Heidelberg：Springer.

Etzkowitz H，Leydesdorff L. 2000. The dynamics of innovation from national systems and "mode 2" to a triple helix of university-industry-government relations. Research Policy，29 (2/3)：109～123.

Evangelista R. 2000. Sectoral patterns of technological change in services. Economics Innovation and New Technology，9 (3)：183～222.

Fagerberg J，Verspagen B. 1996. Heading for divergence? Regional growth in Europe reconsidered. Journal of Common Market Studies，34 (3)：431～448.

Freeman C. 1987. Technology Policy and Economic Performance，Lessons from Japan. London：Pinter Publishers.

Georghiou L，Smith K ，Toivanen Yla-Anttilä O. 2003. Evaluation of the finnish innovation support system. Ministry of Trade and Industry Finland Publications，(7) 11～17.

Gill A M. 1990. Enhancing social interaction in new resource towns：planning perspectives. Journal of Economic and Social Geography (TESG)，81 (5)：348～363.

Goodwin R M. 1990. Chaotic Economic Dynamics. Oxford：Oxford University Press.

Gopinath M，Mukti P. 2002. Human capital，technology and specialization：a comparison of developing countries. Journal of Economic Growth，75 (2)：161～179.

Gu S. 1999. Implications of National Innovation Systems for Developing Countries：Managing Change and Complexity in Economic Development. Working Paper，United Nations University，Institute for New Technologies.

Haken H. 1987. Information and Self-organization：a Macroscopic approach to Complex System. New York：Springer-Verlag.

Haken H. 1998. Information and Self-organization. New York：Springer-Verlag.

Hayter R，Barnes T J. 1992. Labour market segmentation，flexibility and recession：a

British Colombian case study. Environment and Planing，10 (3)：333～353.

Houghton D S. 1993. Long distance commuting：a new approach to mining in Australia. Geographical Journal，159 (3)：281～290.

Howell J. 1999. Regional systems of innovation? //Archibugi D，Howells J，Michie J. Innovation Policy in a Global Economy. Cambridge：Cambridge University Press.

Isaksen A. 2001. Building regional innovation systems：is endogenous industrial development possible in the global economy? Canadian Journal of Regional Science，24 (1)：101～120.

Katz M L，Shapiro C. 1985. Network externalities，competition，and compatibility. The American Economic Review，75 (3)：424～440.

Kendrick J W. 1957. Introduction to "Problems in the International Comparison of Economic Accounts"，Problems in the International Comparison of Economic Accounts. Princeton：Princeton University Press.

Kondo M. 2006. Regional innovation policy and venturing clusters in Japan. Asian Journal of Technology Innovation，14 (2)：167～181.

Lawson C，Lorenz E. 1999. Collective learning，tacit knowledge and regional innovative capacity. Regional Studies，33 (4)：305～317.

Love J H，Roper S. 2001. Location and network effects on innovation success：evidence for UK，German and Irish manufacturing plants. Research Policy，30 (4)：643～661.

Lucas R. 1971. Minetown，Milltown，Railtown：Life in Canadian Communities of Single Industry. Toronto：University of Toronto Press.

Lucas R. 1988. On the mechanics of economic development. Journal of Monetary Economy，22 (1)：113～152.

Mandelbrot B B. 1982. The Fractal Geometry of Nature. San Francisco：WH Freeman & Co.

Markard J，Truffer B. 2008. Technological innovation systems and the multi-level perspective：towards an integrated framework. Research Policy，37 (4)：596～615.

Marsh B. 1987. Continuity and decline in the anthracite towns of Pennsylvania. Annals of the Association of American Geographers，77 (3)：337～352.

Metcalfe J S. 1995. Technology systems and technology policy in an evolutionary framework. Cambridge Journal of Economics，19 (1)：25～46.

Murphy J T. 2002. Networks，trust，and innovation：the social dimensions of entrepreneurship in Tanzania's manufacturing sector. World Development，30 (4)：591～619.

Neil C，Tykkylainen M，Bradbury J. 1992. Coping with Closure：An International Comparison of Mine Town Experiences. London：Rout Ledge.

Nelson R R，Winter S G. 1982. An Evolutionary Theory of Economic Change. Cambridge：Harvard University Press.

Nolfi S. 2005. Behavior as a complex adaptive system：on the role of self-organization in the development of individual and collective behavior. Complexes, 2 (3): 195～203.

O'faircheallaigh C. 1988. Economic base and employment structure in northern territory mining towns//Brealey C T, Neil N P. Resource Communities: Settlement and Workforces Issues. Portland: Intl Special Book Service Inc: 221～236.

Ohmae K. 1995. The End of the Nation State: the Rise of Regional Economies, Simon and Schuster. New York: Free Press.

Padmore T, Gibson H. 1998. Modelling systems of innovation: II. a framework for industrial cluster analysis in regions. Research Policy, 26 (6): 625～641.

Park S O. 2000. Innovation Systems, Networks, and the Knowledge-Based Economy in Korea; Regions, Globalization, and Knowledge-Based Economy. Oxford: Oxford University Press.

Phillips P W B, Khachatourians G G. 2001. The biotechnology revolution in global agriculture: innovation, invention, and investment in the canola industry//Phillips P W B, Khachatourians G G. Biotechnology in Agriculture Series. Wallingford: CABI: 360.

Porter M E. 1990. The Comparative Advantage of Nations. New York: Free Press, Macmilan.

Radoševié S. 1997. Systems of innovation in transformation: from socialism to post-socialism//Edquist C. Systems of Innovation: Technologies, Institutions and Organisations. London, New York: London Routledge: 371～394.

Randall J E, Ironside R G. 1996. Communities on the edge: an economic geography of resource dependent communities in Canada. The Canadian Geographer, 40 (1): 17～35.

Roberts E B. 1978. Managerial Application of System Dynamics. Cambridge: Productivity Press.

Romer P M. 1990. Endogenous technological change. Journal of Political Economics, 98 (5): 3～42.

Saxenian A. 1994. Regional Advantage: Culture and Competition in Silicon Valley and Route 128. Harvard: Harvard University Press.

Solow R M. 1956. A contribution to the theory of economic growth. Quarterly Journal of Economics, 70 (1): 65～94.

Spooner D. 1981. Mining and Regional Development. The World Competitiveness Report. IMD Geneva. Oxford: Oxford University Press.

Steil B, Victor D G, Nelson R R. 2002. Technological Innovation and Economic Performance. Princeton: Princeton University Press.

Thom R. 1975. Structure Stability and Morphogenesis. New York: Benjamin.

Warren R L. 1963. The Community in America. Chicago: Rand Mcnally College Publishing.

Wiig H, Wood M. 1997. What comprises a regional innovation system//Simmie

J. Innovation, networks and learning regions? Regional Policy and Development Series. London: Jessica Kingsley Pub: 66～100.

Wojnicka E, Rot P, Tamowicz P, et al. 2002. Regional Innovation System in the Pomeranian Province of Poland. Paper Presented at the 6th International Conference on Technology Policy and Innovation Kansai Science City.

Ziman J. 2000. Technological Innovation as an Evolutionary Process. Cambridge: Cambridge University Press.

附　　录

附录 1　2007～2011 年山西省科技创新系统指标评价原始数据

一级指标	二级指标	三级指标	2007 年	2008 年	2009 年	2010 年	2011 年
X_1	X_{11}	X_{111}	288.03	305.80	317.57	324.08	318.71
		X_{112}	664.85	718.99	719.94	766.39	872.10
	X_{12}	X_{121}	13.43	13.20	14.12	6.07	2.89
		X_{122}	0.23	0.18	0.24	0.15	0.37
	X_{13}	X_{131}	13.20	15.88	18.77	21.33	24.55
		X_{132}	1125.93	1579.72	2401.33	3104.43	3497.37
		X_{133}	54.62	66.12	73.34	79.10	81.86
	X_{14}	X_{141}	1.90	2.15	3.40	4.26	4.76
		X_{142}	63.90	67.88	65.27	64.46	60.58
		X_{143}	93.59	135.66	160.35	175.50	142.47
X_2	X_{21}	X_{211}	7.95	8.32	8.28	7.37	7.29
		X_{212}	53.72	55.67	55.67	52.60	55.24
	X_{22}	X_{221}	49.30	62.60	80.85	89.90	113.40
		X_{222}	0.76	0.86	0.90	1.10	0.98
		X_{223}	0.88	1.50	1.34	1.13	1.04
		X_{224}	0.53	0.56	0.56	0.74	0.62
		X_{225}	0.22	0.20	0.18	0.21	0.30
X_3	X_{31}	X_{311}	1331.81	1636.82	1430.69	1414.44	1691.69
		X_{312}	1.31	1.82	1.60	1.01	2.51
		X_{313}	0.72	0.69	0.84	1.10	1.49
	X_{32}	X_{321}	17.54	25.29	37.65	47.30	51.73
		X_{322}	6.51	7.69	0.14	1.35	8.07
	X_{33}	X_{331}	1.73	2.08	1.92	2.09	1.89
		X_{332}	6.82	6.59	6.57	6.25	8.64
		X_{333}	2.98	2.77	4.45	10.15	10.12
		X_{334}	8.48	8.03	7.63	7.89	5.51
X_4	X_{41}	X_{411}	1.40	1.60	2.00	2.20	2.60
		X_{412}	3.14	3.45	3.66	3.81	4.03
		X_{413}	0.50	0.48	0.48	0.43	0.38
		X_{414}	3.46	3.63	3.92	4.23	4.47
	X_{42}	X_{421}	5.69	5.90	6.34	6.17	5.32
		X_{422}	33.79	37.71	36.89	35.48	34.17
		X_{423}	7.31	7.69	8.20	8.39	12.98
	X_{43}	X_{431}	50.32	51.86	51.88	57.06	58.60
		X_{432}	73.34	84.84	85.00	84.71	92.38

附录 2　2007～2011 年山西省科技创新系统指标评价

一级指标	二级指标	三级指标	2007 年	2008 年	2009 年	2010 年	2011 年
X_1	X_{11}	X_{111}	−1.59	−0.35	0.47	0.92	0.55
		X_{112}	−1.07	−0.38	−0.37	0.23	1.59
	X_{12}	X_{121}	0.68	0.64	0.82	−0.76	−1.38
		X_{122}	−0.05	−0.64	0.07	−0.99	1.61
	X_{13}	X_{131}	−1.25	−0.64	0.01	0.58	1.30
		X_{132}	−1.22	−0.76	0.06	0.76	1.16
		X_{133}	−1.49	−0.45	0.21	0.74	0.99
	X_{14}	X_{141}	−1.12	−0.91	0.10	0.80	1.13
		X_{142}	−0.20	1.32	0.32	0.02	−1.46
		X_{143}	−1.55	−0.19	0.61	1.10	0.03
X_2	X_{21}	X_{211}	0.22	0.98	0.89	−0.96	−1.13
		X_{212}	−0.63	0.80	0.80	−1.45	0.48
	X_{22}	X_{221}	−1.21	−0.67	0.07	0.43	1.38
		X_{222}	−1.25	−0.47	−0.16	1.41	0.47
		X_{223}	−1.22	1.31	0.66	−0.20	−0.56
		X_{224}	−0.86	−0.50	−0.50	1.65	0.21
		X_{225}	−0.04	−0.48	−0.91	−0.26	1.69
X_3	X_{31}	X_{311}	−1.09	0.88	−0.45	−0.56	1.23
		X_{312}	−0.60	0.30	−0.09	−1.12	1.51
		X_{313}	−0.74	−0.83	−0.38	0.40	1.56
	X_{32}	X_{321}	−1.27	−0.74	0.12	0.79	1.10
		X_{322}	0.47	0.79	−1.24	−0.91	0.89
	X_{33}	X_{331}	−1.42	0.92	−0.15	0.99	−0.35
		X_{332}	−0.16	−0.40	−0.42	−0.76	1.75
		X_{333}	−0.83	−0.89	−0.44	1.08	1.07
		X_{334}	0.84	0.45	0.11	0.33	−1.72
X_4	X_{41}	X_{411}	−1.17	−0.75	0.08	0.50	1.34
		X_{412}	−1.40	−0.49	0.12	0.56	1.21
		X_{413}	0.94	0.53	0.53	−0.49	−1.52
	X_{42}	X_{414}	−1.16	−0.75	−0.05	0.69	1.27
		X_{421}	−0.48	0.04	1.13	0.71	−1.40
		X_{422}	−1.07	1.24	0.76	−0.08	−0.85
	X_{43}	X_{423}	−0.69	−0.53	−0.31	−0.23	1.76
		X_{431}	−0.99	−0.57	−0.57	0.86	1.28
		X_{432}	−1.57	0.12	0.14	0.10	1.22

附录 3　2011 年全国 31 个省区科技创新系统指标评价原始数据

数据	北京	天津	河北	山西	内蒙古	辽宁	吉林	黑龙江	上海	江苏	浙江	安徽	福建	江西	山东	河南
X_{111}	957.67	401.80	241.82	318.71	305.70	304.01	294.56	294.14	414.94	272.53	303.26	184.23	296.92	200.33	275.37	223.95
X_{112}	3149.90	1748.02	729.60	872.10	1020.77	1196.50	989.00	906.70	2195.16	1081.47	933.00	669.70	836.10	684.74	869.45	639.80
X_{121}	5.17	5.59	3.09	2.89	3.13	3.13	1.46	2.71	3.35	2.95	1.69	3.40	3.24	4.04	3.52	2.74
X_{122}	3.69	0.50	0.90	0.37	0.52	0.48	0.90	1.91	0.90	0.94	0.21	0.97	0.25	0.83	0.88	0.26
X_{131}	93.93	69.56	23.16	24.55	22.07	41.29	30.84	29.85	120.19	40.17	63.45	23.47	53.19	20.36	39.69	18.98
X_{132}	6208.27	4987.34	3054.10	3497.37	3021.63	4379.53	3221.24	2939.95	5380.73	4201.11	5115.20	2336.86	5004.06	2128.97	3475.23	2569.78
X_{133}	153.70	112.11	77.92	81.86	99.03	109.03	87.40	75.27	143.03	107.02	129.13	67.65	110.14	56.49	85.34	61.97
X_{141}	43.48	49.87	3.24	4.76	2.46	15.29	5.16	5.89	76.99	49.85	30.27	12.25	10.08	2.73	14.30	4.16
X_{142}	209.22	216.95	132.80	60.58	80.12	116.72	90.51	132.01	171.40	159.96	137.01	67.19	93.99	56.46	110.33	77.71
X_{143}	2538.10	799.28	179.56	142.47	348.92	420.72	150.73	146.71	1429.30	416.54	195.35	86.68	119.74	70.61	132.35	46.83
X_{211}	54.65	23.26	5.55	7.29	5.88	11.46	10.77	10.07	28.99	14.16	12.66	5.20	7.61	4.22	9.37	5.19
X_{212}	10.72	38.16	54.80	55.24	51.98	47.53	41.75	53.87	30.78	52.50	42.82	41.76	50.84	44.93	57.16	61.20
X_{221}	936.60	297.80	201.30	113.40	85.20	363.80	89.10	128.80	597.70	1065.50	598.10	214.60	221.50	96.80	844.40	264.50
X_{222}	5.82	2.49	0.76	0.98	0.55	1.56	0.87	1.19	2.81	2.07	1.78	1.32	1.16	0.92	1.72	0.91
X_{223}	6.58	3.14	1.05	1.04	0.94	2.16	1.07	1.23	6.12	3.06	3.78	2.24	1.91	0.95	2.04	1.31
X_{224}	0.93	1.07	0.52	0.62	0.56	0.94	0.45	0.99	1.00	1.06	1.04	0.93	0.90	0.89	1.08	0.68
X_{225}	0.19	0.34	0.34	0.30	0.12	0.10	0.04	0.24	0.62	0.14	0.20	0.13	0.24	0.14	0.15	0.07
X_{311}	3540.45	2181.70	2909.58	1691.69	1333.72	2390.32	2051.50	2459.28	2446.42	1536.61	1202.28	2114.11	1208.54	2005.86	1349.82	2014.05
X_{312}	10.12	2.16	1.17	2.51	0.79	3.60	3.10	3.45	4.69	1.41	1.34	0.28	1.25	2.16	2.77	2.38
X_{313}	29.59	12.51	0.82	1.49	0.71	3.64	2.37	2.50	25.78	4.16	4.50	0.77	1.51	0.57	1.96	0.75
X_{321}	8051.07	918.50	26.82	51.73	109.82	298.70	63.48	138.02	1873.66	316.85	110.80	77.48	96.56	51.66	105.01	28.92
X_{322}	1687.78	173.02	18.64	8.07	6.87	22.26	19.04	49.27	1839.99	49.20	27.98	14.96	1650.92	3.34	14,.85	13.38
X_{331}	20.08	13.96	2.80	1.89	1.43	4.51	6.57	2.88	15.31	16.25	7.64	3.49	10.61	9.88	6.10	3.18
X_{332}	35.66	13.22	6.16	8.64	5.87	8.19	7.01	7.61	23.40	9.61	13.14	7.47	9.95	5.77	6.56	5.72
X_{333}	27.34	39.19	16.15	10.12	5.79	12.65	5.85	1.08	46.45	46.91	8.32	4.35	18.23	21.07	17.31	6.65
X_{334}	21.91	24.34	6.24	5.51	6.24	10.56	20.88	7.48	25.95	18.04	24.00	17.85	15.41	11.52	18.29	8.39
X_{411}	7.60	7.30	2.90	2.60	4.70	4.20	3.20	2.70	7.60	5.30	5.20	2.10	4.00	2.10	4.10	2.40
X_{412}	8.55	15.28	4.52	4.03	7.11	6.64	5.60	5.48	16.31	7.22	5.84	2.52	5.51	3.19	6.13	3.16
X_{413}	0.32	0.54	0.34	0.38	0.22	0.43	0.31	0.40	0.58	0.33	0.41	0.40	0.58	0.25	0.44	0.33
X_{414}	17.18	12.11	6.32	4.47	5.22	7.25	8.73	8.65	14.04	13.62	13.95	10.32	12.77	11.83	9.76	8.97
X_{421}	20.36	24.05	12.40	5.32	22.26	17.89	22.82	16.48	19.15	13.28	10.83	11.74	17.71	14.63	24.35	13.76
X_{422}	20.57	30.56	29.29	34.17	35.53	28.19	37.99	36.24	16.49	22.29	24.14	30.93	25.48	38.90	29.29	32.67
X_{423}	25.09	36.49	16.78	12.98	14.70	17.55	13.87	13.05	39.98	42.54	38.80	18.67	31.49	12.62	26.34	16.29
X_{431}	55.16	59.37	61.48	58.60	67.23	63.40	65.70	60.33	64.77	58.23	60.53	59.75	67.62	66.08	59.38	61.29
X_{432}	96.02	96.05	94.93	92.38	90.09	91.83	88.19	87.71	94.98	95.31	94.46	95.86	94.05	94.22	95.85	93.64

续表

数据	湖北	湖南	广东	广西	海南	重庆	四川	贵州	云南	西藏	陕西	甘肃	青海	宁夏	新疆
X_{111}	254.90	206.24	261.89	218.63	221.76	245.71	213.71	209.59	222.00	162.34	319.51	244.49	270.69	304.48	337.33
X_{112}	953.28	759.49	821.40	597.70	776.80	684.26	667.54	529.20	577.80	550.71	1055.61	752.00	861.59	915.20	1063.50
X_{121}	2.71	2.13	2.64	2.85	1.62	5.15	3.99	1.44	2.84	1.60	4.29	2.27	2.58	2.29	1.60
X_{122}	0.67	0.39	1.09	0.72	0.17	0.22	0.31	0.48	0.25	0.35	1.27	1.33	0.96	0.16	1.00
X_{131}	27.96	18.76	62.03	25.47	22.40	25.57	19.93	14.81	14.35	7.63	26.49	13.65	15.18	21.47	18.05
X_{132}	3320.58	2659.02	5099.15	2659.44	3488.57	3431.99	2483.55	2158.70	2218.79	2693.52	3466.99	2558.61	3336.47	2764.79	3748.10
X_{133}	78.23	65.97	122.53	63.41	89.13	77.90	69.30	64.15	61.00	67.01	88.35	70.39	88.91	86.77	86.40
X_{141}	10.05	5.58	26.47	1.74	2.29	11.94	8.05	1.84	2.01	0.93	11.76	2.48	2.05	2.27	4.18
X_{142}	112.78	77.02	211.89	72.93	53.82	154.00	155.37	49.64	70.32	132.77	122.83	72.31	113.71	60.92	81.64
X_{143}	239.25	58.22	233.25	32.13	222.21	306.76	89.91	62.89	81.97	107.74	159.96	120.20	435.16	199.22	126.31
X_{211}	9.30	5.54	13.43	4.16	2.38	6.82	5.63	2.44	2.73	2.28	12.13	5.12	4.76	4.45	4.27
X_{221}	323.00	233.20	1045.50	81.00	10.40	128.40	294.10	36.30	56.10	1.20	249.40	48.50	12.60	15.30	33.00
X_{222}	1.65	1.16	1.76	0.66	0.34	1.27	1.54	0.65	0.61	0.29	2.15	1.02	0.74	0.68	0.49
X_{223}	1.20	1.30	3.96	1.08	1.28	1.05	0.82	1.02	0.94	0.49	1.14	0.74	0.55	1.07	1.19
X_{224}	1.00	1.32	1.15	0.66	0.18	1.12	0.61	1.01	0.39	0.00	0.88	0.46	0.49	0.51	0.39
X_{225}	0.20	0.30	0.14	0.04	0.05	0.34	0.15	0.10	0.18	0.00	0.08	0.95	0.26	0.27	0.02
X_{311}	2567.41	2834.80	1096.49	3111.77	5755.04	3726.74	2628.99	3343.19	3332.37	1787.42	3642.56	3984.58	2465.83	2919.55	4611.42
X_{312}	4.69	2.40	1.26	1.99	2.54	2.70	3.82	0.75	3.40	0.53	4.18	2.39	7.09	4.92	6.45
X_{313}	2.03	1.57	7.25	0.45	1.00	1.64	1.31	0.67	0.83	0.34	2.87	0.80	0.54	0.79	0.78
X_{321}	158.38	61.02	225.93	8.98	37.65	275.39	68.04	22.19	23.64	0.00	274.17	168.28	202.50	15.80	20.69
X_{322}	48.63	67.41	185.43	17.77	55.24	29.18	79.38	133.35	8.80	15.09	29.58	17.14	0.00	0.00	19.15
X_{331}	7.47	4.32	20.23	4.81	9.16	6.03	9.74	8.04	2.53	10.87	6.50	2.31	1.57	0.90	0.50
X_{332}	8.66	7.61	13.32	8.52	7.83	9.64	8.88	9.66	9.57	11.21	8.43	7.64	9.84	10.73	7.57
X_{333}	26.07	8.38	39.47	6.27	6.94	11.08	21.23	3.80	2.55	0.65	31.43	5.92	0.21	4.19	0.73
X_{334}	16.32	27.29	20.69	17.49	9.15	41.30	10.78	14.45	5.03	0.00	10.78	7.66	1.38	7.11	5.93
X_{411}	2.80	2.50	4.50	2.00	2.40	2.80	2.10	1.30	1.60	1.70	2.70	1.60	2.40	2.70	2.50
X_{412}	3.87	2.99	6.83	2.58	3.81	3.18	2.67	1.42	2.13	2.55	3.79	2.29	3.23	3.15	5.16
X_{413}	0.45	0.50	0.74	0.40	0.31	0.11	0.35	0.35	0.40	0.38	0.28	0.33	0.14	0.21	0.23
X_{414}	8.45	8.55	15.06	9.65	12.38	8.87	7.84	4.45	6.95	0.00	8.86	5.55	3.92	3.02	5.17
X_{421}	19.96	13.46	10.83	11.39	22.23	15.25	20.20	13.48	18.92	23.09	11.11	9.34	13.65	5.80	9.71
X_{422}	41.82	29.76	21.05	35.53	41.16	32.93	38.06	37.03	35.23	40.91	35.51	39.84	41.50	26.70	30.46
X_{423}	19.01	17.43	40.01	17.39	14.62	17.20	19.04	14.65	18.16	19.68	11.64	10.52	11.59	15.95	13.10
X_{431}	54.77	65.12	68.78	67.23	70.31	59.95	60.90	66.08	70.30	69.43	58.61	43.07	60.11	63.97	51.30
X_{432}	94.74	91.75	92.12	92.52	95.17	92.56	92.44	85.77	93.14	40.10	94.04	88.71	70.22	85.39	68.96

附录 4　2011 年全国 31 个省区科技创新系统指标评价标准化数据

省区	x_{111}	x_{112}	x_{121}	x_{122}	x_{131}	x_{132}	x_{133}	x_{141}	x_{142}	x_{143}	x_{211}	x_{212}	x_{221}	x_{222}	x_{223}	x_{224}	x_{225}	x_{311}	x_{312}	x_{313}	x_{321}
北京	4.88	4.14	2.03	4.29	2.40	2.54	2.65	1.64	2.03	4.51	4.40	−2.00	2.10	4.30	3.17	0.51	−0.09	0.89	3.38	3.77	5.22
天津	0.82	1.48	2.42	−0.40	1.43	1.41	0.96	1.99	2.19	0.98	1.32	−0.17	0.06	1.09	0.88	0.95	0.71	−0.38	−0.39	1.28	0.32
河北	−0.35	−0.46	0.11	0.19	−0.43	−0.39	−0.42	−0.57	0.44	−0.27	−0.41	0.94	−0.25	−0.57	−0.51	−0.79	0.71	0.30	−0.86	−0.43	−0.29
山西	0.21	−0.19	−0.07	−0.59	−0.37	0.02	−0.26	−0.49	−1.06	−0.35	−0.24	0.97	−0.53	−0.36	−0.52	−0.47	0.49	−0.84	−0.22	−0.33	−0.27
内蒙古	0.12	0.10	0.15	−0.37	−0.47	−0.42	0.44	−0.62	−0.65	0.07	−0.38	0.75	−0.63	−0.77	−0.59	−0.66	−0.47	−1.18	−1.04	−0.44	−0.23
辽宁	0.10	0.43	0.15	−0.43	0.30	0.84	0.84	0.09	0.11	0.22	0.17	0.45	0.27	0.20	0.23	0.54	−0.58	−0.19	0.29	−0.02	−0.10
吉林	0.03	0.03	−1.40	0.19	−0.12	−0.24	−0.04	−0.47	−0.43	−0.33	0.10	0.07	−0.61	−0.46	−0.50	−1.01	−0.90	−0.50	0.06	−0.20	−0.26
黑龙江	0.03	−0.12	−0.24	1.68	−0.16	−0.49	−0.53	−0.43	0.43	−0.34	0.03	0.88	−0.49	−0.16	−0.39	0.70	0.17	−0.12	0.22	−0.18	−0.21
上海	0.91	2.32	0.35	0.19	3.45	1.77	2.22	3.48	1.25	2.26	1.89	−0.66	1.02	1.40	2.86	0.73	2.20	−0.13	0.81	3.21	0.98
江苏	−0.13	0.21	−0.02	0.25	0.25	0.68	0.76	1.99	1.01	0.21	0.43	0.78	2.52	0.69	0.83	0.92	−0.36	−0.99	−0.74	0.06	−0.09
浙江	0.10	−0.07	−1.18	−0.82	1.18	1.53	1.65	0.91	0.53	−0.24	0.29	0.14	1.02	0.41	1.31	0.86	−0.04	−1.30	−0.78	0.11	−0.23
安徽	−0.77	−0.57	0.40	0.29	−0.41	−1.05	−0.83	−0.08	−0.92	−0.46	−0.44	0.07	−0.21	−0.03	0.28	0.51	−0.42	−0.44	−1.28	−0.44	−0.25
福建	0.05	−0.26	0.25	−0.77	0.77	1.42	0.89	−0.20	−0.36	−0.39	−0.21	0.67	−0.19	−0.19	0.06	0.42	0.17	−1.29	−0.82	−0.33	−0.24
江西	−0.65	−0.54	0.99	0.09	−0.54	−1.25	−1.29	−0.60	−1.14	−0.49	−0.54	0.28	−0.59	−0.42	−0.58	0.38	−0.36	−0.55	−0.39	−0.47	−0.27
山东	−0.11	−0.19	0.51	0.16	0.23	0.00	−0.12	0.03	−0.02	−0.37	−0.04	1.09	1.81	0.35	0.15	0.98	−0.31	−1.16	−0.10	−0.26	−0.24
河南	−0.48	−0.63	−0.21	−0.75	−0.59	−0.84	−1.06	−0.52	−0.70	−0.54	−0.45	1.36	−0.05	−0.43	−0.34	−0.28	−0.74	−0.54	−0.28	−0.44	−0.29
湖北	−0.25	−0.03	−0.24	−0.15	−0.23	−0.14	−0.41	−0.20	0.03	−0.15	−0.04	0.10	0.14	0.29	−0.41	0.73	−0.04	−0.02	0.81	−0.25	−0.20
湖南	−0.61	−0.40	−0.78	−0.56	−0.60	−0.75	−0.90	−0.45	−0.72	−0.52	−0.41	0.12	−0.15	−0.19	−0.35	1.74	0.49	0.23	−0.27	−0.32	−0.27
广东	−0.20	−0.28	−0.31	0.47	1.13	1.51	1.39	0.70	2.09	−0.16	0.36	2.17	2.45	0.39	1.43	1.21	−0.36	−1.40	−0.81	0.51	−0.15
广西	−0.52	−0.71	−0.11	−0.07	−0.33	−0.75	−1.01	−0.66	−0.80	−0.57	−0.55	−0.91	−0.64	−0.67	−0.49	−0.34	−0.90	0.49	−0.47	−0.48	−0.30
海南	−0.50	−0.37	−1.25	−0.88	−0.46	0.02	0.03	−0.63	−1.20	−0.18	−0.72	−1.50	−0.87	−0.97	−0.36	−1.86	−0.84	2.97	−0.21	−0.40	−0.28
重庆	−0.32	−0.54	2.01	−0.81	−0.33	−0.04	−0.42	−0.10	0.88	−0.01	−0.29	0.46	−0.49	−0.08	−0.51	1.11	0.71	1.07	−0.13	−0.31	−0.12
四川	−0.56	−0.58	0.94	−0.68	−0.56	−0.92	−0.77	−0.31	0.91	−0.45	−0.40	−0.49	0.04	0.18	−0.67	−0.50	−0.31	0.04	0.40	−0.36	−0.26
贵州	−0.59	−0.84	−1.41	−0.43	−0.76	−1.22	−0.98	−0.65	−1.28	−0.51	−0.71	0.13	−0.78	−0.68	−0.53	0.76	−0.58	0.71	−1.05	−0.45	−0.29
云南	−0.50	−0.75	−0.12	−0.77	−0.78	−1.16	−1.10	−0.64	−0.85	−0.47	−0.69	−0.94	−0.72	−0.71	−0.59	−1.20	−0.15	0.70	0.20	−0.43	−0.29
西藏	−0.93	−0.80	−1.27	−0.62	−1.05	−0.72	−0.86	−0.70	0.44	−0.42	−0.73	−2.63	−0.89	−1.02	−0.89	−2.43	−1.11	−0.75	−1.16	−0.50	−0.31
陕西	0.22	0.16	1.22	0.73	−0.29	0.00	0.00	−0.11	0.24	−0.31	0.23	−0.34	−0.10	0.77	−0.45	0.35	−0.68	0.99	0.57	−0.13	−0.12
甘肃	−0.33	−0.41	−0.65	0.82	−0.81	−0.85	−0.72	−0.62	−0.81	−0.39	−0.45	0.08	−0.74	−0.32	−0.72	−0.98	3.96	1.31	−0.28	−0.43	−0.19
青海	−0.14	−0.21	−0.36	0.28	−0.75	−0.12	0.03	−0.64	0.05	0.25	−0.49	−1.03	−0.86	−0.59	−0.85	−0.88	0.28	−0.11	1.95	−0.47	−0.17
宁夏	0.11	−0.11	−0.63	−0.90	−0.49	−0.66	−0.06	−0.63	−1.05	−0.23	−0.52	−0.84	−0.85	−0.65	−0.50	−0.82	0.33	0.31	0.92	−0.43	−0.30
新疆	0.35	0.18	−1.27	0.34	−0.63	0.26	−0.08	−0.52	−0.62	−0.38	−0.54	0.00	−0.79	−0.83	−0.42	−1.20	−1.00	1.89	1.64	−0.43	−0.29

续表

省区	x_{322}	x_{331}	x_{332}	x_{333}	x_{334}	x_{411}	x_{412}	x_{413}	x_{414}	x_{421}	x_{422}	x_{423}	x_{431}	x_{432}
北京	2.91	2.38	4.41	0.91	0.87	2.46	1.03	−0.37	2.13	0.88	−1.72	0.47	−1.15	0.55
天津	−0.06	1.25	0.54	1.77	1.14	2.28	3.03	1.30	0.83	1.58	−0.25	1.66	−0.43	0.56
河北	−0.36	−0.80	−0.68	0.10	−0.88	−0.26	−0.16	−0.22	−0.64	−0.61	−0.44	−0.39	−0.07	0.46
山西	−0.38	−0.97	−0.25	−0.33	−0.96	−0.43	−0.31	0.08	−1.11	−1.94	0.28	−0.79	−0.56	0.23
内蒙古	−0.39	−1.05	−0.73	−0.64	−0.88	0.78	0.61	−1.13	−0.92	1.24	0.48	−0.61	0.91	0.03
辽宁	−0.36	−0.48	−0.33	−0.15	−0.40	0.49	0.47	0.46	−0.40	0.42	−0.60	−0.31	0.26	0.18
吉林	−0.36	−0.11	−0.53	−0.64	0.75	−0.08	0.16	−0.45	−0.03	1.35	0.84	−0.70	0.65	−0.14
黑龙江	−0.30	−0.78	−0.43	−0.99	−0.74	−0.37	0.12	0.24	−0.05	0.15	0.59	−0.78	−0.27	0.70
上海	3.21	1.50	2.30	2.29	1.32	2.46	3.33	1.61	1.33	0.66	−2.32	2.03	0.49	0.46
江苏	−0.30	1.67	−0.08	2.32	0.44	1.13	0.64	−0.30	1.22	−0.45	−1.47	2.30	−0.62	0.49
浙江	−0.34	0.09	0.52	−0.46	1.10	1.07	0.23	0.31	1.30	−0.91	−1.20	1.91	−0.23	0.41
安徽	−0.37	−0.67	−0.45	−0.75	0.42	−0.72	−0.75	0.24	0.38	−0.74	−0.20	−0.20	−0.37	0.54
福建	2.84	0.64	−0.03	0.25	0.14	0.38	0.13	1.61	1.00	0.39	−1.00	1.14	0.97	0.38
江西	−0.39	0.50	−0.75	0.46	−0.29	−0.72	−0.55	−0.91	0.76	−0.19	0.98	−0.83	0.71	0.39
山东	−0.37	−0.19	−0.61	0.19	0.46	0.44	0.32	0.54	0.24	1.63	−0.44	0.60	−0.43	0.54
河南	−0.37	−0.73	−0.76	−0.58	−0.64	−0.55	−0.56	−0.30	0.03	−0.36	0.06	−0.45	−0.10	0.34
湖北	−0.30	0.06	−0.25	0.82	0.24	−0.31	−0.35	0.62	−0.10	0.81	1.41	−0.16	−1.21	0.44
湖南	−0.27	−0.52	−0.43	−0.46	1.47	−0.49	−0.61	1.00	−0.07	−0.41	−0.37	−0.33	0.55	0.17
广东	−0.04	2.40	0.56	1.79	0.73	0.67	0.52	2.82	1.59	−0.91	−1.65	2.03	1.17	0.21
广西	−0.36	−0.43	−0.27	−0.61	0.37	−0.78	−0.74	0.24	0.21	−0.80	0.48	−0.33	0.91	0.24
海南	−0.29	0.37	−0.39	−0.56	−0.56	−0.55	−0.37	−0.45	0.90	1.24	1.31	−0.62	1.43	0.48
重庆	−0.34	−0.21	−0.08	−0.26	3.03	−0.31	−0.56	−1.97	0.01	−0.08	0.10	−0.35	−0.33	0.25
四川	−0.24	0.48	−0.21	0.47	−0.37	−0.72	−0.71	−0.14	−0.25	0.85	0.85	−0.16	−0.17	0.24
贵州	−0.14	0.16	−0.08	−0.79	0.04	−1.18	−1.08	−0.14	−1.12	−0.41	0.70	−0.62	0.71	−0.36
云南	−0.38	−0.85	−0.09	−0.88	−1.01	−0.97	−0.87	0.24	−0.48	0.61	0.44	−0.25	1.43	0.30
西藏	−0.37	0.68	0.19	−1.02	−1.58	−0.95	−0.74	0.08	−2.25	1.40	1.27	−0.09	1.28	−4.40
陕西	−0.34	−0.12	−0.29	1.21	−0.37	−0.37	−0.32	−0.68	0.01	−0.86	0.48	−0.93	−0.56	0.38
甘肃	−0.37	−0.89	−0.42	−0.64	−0.72	−1.01	−0.82	−0.30	−0.84	−1.19	1.12	−1.05	−3.20	−0.09
青海	−0.40	−1.02	−0.04	−1.05	−1.42	−0.55	−0.54	−1.74	−1.25	−0.38	1.36	−0.94	−0.30	−1.73
宁夏	−0.40	−1.15	0.11	−0.76	−0.78	−0.37	−0.57	−1.21	−1.48	−1.85	−0.82	−0.48	0.35	−0.39
新疆	−0.36	−1.22	−0.44	−1.01	−0.91	−0.49	0.03	−1.06	−0.93	−1.12	−0.27	−0.78	−1.80	−1.84

后　记

《科技创新系统研究：基于资源型经济转型案例的探讨》一书在社会各界人士的大力支持及我们研究团队的共同努力下，由科学出版社出版面世。这是探索我国资源型地区经济转型中科技创新问题的研究成果。

知识经济和经济全球化的不断发展使科技创新成为衡量一个国家和地区综合竞争实力的关键要素。科技创新不仅是促进各国及地区经济总量增长的推动器，而且是培育内生科技增长机制、促进发展方式转变的重要源泉。资源型经济转型则是一个世界性难题。当前，我国资源型地区已面临着资源依赖型增长模式难以为继、生态环境超负荷型增长模式难以为继的难题。因此，如何通过科技创新破解资源型经济转型发展中的难题，实现创新驱动发展，加快资源型经济转型升级步伐，是当前我国资源型地区经济转型发展所面临的重要任务。为此，本书在科技部软科学研究计划项目的支持下，以具有国家战略意义的全方位、全省域的综合配套改革试验区——山西省国家资源性经济转型综合配套改革试验区为研究对象，对基于资源型经济转型的科技创新体系进行了系统深入的研究。

(1) 本书从系统动力学视角构建了基于资源型经济转型的科技创新系统，并进一步揭示了该系统的运行机制。本书利用系统动力学思想，基于系统结构分布特征与规律，通过设计思想、构建原则、科技创新系统构成、特征、功能的分析，提出了由创新主体、创新客体、创新环境三大部分构成的基于资源型经济转型的科技创新系统。在该系统中的三大部分既有分工，又有合作，形成了一个相互促进的网格系统。然后，以耗散结构理论、熵理论、自组织理论等相关理论为基础，进一步探讨了基于资源型经济转型的科技创新系统的运行机制。研究指出，基于资源型经济转型的科技创新系统的运行是在遵循耗散结构理论指引下，由熵变机制、涨落机制、自组织机制和非线性机制联动促进下进行的，通过各个创新主体要素主体，如产、学、研等多元互动，形成一个良性循环的互动网络系统，保障基于资源型经济转型的科技创新系统各子系统的协调、健康、稳定运行。各种机制不是割裂的而是彼此交互作用的，共同推动着科技创新系统的不断发展，推动着资源型经济转型区域科技创新能力的不断提升。

(2) 从投入产出视角构建了基于资源型经济转型的科技创新评价体系。本书通过对国内外科技创新指标评价研究的系统梳理，以促进资源型地区转型发展为目标，从投入产出视角构建了基于资源型经济转型的科技创新指标评价体系。该指标评价体系由科技创新基础、科技创新投入、科技创新产出和科技创新效益 4 个一级指标、12 个二级指标、35 个三级指标构成，充分揭示了在资源型经济转型发展过程中从科技创新资源投入到产出的整合过程，突出了科技创新对资源型经济转型的驱动力及其作用效果，能够综合地反映我国资源型地区转型发展中的区域科技创新能力。

（3）通过实证研究提出了山西省在促进资源型经济转型发展中科技创新存在的问题及障碍。本书以基于资源型经济转型的科技创新评价体系为基本研究框架，运用因子分析方法，从纵向趋势分析、横向对比分析两个方面对山西省在资源型经济转型中的科技创新发展现状进行了实证研究。研究发现，山西省的科技事业正处于快速发展期，在科技创新基础、科技创新投入、科技创新产出和科技创新效益等方面都取得了显著发展，使科技创新水平得到稳步提升，但是，从总体上，山西省科技创新发展还处于初级发展阶段，在科技创新基础、投入、产出和效益等方面在全国还处于中下游水平，与其他发达地区还存在很大的差距，亟须以科技创新系统为基础，全面构建科学合理、切实可行、富有活力的科技创新政策体系。

（4）从系统动力学视角，对山西省资源型经济转型发展中的科技创新进行政策研究。科技创新是促进山西省资源型经济转型的根本驱动力。在山西省资源型经济转型发展背景下，山西省区域科技创新能力的提升有赖于科技创新政策对科技创新系统中创新主体、创新客体、创新环境三大部分的自组织作用和彼此间动态交互作用产生积极的效应及影响。培育各类创新主体、提升创新驱动力、构建支撑体系、营造创新环境则构成科技创新政策体系的重要组成。围绕这四个方面构建促进山西省资源型经济转型发展的科技创新政策体系，将使之形成一个完整、开放、动态的有机系统。通过培育各类创新主体，完善资源型地区科技创新体系；通过着力提升创新驱动力，催生资源型地区创新内生增长机制；通过构建科技创新支撑体系，为资源型地区科技创新提供保障；通过积极营造科技创新环境，改善资源型地区科技创新条件。只有这些构成要素互相协同发展，才能够积极地促进山西省区域科技创新能力的提升，加快转变经济发展方式，最终实现山西省资源型经济转型发展。

但是，对“基于资源型经济转型的科技创新问题”的探究，是极其需要严格科学精神同时又是极富严酷现实性的研究。作为一种初步探索，由于时间、精力及能力水平的限制，在本书中无法对所有相关理论进行详细阐述、深入分析，研究内容、方法还有许多不足之处，需要在今后的研究工作中进一步改进完善。

第一，本书从投入产出视角，从科技创新基础、科技创新投入、科技创新产出、科技创新效益四个方面构建了基于资源型经济转型发展的科技创新能力的评价指标体系。但是否还存在其他的维度，将来还需要对这一复杂维度指标体系作进一步的划分和检验，以全面、切实地反映基于资源型经济转型发展的区域科技创新能力的全貌。

第二，同一地区的不同地域的科技创新能力发展状况及其特征也是不一样的。因此，按地域划分来深入研究山西资源型经济转型中的科技创新问题将更加科学，更加具有重要意义。然而由于受到山西省各地域相关数据采集困难性的影响，本书并未做进一步扩展。这将是本书的后续研究方向之一。

第三，本书主要以山西省资源型经济转型综合改革配套试验区为典型案例进行分析。在未来还需要进一步扩展对其他具有不同资源型经济特征的地区进行相关研究，以使本书的研究更加丰满，论证更加充分、更具有说服力。

虽然，该书稿几经修改、加工和雕琢，但是缺憾之处仍然难免。至此，既希望通过开展持续性探索和开放性研究得以提升，也恳请广大读者批评指正。

李志强

2013 年 7 月于山西大学

“中国软科学研究丛书”已出版书目

《区域技术标准创新——北京地区实证研究》

《中外合资企业合作冲突防范管理》

《可持续发展中的科技创新——滨海新区实证研究》

《中国汽车产业自主创新战略》

《区域金融可持续发展论——基于制度的视角》

《中国科技力量布局分析与优化》

《促进老龄产业发展的机制和政策》

《政府科技投入与企业 R&D——实证研究与政策选择》

《沿海开放城市信息化带动工业化战略》

《全球化中的技术垄断与技术扩散》

《基因资源知识产权理论》

《跨国公司在华研发——发展、影响及对策研究》

《中国粮食安全发展战略与对策》

《地理信息资源产权研究》

《第四方物流理论与实践》

《西部生态脆弱贫困区优势产业培育》

《中国经济区——经济区空间演化机理及持续发展路径研究》

《研发外包：模式、机理及动态演化》

《中国纺织产业集群的演化理论与实证分析》

《国有森林资源产权制度变迁与改革研究》

《文化创意产业集群发展理论与实践》

《中国失业预警：理论、技术和方法》

《黑龙江省大豆产业发展战略研究》

《中小企业虚拟组织》

《气候变化对中国经济社会可持续发展的影响与应对》

《公共政策的风险评价》

《科技人力资源流动的个体选择与宏观表征》

《大型企业集团创新治理》

《我国小城镇可持续发展研究》

《食品安全法律控制研究》

《中国资源循环利用产业发展研究》

《新兴产业培育与发展研究——以安徽省为例》

《中国矿产地战略储备研究》

《中国经济增长可持续性——基于增长源泉的研究》

《归国留学人员的高技术创业》

《城市能源生态化供应与管理》

《技术对外依存与创新战略》

《高技术服务业创新：模式与案例》

《中外文化创意产业政策研究》

《稳粮增收长效机制研究》

《科技创新系统研究：基于资源型经济转型案例的探讨》